普通高等教育车辆工程应用型系列教材

发动机原理

主　编　杨铁皂　朱镜瑾
副主编　金　标　黑中垒　朱文燕
参　编　贾明正　李雪珂　姚会君

北京理工大学出版社
BEIJING INSTITUTE OF TECHNOLOGY PRESS

内 容 简 介

本书内容共8章，分别为发动机概述、发动机的工作循环、发动机的性能评价指标、发动机的换气过程、发动机的燃料燃烧、燃烧过程及混合气形成、发动机的特性、发动机污染物的生成与控制等。除发动机原理的相关传统知识外，本书还延伸介绍了汽车发动机相关的新知识、新技术。本书体系完整，符合本科高校人才培养需求，形式上以“特色”为主，符合“应用型本科”需求；内容编排上以“产出”为导向，注重课程内容与毕业要求的支撑关系，使每个教学环节都与培养目标相关。本书可作为本科院校车辆工程、汽车服务工程等相关专业的教材，也可供相关技术人员参考。

图书在版编目（CIP）数据

发动机原理 / 杨铁皂，朱镜瑾主编. --北京：北京理工大学出版社，2021.8

ISBN 978-7-5763-0203-5

Ⅰ. ①发…　Ⅱ. ①杨…　②朱…　Ⅲ. ①汽车-发动机-高等学校-教材　Ⅳ. ①U464

中国版本图书馆 CIP 数据核字（2021）第 166073 号

出版发行 / 北京理工大学出版社有限责任公司
社　　址 / 北京市海淀区中关村南大街 5 号
邮　　编 / 100081
电　　话 / （010）68914775（总编室）
（010）82562903（教材售后服务热线）
（010）68944723（其他图书服务热线）
网　　址 / http：//www. bitpress. com. cn
经　　销 / 全国各地新华书店
印　　刷 / 唐山富达印务有限公司
开　　本 / 787 毫米×1092 毫米　1/16
印　　张 / 12. 5
字　　数 / 279 千字
版　　次 / 2021 年 8 月第 1 版　2021 年 8 月第 1 次印刷
定　　价 / 40. 00 元

责任编辑 / 李　薇
文案编辑 / 李　硕
责任校对 / 刘亚男
责任印制 / 李志强

图书出现印装质量问题，请拨打售后服务热线，本社负责调换

前言

近年来，中国汽车工业高速发展，汽车发动机的数量、种类显著增长，新技术不断涌现，给汽车发动机原理的教学提出了新的要求。本教材以汽车发动机（本教材中发动机均是指内燃机）为依托，主要内容包括发动机概述、发动机的工作循环、发动机的性能评价指标、发动机的换气过程、发动机的燃料燃烧、发动机的特性、燃烧过程及混合气形成、发动机污染物的生成与控制等。

本教材的特色是在每章增加思政元素，以延伸阅读的形式呈现；每章后附带复习题，每章设置知识总结，知识总结采用思维导图的形式呈现，便于学生复习。

本教材体系完整，符合本科高校人才培养需求，形式上以“特色”为主，符合“应用型本科”需求；内容编排上以“产出”为导向，注重课程内容与毕业要求的支撑关系，使每个教学环节都与培养目标相关。

本教材共 8 章，第 1 章由黄河交通学院杨铁皂教授编写，第 2 章由黄河交通学院黑中垒老师编写，第 3 章由黄河交通学院姚会君老师编写，第 4 章由广东科技学院朱文燕老师编写，第 5 章由黄河交通学院贾明正老师编写，第 6 章由黄河交通学院李雪珂老师编写，第 7 章由广东科技学院金标老师编写，第 8 章由黄河交通学院朱镜瑾老师编写。鉴于作者水平有限，书中难免存在疏漏之处，敬请读者批评指正。

编　者

2021 年 4 月

前言

目　录

第1章 发动机概述

知识目标

通过对本章的学习，学生应了解发动机的发明与发展历程，以及不同阶段汽车发动机发明、发展过程中存在的问题，正确对待发动机原理这门课程，正确理解以发动机为动力源的汽车发展对社会环境与文明的影响，明确本课程的学习目的和方法，培养对本课程的学习兴趣。

情景导入

汽车是高效、便利的交通工具，其普及程度在所有交通工具中是相当高的。因为汽车小巧、灵活、道路环境适应能力强，所以现在世界各地都少不了汽车。汽车可以将人类生活所需、生产所需的物资快捷地调运，将人们带去想去的地方，那么汽车的动力源是什么？目前来说，发动机占绝大多数。

1.1 发动机的发展

1.1.1 发动机发展史

发动机是一种利用燃料在机器内部燃烧释放的能量对外做机械功的热机。本书只讨论点燃式发动机和压燃式发动机。燃气轮机也是发动机的一种，但它的工作原理与汽油机和柴油机完全不同，因而不在本书讨论范围之内。发动机具有热效率高、结构简单、比质量小、比体积小、价格便宜、耐久可靠、运行成本低的优点，且符合相关的排放法规，因而广泛应用于交通运输（陆地、内河、海上和航空）、农业机械、工程机械和发电等领域。

发动机的研究与发展凝聚了众多科学技术人员的聪明智慧，历史上具有重要影响的发动机介绍如下。

1. 大气压力式发动机

1860 年，定居在法国巴黎的比利时人莱诺依尔（1822—1900）发明了大气压力式发动机。该发动机的工作过程是：煤气和空气在活塞的前半个行程吸入气缸，然后被火花点燃；后半个行程为膨胀行程，燃烧的煤气推动活塞下行膨胀做功，活塞上行时开始排气行程。这种发动机在燃烧前没有工质压缩，膨胀比也较小，其热效率低于 5%，最大功率只有 4.5 kW 左右，在 1860—1865 年间共生产了约 5 000 台。大气压力式发动机如图 1-1 所示。

奥托（1832—1891）和浪琴（1833—1895）受莱诺依尔大气压力式发动机的启发发明了更为成功的奥托-浪琴发动机，并于 1867 年在巴黎博览会上展出。该发动机通过燃烧使缸内压力升高，在膨胀行程时加速一个自由活塞和齿条机构，它们的动量将使气缸内产生真空，然后大气压力推动活塞内行。这种发动机的齿条通过滚轮离合器与输出轴相啮合，进而输出功率，热效率可达 11%，共生产了近 5 000 台。奥托-浪琴发动机如图 1-2 所示。

图 1-1　大气压力式发动机

图 1-2　奥托-浪琴发动机

大气压力式发动机虽然比蒸汽机具有更大的优越性，但仍不能满足交通运输业对高速、轻便等性能的要求。

2. 四冲程发动机

1876 年，奥托完成了四冲程发动机的发明制造。该发动机拥有进气、着火前的压缩、燃烧膨胀与排气 4 个交替进行的活塞行程，克服了以前的大气压力式发动机热效率低、质量大的缺点，热效率提高到了 14%，而质量则减小了近 70%，从而能够有效地投入工业应用。至 1890 年，共生产了约 50 万台，销往欧洲和美国。

3. 二冲程发动机

1878 年，英国人克拉克（1854—1913）完成了一款通过顶置进气门轴流扫气的二冲程发动机的发明（混合气由顶部气门进入气缸，与现在的轴流扫气方案正好相反）。

1897 年，德国人本茨（1844—1929）独立完成了与克拉克的二冲程发动机类似的曲轴箱预压缩进气二冲程发动机的发明。

4. 压燃式发动机

1892 年，德国工程师狄塞尔提出了一种新型发动机的设计方案，即在压缩终了将液体燃料喷入缸内，利用压缩终了气体的高温将燃料点燃，它可以采用大的压缩比和膨胀比，没有爆燃，热效率比当时其他的发动机高 1 倍。这一设想在 5 年之后得以实现，即柴油机。狄塞尔柴油机如图 1-3 所示。

图 1-3　狄塞尔柴油机

在发动机燃烧理论的指引下，材料、机械加工、燃料和电子控制等技术的进步，使发动机耐久可靠性、动力经济性、比体积、比质量、功率等技术指标的强化程度不断提高，满足了绝大部分固定和移动用途的要求，因而取得了巨大的成功和广泛的应用，并带动了包括石油炼制、钢铁、汽车等上下游产业的发展，是名副其实的国民经济支柱产业。特别是近 30 年来，排放法规的实施极大地推动了发动机科学与技术的进步。在可预见的未来，发动机将依然是汽车等移动机械的主要动力源，但越来越严苛的排放法规和经济法规（CO_2 排放法规）的实施，特别是电动汽车的发展，对发动机提出了新的挑战。

1.1.2　中国发动机工业发展史

从 1908 年广州的均和安机器厂（已停业）仿制成第一台大气压力式发动机开始，中国发动机工业发展历史至今已经走过了百年。发动机工业在中国的发展历史可以概括地分为发动机工业初创期、发动机工业体系建设期和发动机工业飞速发展期。

1. 发动机工业初创期（1908 年—1949 年）

1901 年冬，上海出现国外生产的汽车，且国外生产的发动机也作为商品开始进入我国口岸。据统计，仅上海一地，先后就有 20 多个洋行（外国人办的商行）推销英、德、美、法等国生产的 30 多种型号的发动机。由于发动机在性能上比蒸汽机优越，有市场需求，因此继 1908 年广州的均和安机器厂制成 5.88 kW 单缸卧式煤气机及 1915 年广州的协同和机器厂（已停业）制成第一台 29.4 kW 烧球式柴油机之后，1924 年上海新祥和机器厂

（已停业）制成了11.76 kW和17.05 kW等5种不同规格的压缩着火四冲程低速柴油机。上海新中工程公司（已停业）于1929年制成我国第一台功率为26.47 kW的双缸柴油机，1937年仿制出35马力（1马力=735.499 W）的帕金斯（Perkins）高速柴油机，1939年仿制出1 800 r/min、65马力的MAN高速车用柴油机，并参照生产出1 500 r/min、45马力的煤气机。这表明中国当时已由制造结构比较简单的单缸卧式低速柴油机，发展到制造技术要求较高的多缸柴油机和车用高速柴油机。

1949年，全国发动机总的生产能力为7 000 kW左右，但1908年—1949年累计的生产发动机不足140 000 kW，且发动机生产厂家主要分布在广州、上海、无锡、常州、福州、昆明、太原、长沙和天津等地。

2. 发动机工业体系建设期（1950年—1979年）

1）发动机工业体系初建期（1950年—1957年）

1949年后，在经济建设恢复的3年（1950年—1952年）期间，我国的发动机工业迅速得到了恢复。上海柴油机厂（现上海柴油机股份有限公司）试制成功110系列柴油机，天津动力机厂研制成功4146柴油机，上海与天津建立油泵油嘴生产线。1952年，我国发动机产量就达到了30 000 kW。

在第一个五年计划（1953年—1957年）期间，我国通过自主开发、仿制和接受援建等方式，建成了发动机工业第一批骨干企业，如上海柴油机厂、无锡柴油机厂、济南柴油机厂、潍坊柴油机厂、河南柴油机厂、陕西柴油机厂、常州柴油机厂、宁波动力机厂等，并着手按专业化生产方式组织发动机配附件的生产，以形成完整系列的小功率单缸到大功率多缸柴油机及多种型号的汽油机的开发与生产能力。最值得纪念的当属1956年在长春建成年产3万辆装载质量为4 t的解放牌汽车的第一汽车制造厂（现中国第一汽车集团有限公司），该厂同时还生产功率为66 kW的CAI0型六缸汽油机。同年，南京汽车厂（现南京汽车集团有限公司）开始生产功率为37 kW的NJ-50型四缸汽油机，等等。到1957年，我国知名的发动机骨干企业已有34家之多，发动机产量已经达到500 000 kW，发动机工业已初具规模。这一时期引进机型虽然不多，但引进的是成套技术和装备，对我国发动机工业的大量生产起到了示范作用，为后续发展奠定了基础。

2）发动机工业体系成型期（1958年—1979年）

1958年，上海柴油机厂试制成功了可与汽车、工程机械、船舶、农业机械、发电机等配套的135系列柴油机，它是我国由仿制到自行设计、由小批量转为大批量生产的第一个中小功率系列柴油机。

在拖拉机与农用柴油机方面，1959年建成了洛阳第一拖拉机厂（现中国一拖集团有限公司），生产东方红54型履带式拖拉机与4125型柴油机。该厂从苏联引进了柴油机先进生产技术与由专用机床组成的流水生产线，以及具有当时国际先进水平的油泵油嘴生产技术与检测设备。天津拖拉机厂引进并生产了东方红40拖拉机和4105型柴油机。北京发动机总厂引进与铁牛55型拖拉机配套的4115型柴油机。在当时的农业机械部的组织下，有关工厂还先后研制开发了多种型号（165、175、195系列）的小型单缸农用柴油机，推动了我国农业机械化进程。在大功率柴油机方面，我国自行设计了12V180型机车用柴油机、6250Z型增压柴油机（用于发电与船舶）以及6300系列柴油机（用于船舶、发电、排灌）等。

在排气涡轮增压器与增压柴油机方面，1958 年新中动力机厂成功研制我国第一台轴流式 T250X 型排气涡轮增压器及 882 kW 的 8L350Z 型柴油机。之后，有关单位先后成功研制 10 号径流式增压器（配 6135 型柴油机）和 12 号径流式增压器（配 6160 型柴油机）。

20 世纪 60 年代中期，全国已建成发动机主机生产厂家近百家，零部件企业超过 200 家，成立了上海发动机研究所、山西车用发动机研究所、天津发动机研究所和上海船用柴油机研究所及长春汽车研究所、洛阳拖拉机研究所、大连热力机车研究所（大连发动机车研究所）、中国农业机械化科学研究院等科研单位，天津大学、上海交通大学、西安交通大学、吉林大学（吉林工业大学）等 30 多所高等院校设立了发动机专业，形成产、学、研相结合的科技攻关联合队伍，初步完成了系统全面的发动机工业建设。

3. *发动机工业飞速发展期（1980 年至今）*

十一届三中全会以后，我国实行改革开放的政策，国民经济进入快速发展通道，中国汽车和发动机工业也迎来全面发展的新时代。发动机工业进行了一系列调整工作，通过引入市场机制，推行全面质量管理，引进国外先进技术和对企业进行技术改造等，我国发动机的技术水平有了明显提高。这一时期引进与技术合作开发的新产品种类繁多，主要有：摩托车汽油机和小型通用汽油机；微型汽车和桑塔纳、捷达、富康、通用、本田等轿车汽油发动机；依维柯索菲玛、日本五十铃、康明斯和斯太尔等系列柴油机。船用发动机方面一般采用引进许可证协议的方式生产，如日本大发、MAN、法国热机协会的 PA 与 PC 系列柴油机等。此外，还有许多工厂完成了老机型的技术升级改造并积极开发新机型。整机生产的大发展带动了诸如活塞、增压器、燃油系统及汽车电子和尾气净化器等一大批零部件行业和企业的陆续崛起。

2000 年以来，我国国民经济的壮大和人民生活水平的提高，带动了汽车工业的快速发展，汽车产销量由 2000 年的 200 万辆左右发展到 2015 年的超 2 450 万辆。2010 年以来，我国发动机年产量连续保持在 7 300 万台以上的规模，总功率达 150 MW 左右。我国已成为全球发动机生产和使用大国，发动机的设计开发水平也有了很大提高，满足了汽车、摩托车、工程机械、发电以及船用配套在规模和技术水平上不断提高的需求，发动机工业发展取得了举世公认的成就。与此同时，发动机工业积极实施走出国门的战略，完成了一系列战略合作与兼并，已融入世界发动机工业体系。目前，我国已成为发动机生产制造大国，汽车与发动机产品国际市场的激烈竞争将持续有力地推动我国发动机工业的技术进步，逐步使我国成为发动机创新创造强国。

随着我国汽车保有量的增加，为控制汽车排气对环境的污染，相关部门相继发布和实施了不同阶段的汽车排放标准。对轻型汽油车，我国从 2000 年起实施国 I 汽车排放标准，经过十余年的发展，2011 年全国范围内实施国 N 排放标准。2013 年，北京市还率先实施了相当于欧 V 的京 V 地方标准，2017 年实施第六阶段机动车排放标准。对于中重型车（柴油机），2000 年起实施国 I 排放标准，2007 年和 2015 年分别实施“国Ⅲ”和“国Ⅳ”排放标准。不同阶段排放标准的实施，有力推动了我国发动机工业和技术的发展。

为减少汽车与发动机对日益短缺的石油基燃料的依赖，我国正在实施能源多元化战略，鼓励新能源汽车的研发与应用。

1.2 发动机的应用与分类

发动机种类繁多，可以按如下方式分类。

1. 按所用燃料分

按所用燃料的不同，可将发动机分为汽油机、柴油机、天然气发动机、液化石油气发动机、醇类发动机、双燃料发动机、二甲醚发动机、氢燃料发动机等。

2. 按着火方式分

按着火方式的不同，可将发动机分为压燃式发动机、点燃式发动机。

3. 按冲程数分

按冲程数的不同，可将发动机分为四冲程发动机、二冲程发动机。

4. 按活塞运动方式分

按活塞运动方式的不同，可将发动机分为往复活塞式发动机、旋转活塞式发动机。

5. 按冷却方式分

按冷却方式的不同，可将发动机分为空气冷却发动机、液体冷却发动机。

6. 按气缸数目分

按气缸数目的不同，可将发动机分为单缸发动机和多缸发动机。

7. 按转速分

按转速的不同，可将发动机分为低速发动机、中速发动机、高速发动机。

8. 按增压程度分

按增压程度的不同，可将发动机分为自然吸气发动机和增压（低增压、中增压、高增压）发动机。

9. 按气缸排列方式分

按气缸排列方式的不同，可将发动机分为直列式发动机、双列式发动机。

10. 按混合气形成方式分

按混合气形成方式的不同，可将发动机分为进气管或进气道喷射发动机、缸内直接喷射发动机。

11. 按燃烧室设计分

按燃烧室设计的不同，可将发动机分为开式燃烧室发动机、分隔式燃烧室发动机。

12. 按进/排气门数目分

按进/排气门数目的不同，可将发动机分为2气门发动机、4气门（多气门）发动机。

13. 按凸轮轴设计和布置分

按凸轮轴设计和布置的不同，可将发动机分为顶置凸轮轴发动机、侧置凸轮轴发动机。

1.3　发动机在汽车上的应用

1769 年，法国人琼诺利用当时生产的蒸汽机制作了世界上最初的蒸汽机三轮汽车，该车全长 7.23 m，车速仅为 3.5 km/h。当时排出的黑烟和噪声等公害严重到何等程度不言而喻，连车速都慢得成为“行驶公害”的程度。但是“无马的汽车”的概念却由此而形成。之后，高压蒸汽等技术的应用改善了蒸汽机的效率，使蒸汽机的体积尽可能地紧凑化。但是，由于笨重的蒸汽汽车对道路的破坏，以及煤的消耗量增加等原因，并未得到当时社会的认可。

1875 年，法国人雷恩·谢鲁玻尔发明了炽热曲管式锅炉，由此大大减小了锅炉的尺寸，同时消除了锅炉爆炸的危险。这一发明不仅使蒸汽汽车得到根本上的改善，而且也改善了原蒸汽汽车起动困难的问题。基于此，1902 年诞生了世界最快的以蒸汽机为动力源的赛车。由此，蒸汽机作为汽车的第一代动力源而得到广泛应用。从 19 世纪末到 20 世纪初，蒸汽汽车达到了鼎盛时期。之后逐渐被新兴的发动机所替代，直到 1927 年才彻底停止了蒸汽汽车的生产。

1. 汽车的基本结构

发动机的问世彻底改变了庞大的蒸汽机牵引小车的局面，使笨重而破坏公路、移动迟缓而影响交通的汽车，变成了小型轻量而快速灵活的汽车。但是，直到 1908 年的 T 型福特汽车问世为止，车体的基本结构依然是“无马的马车”，发动机只不过是替代马的位置而牵引汽车而已。

汽车结构的发展，也经历了其外形和底盘的发展过程。早在 1899 年，法国的雷诺首先将车身结构改成如同花轿的箱体结构，第一次制造出封闭式车身。之后，随着航空技术的应用，车身采用钢板制作，并且车身结构向质量分布尽可能均匀化的紧凑型发展。随着发动机动力性、经济性的不断提高，车速也不断升高，车身结构伴随流体力学的发展也向流线型发展。

与此同时，美国的古德依尔通过对一种热带植物渗汁的研究发现了橡胶，同时发现橡胶与硫和氧化铅混合加热即硫化，可以生产出很有实用价值的橡胶产品，并于 1842 年发明了实心轮胎；1845 年，汤姆森发明充气式轮胎并进行了试验研究，但由于缺乏市场经验而停止生产。1888 年，苏格兰人邓禄普首先发明了自行车用充气式轮胎，并获得了自行车和三轮车的新式轮胎专利。1894 年，法国的米其林兄弟俩发明了可拆卸式装有内胎的充气式轮胎，并在巴黎开设自行车轮胎厂，于 1895 年将充气式轮胎应用于汽车；于 1923 年试制成低压轮胎，与高压轮胎相比较，低压轮胎与地接触面积大、弹性好，能有效地减轻冲击振动和提高汽车的行驶稳定性。1948 年，米其林橡胶公司发明了子午线轮胎，其特点是减小车轮的滚动阻力以节约燃料，同时耐磨性好，提高了汽车操纵稳定性，改善了乘坐舒适性，所以得到广泛应用。

汽车的动力传动装置首先是在 T 型福特车上采用的。在该车型上首次采用前进两挡加倒挡的脚踏式变速器后，受到当时广大用户的欢迎。由此，传动装置作为发动机动力的补充，使汽车驾驶及行驶条件更加安全灵活和丰富多样。

20 世纪前期，汽车的发展历史是人类发明汽车并完善其基本结构的过程；而 20 世纪后期直到现在，汽车的发展历史是提高性能与人类社会环境要求以及多学科技术协调发展的过程。

可以说，有了能源动力革命和轮胎的文化，才有了汽车的文化，才有了现代人类社会文明。

2. 汽车动力的竞争

自蒸汽机发明直到 1887 年，经过 100 多年的发展历史，蒸汽汽车的技术已成熟，人们已经充分认识到汽车在人类社会活动中的重要性。但是，蒸汽机热效率低，体积庞大而笨重，冒烟严重等致命弱点很难从根本上得到解决。所以，许多科学家着力研究新型动力装置。从 19 世纪后期到 20 世纪初作为车用动力源的有蒸汽发动机、汽油机和电动机 3 种，而这 3 种动力汽车当时竞争非常激烈。其中，由于蒸汽机首先应用到汽车上，因此其技术在当时比较成熟。

通过 1895 年 6 月在法国举行的著名的巴黎—波尔多—巴黎的第二次汽车拉力赛，人们才开始认识到机动车的重要意义。同时，通过参赛的各种车型（如蒸汽汽车、汽油车、电动车及马车）的比较，人们也开始意识到车身质量越小，优势越大。在这次拉力赛中，充气式轮胎也得到了充分的肯定，同时各种车型所存在的问题暴露了出来。当时，人们对汽车所关心的主要问题并不是能源与排放，而是燃料的能源密度和一定量燃料所能达到的续驶里程。通过巴黎的第二次汽车拉力赛，人们对当时的 3 种动力车和马车的行驶特性进行了对比分析，结果发现：蒸汽汽车每行驶 10 mile（1 mile = 1 609. 344 m）需要加一次水；电动车每行驶 30 mile 需要充一次电；而汽油车每行驶 150 mile 才加一次油。马车既无车速也无续驶里程概念，一般任何一种马车，每天至多只能行走 15 ~ 20 mile；由于当时欧洲及美国城市都比较小，任何一种私人车只要其续驶里程能达到 15 mile 以上就可以接受了，但饲养马是一件很费劲的事情。

到 19 世纪末，西欧一些发达国家已进入旅游时代，所以动力汽车取代马车已成为必然趋势。蒸汽汽车所存在的固有问题及每 10 mile 都要加水等问题，使其不太适合旅游业。而电动汽车一次充电的续驶里程较短，且每次充电费用又昂贵，所以也满足不了当时旅游业的要求。1886 年，汽油车刚刚被发明的初期，在热效率、起动性、排放噪声及车速等方面与蒸汽车相比并不占优势，反而由于当时无消声器而噪声大，成为其主要缺点。但是，在续驶里程方面，根据第二次汽车拉力赛的分析结果，汽油车具有其他车种无法比拟的绝对优势。后来，马克西姆发明了消声器，1899 年克莱德 · 科尔曼设计出电动起动装置，并由查尔斯 · 富兰克林 · 卡特林于 1912 年使之进一步完善，使得汽油车的优势逐渐明朗化。

进入20世纪以后，石油又被世界公认为机动车辆的主要燃料，由此确立了汽油车的主导地位，使得发动机作动力源的汽车（内燃机汽车）得到迅速的发展。

3. 内燃机汽车的发展阶段

20世纪初期，随着汽车结构的基本完成，社会上已普遍形成了汽车的概念。特别是从第二次世界大战之后汽车工业复兴至今，汽车的发展过程经历了提高性能、主动安全、被动安全、环境保护、节能等几个阶段。

第二次世界大战后，人们对汽车的要求越来越高，对汽车性能方面的要求主要体现在车速要快、操作要方便、价格要更便宜。高速化的要求主要是由于当时赛车的盛行，而操作方便和价格便宜的要求是由于汽车的大众化需求。但是，汽车的普及也给社会带来了新的问题，即交通拥挤、交通事故、环境污染及石油能源紧张等。随着社会经济的高速发展，汽车工业也得到了迅速发展。

随着汽车保有量的急剧增加，交通事故也大幅度增加，成为社会化的问题。甚至，在国外一些国家称汽车为“行驶的凶器”。为汽车洗清这一绰号的是汽车安全措施。伴随汽车大众化的发展，各汽车公司开始纷纷研究汽车的安全技术。汽车的安全技术主要包括主动安全技术和被动安全技术。所谓主动安全技术就是为了预防事故的发生而采取的一系列措施，如制动系统的开发与完善，判断行驶路面状态和驾驶员疲劳状态的感知、判断及支援系统，减轻操作力和疲劳强度、帮助驾驶员控制操作运行的辅助行驶支援系统，考虑驾驶过程中人的反应时间的人和汽车的协调控制技术等。而被动安全技术是当事故不可避免地发生时，用来保护乘客和驾驶员的安全技术措施，如车辆撞击时吸收能量以缓和冲击力的车辆结构上的技术措施，包括保险杠、安全带及气囊等。直到如今，安全技术在主动、被动两方面仍在被继续深入研究，且通过采用电子技术和自动控制技术使之更加完善。

从法律形式控制汽车有害尾气排放物的起因是1943年9月在美国洛杉矶发生的光化学烟雾事件。当时，整个洛杉矶市被一层烟雾遮住，给市民带来催泪、呼吸系统疾病等灾难。美国联邦和加利福尼亚州政府对该烟雾事件进行的调查结果表明，造成这起严重烟雾事件的主要元凶就是汽车尾气排放物中的HC和NO。于是，美国于1960年首次制定了防止汽车尾气污染物的法案，并从1965年开始实施。所以，从20世纪60年代后期到70年代后期的十几年间，汽车排气净化技术得到了迅速的发展。其中，典型的技术就是转子发动机和稀薄燃烧技术。转子发动机于1967年达到量产化，其特点是燃烧温度低，所以NO排放量少。而稀薄燃烧技术是日本本田技研工业于1972年首先发明。由于稀混合气燃烧时生成的CO和HC量少，而且空气的冷却作用也使燃烧温度较低，故NO的排放量也低。之后，还出现了废气再循环（EGR）技术、电控汽油喷射技术、三效催化转换装置等。

除了汽车安全和尾气排放污染问题之外，对汽车发展影响较大的还有石油能源危机。1945年和1972年的两次石油危机，使得世界各汽车制造行业大力研制有关节能技术。在整车上，美国通用汽车公司采用减小外形尺寸来减轻整车质量，福特汽车公司则通过提高铝等轻合金及塑料等氧化树脂材料的使用率，达到减轻整车质量的目的。在整车布置上，采用发动机前置、前轮驱动方式，或发动机后置、后轮驱动方式等，通过发动机变速箱直接驱动差速器及半轴以提高传动效率，同时减轻传动系统的质量；为了减小发动机室空间，提高发动机单位质量输出功率（比功率），采用V型四缸机、V型六缸机；奔驰、奥迪开发的直列五缸机，日本大发开发的直列三缸机等都是针对节能问题而研制的技术措施。这些技术有效地降低了发动机的比质量（单位输出功率的整车质量），改善了整车燃油经济性。同时，各车企对发动机燃烧过程的改善、电控技术的应用、汽车空气阻力特性的改善等方面也进行了深入的研究。在节能和排放控制方面，以及安全等整车性能控制方面，汽车发动机的电子控制技术及其发展起着关键性的作用。目前，电控技术已作为汽车必备的部分，在现代汽车领域占据不可缺少的重要位置。

随着节能与排放法规要求的不断提高，柴油机以其独特的热效率高、油耗低、耐久性好、可靠功率覆盖面宽等特点，不仅广泛应用于货车，而且逐步广泛应用于轿车。而柴油机工作粗暴、振动噪声大、起动性差等缺点，通过电控高压喷射技术及燃烧系统的改进，已得到大幅度的改善。在西欧，柴油机在轿车上的应用比较普及。但目前柴油机的微粒排放（PM）和NO排放尚未得到很好的解决。为此，相关研究人员正广泛深入地研究电控高压喷射、EGR中冷、增压中冷、后处理技术及HCCI/CAI燃烧方式等新技术。

知识链接

2020年“中国心”年度十佳发动机

发动机就是汽车的“心脏”，机油就是让这颗“心脏”保持正常运转的血液。

其中，作为汽车“心脏”的发动机，它的技术含量是彰显一家车企实力至关重要的一项考量因素。而一台发动机如果能在一些重量级的发动机评选大赛中获奖，无疑是对其技术实力最好的认可。

日前，国内“中国心”年度十佳发动机评选活动正式公布了2020年度“中国心”年度十佳发动机名单。此次获得“‘中国心’年度十佳发动机”称号的10款发动机，有8款机型是来自自主品牌，2款来自合资品牌，如表1-1所示。

表1-1　2020年“中国心”年度十佳发动机

序号	获奖企业	获奖机型	推荐车型
1	中国第一汽车集团有限公司	一汽-红旗1.5 T发动机	红旗H5
2	浙江吉利控股集团有限公司	1.5 TD MHEV发动机	领克06
3	东风汽车集团有限公司	DFMC15TDR	东风风神AX7
4	费迪动力有限公司	骁云1.5 Ti高功率发动机	比亚迪宋PLUS
5	上海汽车集团有限公司	全新一代MEGATECH1.5 T高功率发动机	第三代MG6
6	长安汽车股份有限公司	蓝鲸NE 1.5 T高压直喷发动机	UNI-T
7	广州汽车集团股份有限公司	1.5 L第三代i-MMD双电机混合动力发动机	凌派（CRIDER）锐·混动
8	上汽通用汽车有限公司	第八代Ecotec 2.0 T可变缸涡轮增压发动机	别克昂科旗

续表

序号	获奖企业	获奖机型	推荐车型
9	长城汽车股份有限公司	GW4N20 2.0 T GDI 汽油机	哈弗大狗/第三代哈弗 H6
10	上汽大通汽车有限公司	2.0 T 上汽 π Bi-Turbo 双增压柴油发动机	D90 Pro

1. 一汽-红旗 1.5 T 发动机

一汽-红旗 1.5 T 发动机是由中国一汽自主研发的第三代系列发动机，集合了智能热管理、米勒循环、电控活塞冷却喷嘴等技术，它拥有 11.5∶1 的高压缩比。11.5∶1 的高压缩比以及其他发动机技术的加持，使这款发动机的燃烧热效率达到了 39.06%，向行业内发动机燃烧效率“一哥”丰田靠拢，百公里平均油耗 8.0 L 左右。

2. 1.5 TD MHEV 发动机

1.5 TD MHEV 发动机采用了中置缸内直喷、低惯量涡轮增压、二级可变机油泵、缸盖集成排气歧管、200 bar 燃油喷射系统等多项主流发动机技术。

1.5 TD 发动机最大可输出 180 马力，最大扭矩达到了 265 N·m，而且油耗要比同样排量同样数据的 1.5 T 四缸发动机低。此外，该发动机采用了高效燃烧系统，做到了压缩比在同等功率水平下几乎最高，达到了 10.5∶1.12 高行程缸径比，有着接近部分混动机型的燃油经济水平，有着较强的燃油经济性。并且，它还采用了包括平衡轴/凸轮轴滚动轴承、变排量机油泵、PTFE 涂层皮带等技术，使工作中的摩擦力阻力降低了 30%，在 1 000~3 000 r/min 转速区间更为优秀。

3. DFMC15TDR

DFMC15TDR 的排量为 1.5 L，它是基于东风汽车平台化、模块化理念打造的一台高效能涡轮增压直喷发动机，集电控废气涡轮增压、350 bar（1 bar=100 kPa）缸内直喷、高压 EGR、中置进排气 VVT、集成排气歧管等多种技术于一身。

通过这一系列的技术加持，可以实现高热效率、高动力性、高响应性和超低排放。这款发动机的动力版的最大输出功率为 150 kW，峰值扭矩为 320 N·m；高效版的热效率达到 41.07%。

4. 骁云 1.5 Ti 高功率发动机

骁云 1.5 Ti 高功率发动机由弗迪动力公司生产，和当前市面上的大多数发动机一样，它也使用了多项发动机技术，为发动机的高性能和燃油经济性保驾护航。骁云 1.5 Ti 高功率发动机汇集了滚流进气系统、双流道涡轮增压器、350 bar 精确燃油喷射、降摩擦、全铝车身轻量化等多项技术。这款发动机最大输出功率为 136 kW、峰值扭矩为 288 N·m。目前，这款发动机主要应用于比亚迪宋 PLUS 车型，配合 7 速双离合变速箱，百公里综合油耗 7.0 L 左右。

5. 全新一代 MEGATECH1.5 T 高功率发动机

全新一代 MEGATECH1.5 T 高功率发动机由上汽集团和通用汽车共同研发，属于上汽

SGE（Small Gasoline Engine）蓝芯系列，经过多次升级换代，采用了全铝机身设计，集成了众多的主流技术。其中，包括350 bar缸内直喷系统、高压缩比米勒循环、高滚流气道、双气门正时、小惯量电控涡轮增压、冷却废气再循环、电子水泵以及多项减摩技术。这款1.5 T发动机实现了最大功率133 kW以及最大扭矩285 N·m的超强动力输出，满足“国六”排放标准的同时兼顾油耗等综合性能。

6. 蓝鲸NE 1.5 T高压直喷发动机

蓝鲸NE 1.5 T高压直喷发动机诞生自长安汽车NE发动机平台，糅合了长安汽车自创的AGILE敏捷空气导流式高效超净燃烧系统。

除此以外，这款1.5 T发动机还应用了集成排气歧管、双涡轮电控涡轮增压、高压直喷、全可变排量机油泵、单独可控PCJ、平行冷却、外置水冷中冷器等技术。

在这些技术的共同作用下，它的最大输出功率和扭矩分别达到132 kW、300 N·m。目前，这款发动机主要应用在长安UNI-T车型，未来还会覆盖长安CS75 PLUS、CS55系列等车型。

7. 1.5 L第三代i-MMD双电机混合动力发动机

这台1.5 L发动机是本田首台使用阿特金森循环技术并在中国上市的发动机，配合i-MMD双电机驱动系统，综合输出功率为113 kW，EPA测试百公里油耗为5.0 L左右。

值得注意的是，这台1.5 L阿特金森循环发动机对进气结构进行了优化，从而改善了空气和燃油的平均空燃比均质度。此外，它缩小燃烧室表面积/容积比，有效降低了冷却损失，再加上进气流通速度的改善，最高热效率达到40.5%。

8. 第八代Ecotec 2.0T可变缸涡轮增压发动机

第八代Ecotec 2.0T可变缸涡轮增压发动机基于“单缸最优理念”、全新模块化架构开发而成，具备四缸高性能、经济以及两缸经济3种模式，满足“国六”排放标准。

这款发动机除了加持有主流的可变气门正时系统，还提供了进、排气侧气门升程控制系统，可以对进排气门进行分段式控制，进一步为车辆动力性能和燃油经济性保驾护航。

此外，多种较为先进的发动机技术的加持，再加上高度智能电气化控制技术的应用，赋予了这款发动机169 kW的输出功率以及350 N·m的峰值扭矩，高性能、低能耗、低油耗是它的优势。

9. GW4N20 2.0 T GDI汽油机

GW4N20 2.0 T GDI汽油机是由长城汽车完全独立自主研发的全新一代发动机，燃烧热效率达到了38.3%，最大输出功率为180 kW、峰值扭矩为385 N·m，满足“国六b”“欧六d”排放标准。在技术上具体表现在对燃烧室和进气道进行了优化设计，将压缩比提升至12∶1。与此同时，糅合了米勒循环、350 bar中置直喷燃油控制、高滚流比进气、废气涡轮增压等技术。

此外，缸盖集成排气管、中空式凸轮轴、塑料缸盖罩等的应用，使这款发动机整体质量下降10%，对实现高效、节能目标有益。此款发动机现已正式量产，并陆续搭载于新哈弗H6等车型身上。

10. 2.0 T 上汽 π Bi-Turbo 双增压柴油发动机

上汽大通旗下的2.0 T π Bi-Turbo 双增压柴油发动机是此次获奖的10款机型里面的唯一一款柴油发动机，其最大功率为160 kW，峰值扭矩为480 N·m。它采用了2 000 bar高压共轨燃油喷射系统、高性能VGT增压器、双回路EGR、可变涡流比进气系统、集成式双平衡轴等一系列技术。在这些技术的作用下，这款发动机对高动力性能、低能耗和低排放三者在一定程度上实现了兼容。

小 结

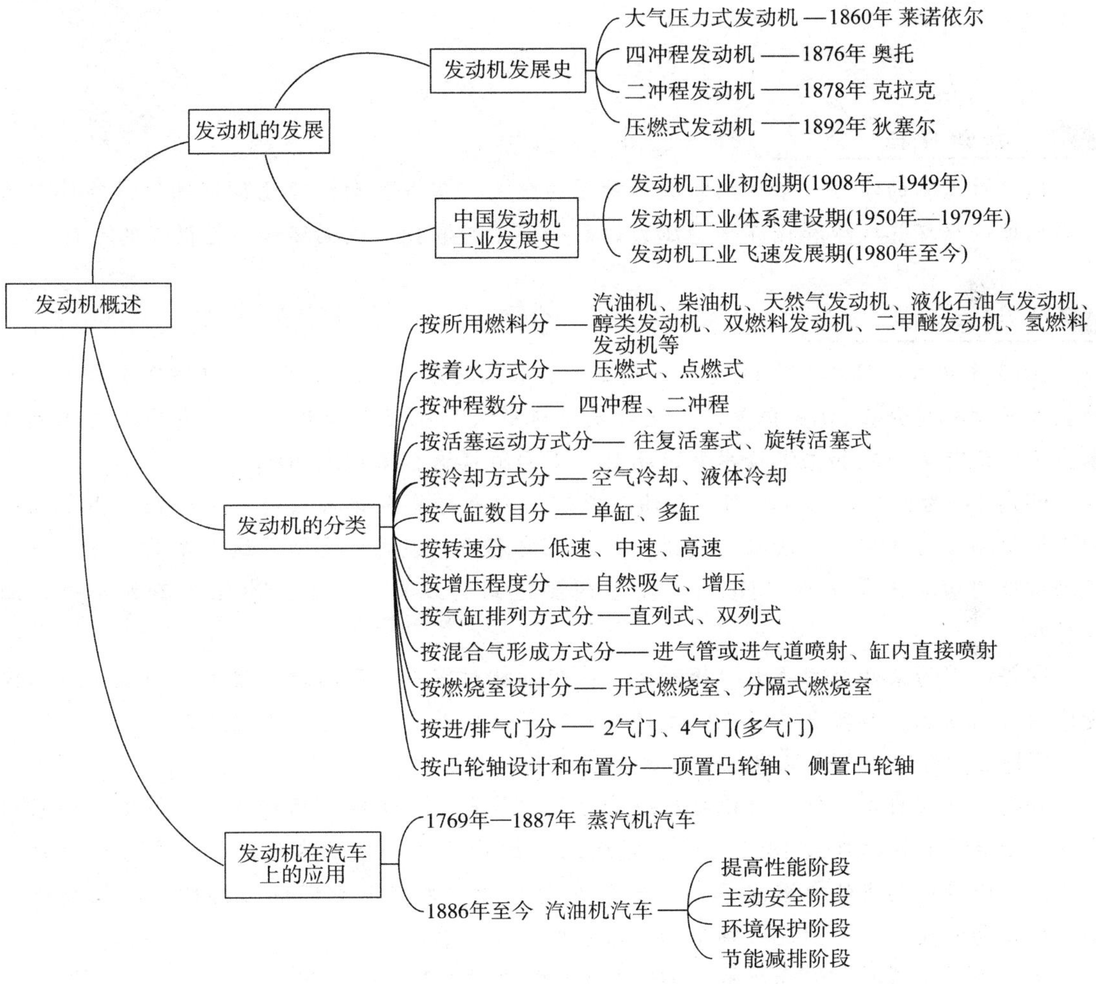

复习题

1. 发动机的含义是什么？
2. 简述大气压力式发动机的工作原理，说明为何它的效率低？
3. 发动机的分类有哪些？

第 2 章
发动机的工作循环

知识目标

通过对本章的学习，学生应掌握示功图的含义，掌握发动机理论循环的假设条件，掌握影响理论循环热效率和循环平均压力的影响因素，掌握理论循环和实际循环的差异。

情景导入

2017 年 8 月，日本马自达汽车公司公布了未来动力总成发展规划，并宣布全新一代创驰蓝天发动机将会在 2019 年量产。这台发动机最大的亮点是使用了类似柴油机的压燃技术，可以说是又一次和主流技术背道而驰。下面解读这台压燃汽油机。

问题 1：为什么柴油机耐用、省油、低速动力更好甚至碳排放更低，但在乘用车领域的市场份额大大落后于汽油机？没错，柴油机更省油、碳排放更低，这正是马自达新一代发动机采用均质充量压燃（HCCI）技术想要达到的效果。但是，为什么不直接用柴油机呢？

回答：因为柴油机噪声大、振动大，冷起动相对困难，高转速下动力表现差，这不仅是柴油机的缺点，其实也是压燃技术的缺点，而这些是马自达想尽力避免的。

问题 2：为什么汽油很难压燃？

回答：柴油自燃点低，可以被压缩产生的热量点燃，能够采用稀薄燃烧技术，即采用空气和燃油质量比远超过 14.7（黄金空燃比）的空气去和柴油雾化混合，充分释放每一克燃料的能量；而汽油自燃点更高，如果想要压燃，则需要更高的压缩比，但压缩比越高，越容易产生爆燃，因此必须借助外力点燃（火花塞）。

由以上分析可知，汽油机应用 HCCI 技术需要重点解决两个问题：

(1) 如何把汽油压燃？

(2) 如何避免压燃产生的振动大、高转速下动力表现差等问题。

马自达创驰蓝天发动机技术的关键点如下。

关键点一：均质燃烧

HCCI 技术的关键点就在于“均质”，即希望发动机在做功冲程时缸内各处的油气混合物浓度一致，从而在提高压缩比（保证汽油能被压燃）的同时避免爆燃。做功冲程开始后，正常情况下火焰应该从起爆点开始一直向外蔓延，自上而下依次点燃燃料，以达到最高的效率。但实际燃烧过程中，缸内某些靠近缸壁或活塞的位置由于混合气浓度过高或压力不均等原因，有可能先自燃了，进而导致混合气爆炸产生的冲击波和按正常顺序燃烧产生的力量较劲（做负功），此时就会产生爆燃，导致发动机抖动、动力下降、油耗增加等问题。也就是说，即便压燃汽油需要使用更高的压缩比，如果能让缸内各处的混合气浓度一致，也能在很大程度上减少异常燃烧，从而避免爆燃。从已知的信息中可知：马自达现已在一代创驰蓝天发动机上采用更高压力的燃油泵和高压喷油嘴，通过更大的压力使汽油雾化更充分，加速和空气的混合，力求实现让缸内混合气浓度均匀的目标。

关键点二：更多的空气供给

想要达到稀薄燃烧就需要更多的空气，在新一代的创驰蓝天发动机上，马自达将会用高速响应的空气供给单元，配合对节气门阻力的优化，以达到充足的进气量以及更好的加速响应。

关键点三：并不是没有火花

在新一代创驰蓝天发动机中，马自达提出了火花控制压燃（SPCCI）技术。通过对可变气门正时、喷油系统、点火系统等采用上述综合电控策略，实现火花塞点火与压燃点火之间的无缝切换。在部分工况下，可以采用 HCCI 技术，而在冷起动、高转速等不适合采用压燃的工况下限制压缩比，转而采用传统火花塞点燃（SI）的模式。发动机可在不同工况下选择最优工作模式，在保证动力的同时，最大程度减少油耗和排放。

2.1 发动机的理论循环

2.1.1 发动机的基本循环

1. 进行理论循环分析的目的

发动机的理论循环是将实际循环进行若干简化，即忽略一些次要的影响因素，并对其中变化复杂、难于进行细致分析的物理、化学过程（如可燃混合气的准备与燃烧过程等）进行简化处理，得到便于进行定量分析的假想循环或简化循环。通过对理论循环进行研究，可以达到以下目的：

（1）用简单的公式来阐明发动机工作过程中各基本热力参数间的关系，以明确提高以理论循环热效率为代表的经济性和以循环平均压力为代表的动力性的基本途径；

（2）确定循环热效率的理论极限，以判断实际发动机工作过程的经济性和循环进行的完善程度以及改进潜力；

（3）有利于分析比较发动机各种热力循环方式的经济性和动力性。

2. 建立理论循环的简化假设

在进行理论循环研究之前，首先必须对发动机的实际过程进行必要的简化假设，这是建立理论循环的重要依据，最简单的理论循环是空气标准循环，其简化条件为：

（1）假设工质是理想气体，其物理常数与标准状态下的空气物理常数相同；

（2）假设工质是在闭口系统中做封闭循环；

（3）假设工质的压缩及膨胀是绝热等熵过程；

（4）假设燃烧是外界无数个高温热源定容或定压向工质加热，工质放热为定容放热。

3. 发动机3种基本循环

根据加热方式不同，可将发动机基本空气标准循环分为3种，即混合加热循环、定容加热循环和定压加热循环，这3种循环的 p-V 图如图2-1所示。习惯上的处理方式为：汽油机混合气燃烧迅速，近似为定容加热循环；高增压和低速大型柴油机，由于受燃烧最高压力的限制，大部分燃料在上止点以后燃烧，燃烧时气缸压力变化不显著，所以近似为定压加热循环；高速柴油机介于两者之间，其燃烧过程视为定容、定压加热的组合，近似为混合加热循环。

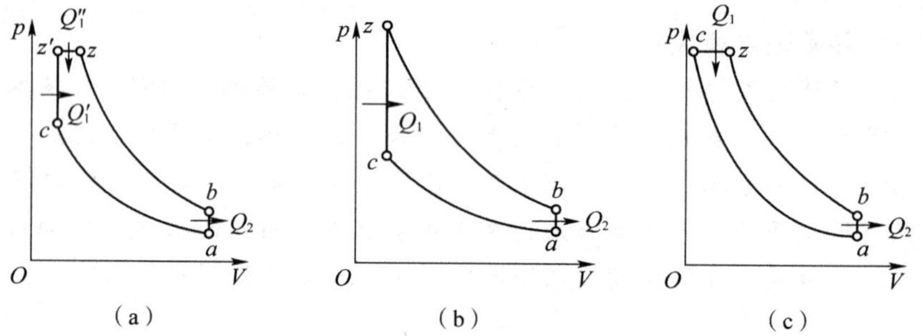

图2-1　发动机理论循环 p-V 图

（a）混合加热循环；（b）定容加热循环；（c）定压加热循环

2.1.2　理论循环的评价

评定理论循环采用循环热效率 η_t 和循环平均压力 p_t 。

1. 循环热效率 η_t

η_t 是工质所做循环功 W_t（J）与循环加热量 Q_1（J）之比（用以评定循环经济性），即

$$\eta_t = \frac{W_t}{Q_1} = 1 - \frac{Q_2}{Q_1}$$

式中：Q_2——工质在循环中放出的热量，J。

按工程热力学公式，混合加热循环热效率为

$$\eta_{tm} = 1 - \frac{1}{\varepsilon^{k-1}} \frac{\lambda\rho^k - 1}{(\lambda - 1) + \lambda k(\rho - 1)} \tag{2-1}$$

定容加热循环热效率为

$$\eta_{tv} = 1 - \frac{1}{\varepsilon^{k-1}} \tag{2-2}$$

定压加热循环热效率为

$$\eta_{tp} = 1 - \frac{1}{\varepsilon^{k-1}} \frac{\rho^k - 1}{k(\rho - 1)} \tag{2-3}$$

由式（2-1）~式（2-3）可见，影响 η_t 的因素有以下几方面。

1）压缩比 ε

随着压缩比的增大，3 种循环的 η_t 都提高。因为提高了 ε，所以可以提高循环平均吸热温度、降低循环平均放热温度、扩大循环温差、增大膨胀比，如图 2-2 所示。定容加热循环热效率与压缩比（S）的关系如图 2-3 所示，在 ε 较低时，随着 ε 的提高，η_t 增长很快；在 ε 较大时，再增加 ε 则在增长较缓。

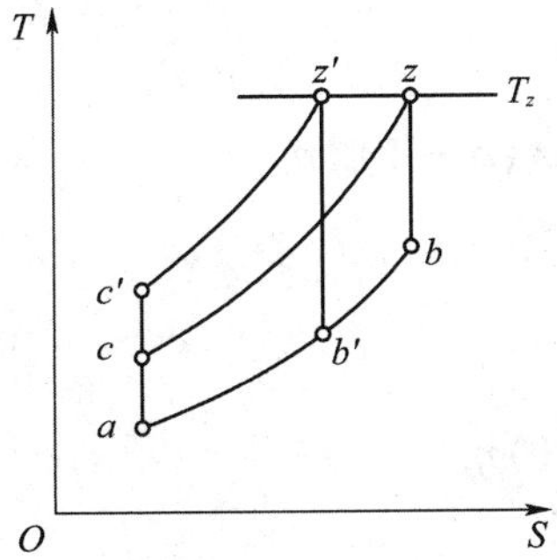

图 2-2　最高温度相同时提高压缩比对循环的影响

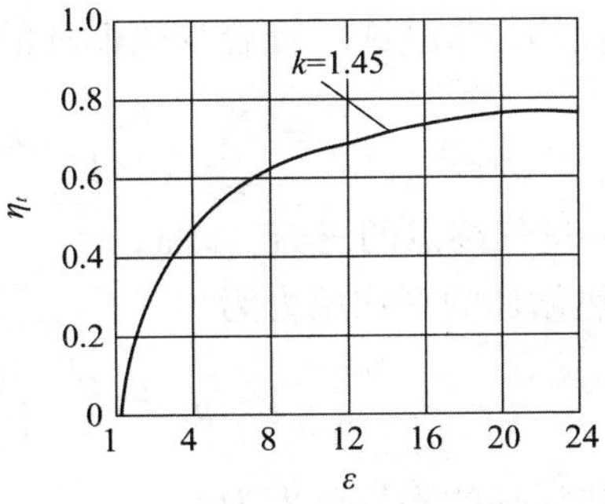

图 2-3　定容加热循环热效率与压缩比的关系

2）等熵指数（绝热指数）k

等熵指数 k 对 η_t 的影响如图 2-4 所示，随 k 值增大，η_t 将提高。k 值取决于工质的性质，双原子气体 $k=1.4$，多原子气体 $k=1.33$。

3）压力升高比 λ

在定压加热循环中，η_t 不变。

在混合加热循环中，当循环总加热量 Q_1 和 ε 不变时，λ 增大，则 ρ 减小，即平均膨胀比增加，如图 2-5 所示（由 $z-b$ 变到 $z'-b'$），相应的 Q_2 减少，η_t 提高。

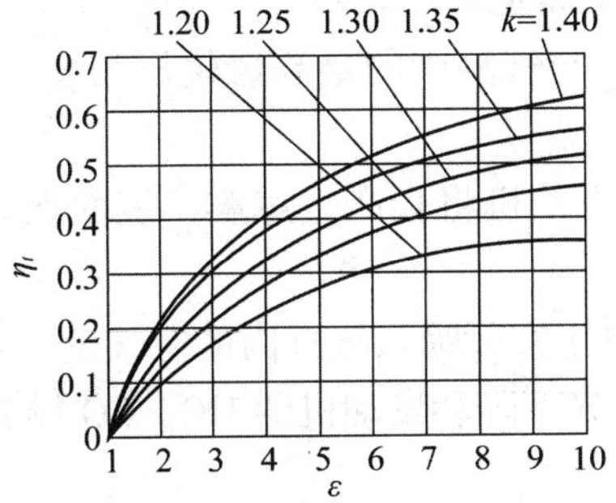

图 2-4　η_t 与 k、ε 的关系

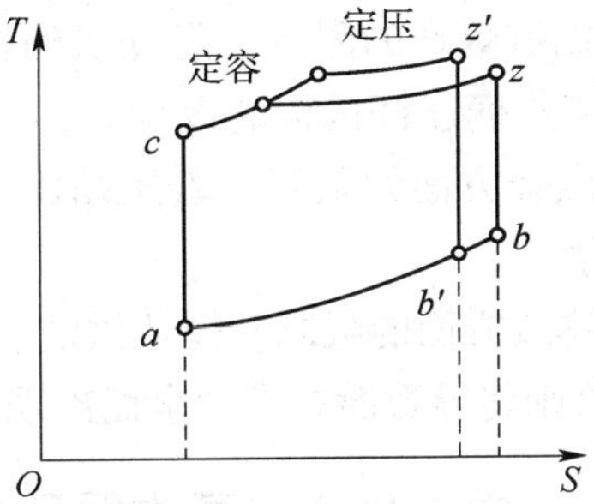

图 2-5　λ 与 ρ、η_t 的关系

4）初始膨胀比 ρ

在定压加热循环中，随着加热量 Q_1 的增加，ρ 值加大，若 ε 保持不变，由式（2-3）可知，因平均膨胀比减小，放出的热量 Q_2 增加，η_t 下降。

在混合加热循环中，当循环总加热量 Q_1 和 ε 保持不变，ρ 值增大，意味着定压加热部分增大（见图 2-5），η_t 同样下降。

2. 循环平均压力 p_t

p_t 是单位气缸容积所做循环功的循环平均压力，用来评定循环的做功能力，其计算公式为

$$p_t = \frac{W}{V_s} = \frac{\eta_t Q_1}{V_s}$$

式中：W——循环所做的功，J；

V_s——气缸工作容积，L。

根据工程热力学公式，混合加热循环的平均压力

$$p_{tm} = \frac{\varepsilon^k}{\varepsilon^{k-1}} \frac{p_a}{k-1} [(\lambda - 1) + k\lambda(\rho - 1)] \eta_t \tag{2-4}$$

式中：p_a——进气终点的压力，kPa。

定容加热循环的平均压力为

$$p_{tv} = \frac{\varepsilon^k}{\varepsilon^{k-1}} \frac{p_a}{k-1} (\lambda - 1) \eta_t \tag{2-5}$$

定压加热循环的平均压力为

$$p_{tp} = \frac{\varepsilon^k}{\varepsilon^{k-1}} \frac{p_a}{k-1} k(\rho - 1) \eta_t \tag{2-6}$$

可见，p_t 随进气终点压力 p_a、压缩比 ε、压力升高比 λ、初始膨胀比 ρ、等熵指数 k 和循环热效率 η_t 的增加而增加。

但在混合加热循环中，如果循环加热量 Q_1 不变，那么 ρ_0 增加时即定压加热部分增加，λ_p 减少即定容加热部分减少，则 η_t 下降，因而 P_t 也降低。

理论上能够提高发动机理论循环热效率和平均压力的措施，往往受到发动机实际工作条件的限制，具体如下：

（1）结构条件的限制。为保证发动机的可靠性和使用寿命，考虑发动机的制造成本，在实际选择上述参数时，须根据具体情况权衡利弊而定。

（2）机械效率的限制。发动机的机械效率 η_m 与气缸中的最高燃烧压力 p_{max} 密切相关，而 p_{max} 决定曲柄连杆机构的设计。

（3）燃烧方面的限制。若压缩比定得过高，汽油机将会产生爆震、表面点火等不正常燃烧的现象。

（4）排放方面的限制。循环供油量的增加取决于实际吸入气缸内的空气量，即有空燃比的限制，否则将导致燃烧不完全而出现冒烟、热效率下降和发动机的 HC、CO 排放激增。

2.1.3 发动机 3 种基本循环的比较

当加热量 Q_1 相同时，3 种理论循环的比较如图 2-6 所示。

ε 相同时，3 种循环中 $Q_{2p} > Q_{2m} > Q_{2v}$，则 $\eta_{tv} > \eta_{tm} > \eta_{tp}$，如图 2-6（a）所示。因此，欲提高混合加热循环热效率，应增加定容部分的加热量（即增大 λ）。

最高燃烧压力 p_{max} 相同时，$Q_{2v} > Q_{2m} > Q_{2p}$，则 $\eta_{tp} > \eta_{tm} > \eta_{tv}$，如图 2-6（b）所示。因此，对高增压这类受零件强度限制，其循环最高燃烧压力不得过大的情况，提高 ε，同时增大定压加热部分的热量有利。

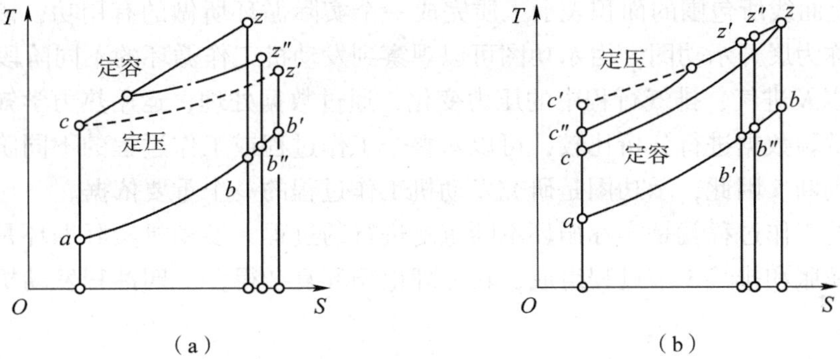

图 2-6　加热量相同时 3 种理想循环的比较

2.2　发动机的实际循环

发动机气缸内部实际进行的工作循环是非常复杂的，为获得正确反映气缸内部实际情况的试验数据，通常利用不同形式的示功器或发动机数据采集系统来观察或记录相对于不同活塞位置或曲轴转角时气缸内工质压力的变化，所得的结果即为 $p-V$ 示功图或 $p-\phi$ 示功图，如图 2-7 所示。$p-V$ 图和 $p-\phi$ 图可以利用发动机曲柄连杆机构中的活塞位移和曲轴转角之间的几何关系互相转换。

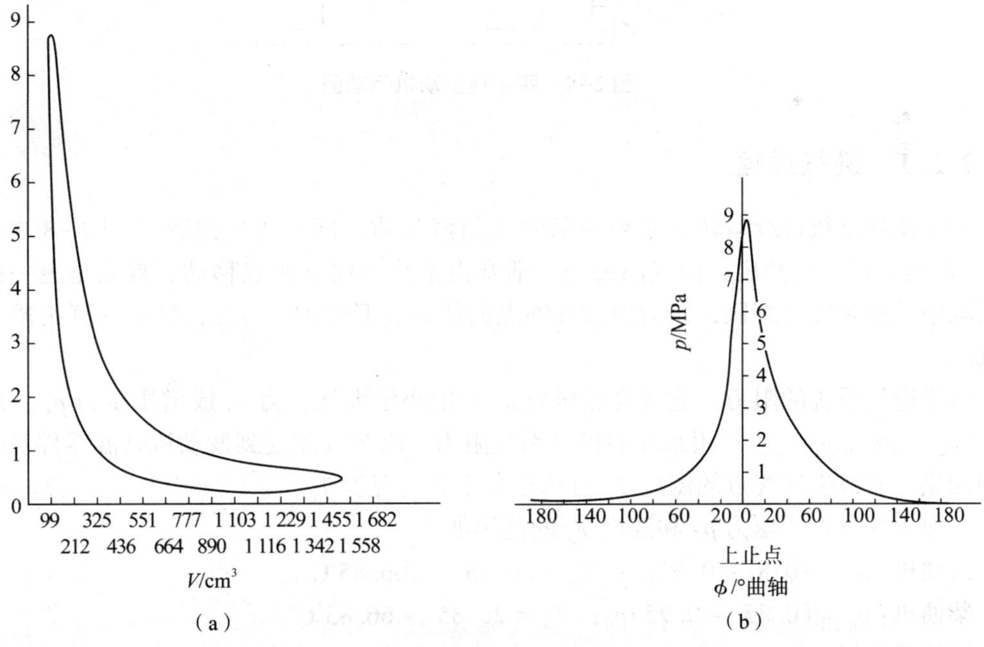

图 2-7　四冲程单杠柴油机的 $p-V$ 图和 $p-\phi$ 图

(a) $p-V$ 图；(b) $p-\phi$ 图

$p-V$ 图上曲线所包围的面积表示工质完成一个实际循环所做的有用功，该图称为示功图，$p-\phi$ 图称为展开示功图。由示功图可以观察到发动机工作循环的不同阶段（压缩、燃烧、膨胀）以及进气、排气行程中的压力变化，通过数据处理，运用热力学知识，将它们与所积累的试验数据进行分析比较，可以对整个工作过程或工作过程的不同阶段进展的完善程度做出判断。因此，示功图是研究发动机工作过程的一个重要依据。

发动机的工作过程就是实际循环不断重复进行的过程，发动机实际循环是由进气、压缩、燃烧、膨胀和排气 5 个过程组成，较之理论循环复杂得多。四冲程发动机示功图如图 2-8 所示。

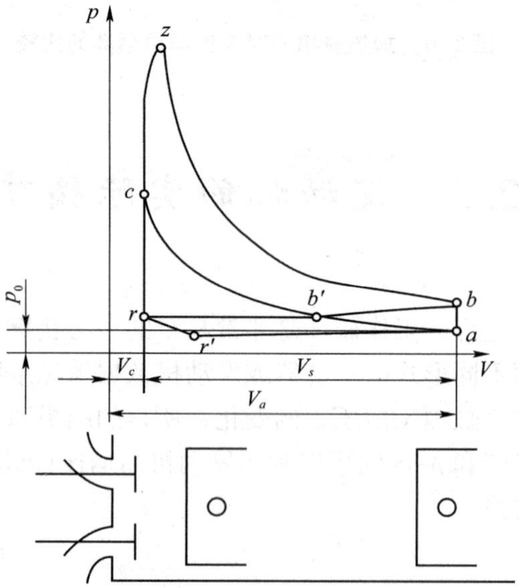

图 2-8　四冲程发动机示功图

2.2.1　进气过程

为了使发动机连续运转，必须不断吸入新鲜工质，即为进气过程（图 2-8 中的 $r-a$ 线）。此时，进气门开启，排气门关闭，活塞由上止点向下止点移动，首先是上一循环留在气缸中的残余废气膨胀，压力由排气终点的压力 p_r 降到压力 p'_r，然后新鲜工质才被吸入气缸。

由于进气系统的阻力，进气终点压力 p_a 一般小于大气压力 p_0 或增压压力 p_k，压力差（p_0-p_a）或（p_k-p_a）用来克服进气系统阻力。因为气流受到发动机高温零件及残余废气的加热，所以进气终点的温度 T_a 也总是高于大气温度 T_0。

一般进气终点的压力 p_a 和温度 T_a 的范围如下。

汽油机：$p_a=(0.8\sim0.9)p_0$；$T_a=66.85\sim106.85$℃。

柴油机：$p_a=(0.85\sim0.95)p_0$；$T_a=26.85\sim66.85$℃。

增压柴油机：$p_a=(0.9\sim1.0)p_0$；$T_a=46.85\sim106.85$℃。

增压压力：$p_k=(1.3\sim2.0)p_0$。

2.2.2 压缩过程

发动机进行压缩过程时，进、排气门均关闭，活塞由下止点向上止点移动，缸内工质受到压缩，温度、压力不断上升，工质受压缩的程度用压缩比表示。

在理论循环中，是假设压缩过程为绝热的，但实际上，发动机的压缩过程是个复杂的多变过程，压缩开始时新鲜工质的温度较低，受缸壁加热，多变指数 $n'_1 > k$；随着工质温度上升，某一瞬间与缸壁温度相等，多变指数 $n'_1 = k$；此后，由于工质温度高于缸壁，向缸壁传热，多变指数 $n'_1 < k$。因此，在压缩过程中，多变指数 n'_1 是不断变化的，如图 2-9 所示。

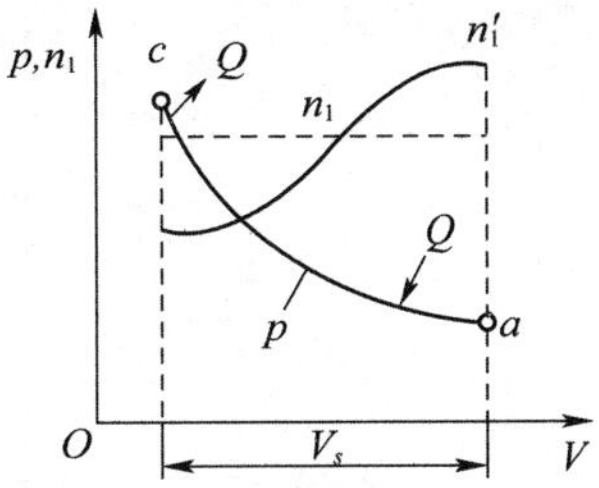

图 2-9 压缩过程及压缩多变指数

在实际的近似计算中，常用一个不变的、平均的多变指数 n_1 来取而代之，只要以这个指数 n_1 计算而得的多变过程，其始点 a 和终点 c 的工质状态与实际压缩过程的初、终状态相符即可，n_1 称为平均压缩多变指数。

n_1 主要受工质与缸壁间的热交换及工质泄漏情况的影响，当发动机转速提高时，因热交换的时间缩短，向缸壁的传热量及气缸泄漏量减少，所以 n_1 增大；当负荷（即阻力矩变化而引起发动机节气门的增减）增加、采用空气冷却以及气缸直径较大时，气缸温度增高及相对的传热量和泄漏量减少，n_1 增大。简言之，工质吸热多时，$n>k$。

压缩终了的压力和温度的计算式为

$$p_c = p_a \varepsilon^{n_1} \tag{2-7}$$

$$T_c = T_a \varepsilon^{n_1 - 1} \tag{2-8}$$

压缩比是发动机的一个重要的结构参数，在汽油机中，为了提高热效率，希望增加压缩比，但受到汽油机不正常燃烧的限制，压缩比不能过大。

在柴油机中，为保证喷入气缸的燃料能及时自燃以及冷起动时可靠着火，必须使压缩终点有足够高的温度，因此要求较高的压缩比。

在使用中，对压缩过程而言，主要应注意气缸的密封，如果密封不良，将使压缩终点的工质温度、压力下降，以致起动困难、功率减小。因此，实际工作中，常以实测的压缩压力来检查发动机的技术状况，发现压缩压力降低时，应查明原因，及时检修。

2.2.3 燃烧过程

发动机进行燃烧过程时，进、排气门均关闭，活塞处在上止点前后。

由于燃料燃烧不是瞬时完成的，因此在汽油机的燃烧过程中，汽油与空气形成的可燃混合气是在上止点前由电火花点火而燃烧的如图 2-10（b）中的点 c'。点火后，火焰迅速传播到整个燃烧室，工质的压力、温度剧烈上升，整个燃烧过程接近于定容加热，如图 2-10（b）中的 c-z 段。

燃烧过程中，柴油机应在上止点前就开始喷油，如图 2-10（a）中的点 c'。喷油后，柴油微粒迅速蒸发而与空气混合，并借助于气缸中被压缩的具有很高内能的空气的热量而自燃。开始，燃烧速度很快，而气缸容积变化很小，所以工质的压力、温度剧增，接近于定容加热，如图 2-10（a）中的 c-z'段；接着，是一边喷油，一边燃烧，燃烧速度缓慢下来，且随着活塞向下止点移动，气缸容积增大，所以气缸压力升高不大，而温度继续上升，该过程接近于定压加热，如图 2-10（a）中的 z'-z 段。

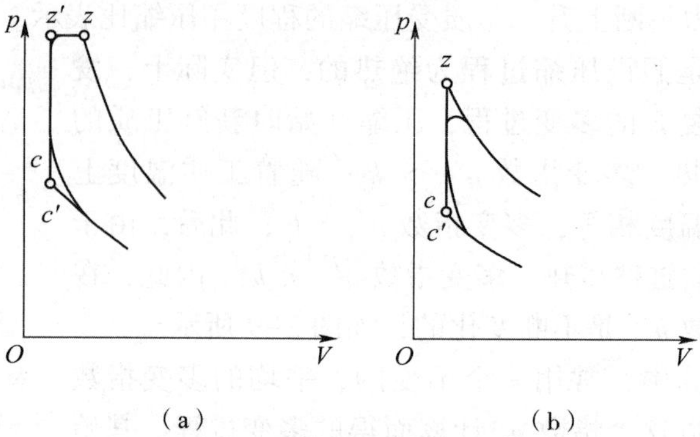

图 2-10　发动机实际循环的燃烧过程

（a）柴油机；（b）汽油机

汽油机燃烧的最高爆发压力及最高温度为

$$p_{max} = 3 \sim 6.5\ \text{MPa},\quad T_{max} = 1\,926.85 \sim 2\,526.85\ ℃$$

柴油机燃烧的最高爆发压力及最高温度为

$$p_{max} = 4.5 \sim 9\ \text{MPa},\quad T_{max} = 1\,526.85 \sim 1926.85\ ℃$$

可见，柴油机因压缩比高，燃烧的最高爆发压力 p_{max} 很高，但因相对于燃油的空气量大（即柴油机的过量空气系数相对于汽油机大），所以最高燃烧温度 T_{max} 值反而比汽油机低。

2.2.4　膨胀过程

发动机进行膨胀过程时，进、排气门均关闭，高温、高压的工质推动活塞，由上止点向下止点移动而膨胀做功，气体的压力、温度迅速降低。

膨胀过程也是一个多变过程，多变指数 n_2' 是不断变化的。膨胀过程初期，由于补燃，工质被加热，$n_2' < k$；到某一瞬时，对工质的加热量与工质向缸壁等的散热量相等，$n_2' = k$；此后，工质向缸壁散热，$n_2' > k$，如图 2-11 所示。

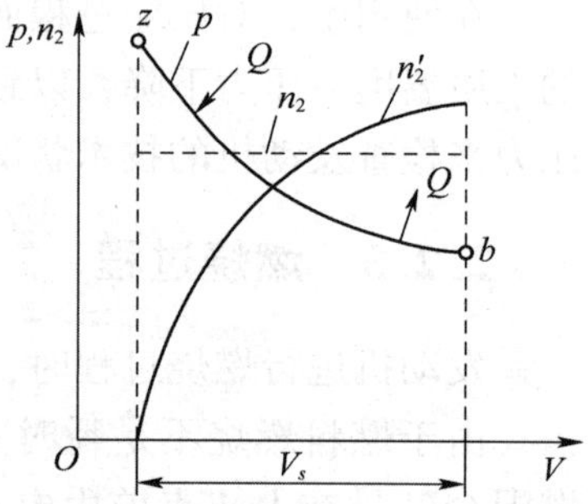

图 2-11　膨胀过程及多变膨胀指数

如同压缩过程一样，为简便起见，在计算中常用一个不变的平均膨胀多变指数 n_2 来取而代之，只要以这个指数 n_2 计算的多变过程，其始点 z 与终点 b 的状态与实际膨胀过程始、终点状态相同即可。

n_2 主要取决于补燃的多少、工质与缸壁间的热交换及漏气情况，当转速增加，补燃增多，传热和漏气的时间缩短时，n_2 减小；当混合气形成与燃烧不好，补燃增加时，n_2 减小；当缸壁、活塞环磨损量大，漏气增加以及气缸直径小，相对散热表面积加大，工质传出热量增加时，n_2 增大。

对于汽油机：$n_2 = 1.23 \sim 1.28$；膨胀终了，$p_b = p_z/\varepsilon^{n_2} = 0.3 \sim 0.6\ \text{MPa}$，$T_b = T_z/\varepsilon^{n_2-1} =$

926.85 ~ 1 226.85 ℃。

对于柴油机：$n_2 = 1.15 \sim 1.28$；膨胀终了，$p_b = p_z/\delta^{n_2} = 0.2 \sim 0.5$ MPa；$T_b = T_z/\delta^{n_2-1} =$ 726.85 ~ 926.85 ℃。

2.2.5 排气过程

当膨胀过程接近终了时，排气门打开，废气开始靠自身压力自由排气。膨胀过程结束时，活塞移动由下止点返回上止点，将气缸内的废气排除。

排气温度是检查发动机工作状况的一个参数，因为排气温度低，说明燃料燃烧后，转变为有用功的热量多，工作过程进行得好；如果发现排气温度偏高，应立即查明原因。

实际循环由上述5个过程组成，在图2-8所示的示功图中，闭合曲线 $bb'czb$ 所包围的面积 A_i，代表工质对活塞所做的功，故是正功。曲线 $rb'ar'r$ 所包围的面积 A_1 称为泵气损失，对于非增压发动机是负功；对于增压发动机，由于进气压力高于排气压力，故是正功。$A_i \pm A_1$ 为实际循环有用功。

知识链接

我国潍柴发动机热效率突破50%的技术路线

2020年9月16日，潍柴动力在山东济南召开“全球首款突破50%热效率柴油机”产品发布会，引起业界震惊。这是国产发动机技术在国际水平上真正的超越引领。

潍柴动力这款车用WP13H柴油机如图2-12所示。该柴油机本体热效率能超过50%，主要采用了协同燃烧技术、协调设计技术、排气能量分配技术、分区润滑技术、智能控制技术等五大技术，解决了高效燃烧、低传热、高可靠性、低摩擦损耗、低污染物排放、智能控制等一系列世界级难题。

图2-12 WP13H柴油机

1. 协同燃烧技术

通过对气道、喷油、燃烧室型线等系统更加巧妙地设计，可以使燃烧室内速度场、浓度场等物理场之间的关系更加和谐，燃烧速度提升30%。

2. 协调设计技术

发动机本体对最高燃烧压力的承受能力极大地限制了燃烧的改善。为了适应更高的燃烧压力，需要有选择地弱化部分零件，从而使整体结构得到强化，系统的高爆压承受能力提升大约60%。

3. 排气能量分配技术

伴随着燃烧的改善，污染物排放控制的难度大幅增加，恰当的排气系统设计，可以在适应废气再循环的需求的同时，保障涡轮机提升效率的需求，在满足柴油机排放法规的同时，提升1%的热效率。

4. 分区润滑技术

根据系统各摩擦副的不同特性，分区域、有针对性地采用了不同的减摩技术，使整体的摩擦降低20%。

5. 智能控制技术

利用自主ECU的优势，创造性地开发出一系列更加精准控制的预测模型，使柴油机工作的每一部分区域均能够更加高效。商用车最为注重燃油经济性、运营成本，在卡车使用的一个完整的生命周期中，柴油的消耗是最主要的成本。提升热效率，降低燃油消耗，为用户节省使用成本，这是该柴油机最根本的优势。

另外，潍柴动力研发出热效率超过50%的车用可量产的柴油发动机，也再一次验证了它的实力，真正称得上是全球领先的柴油机制造企业，站到了柴油发动机技术的顶峰。

小 结

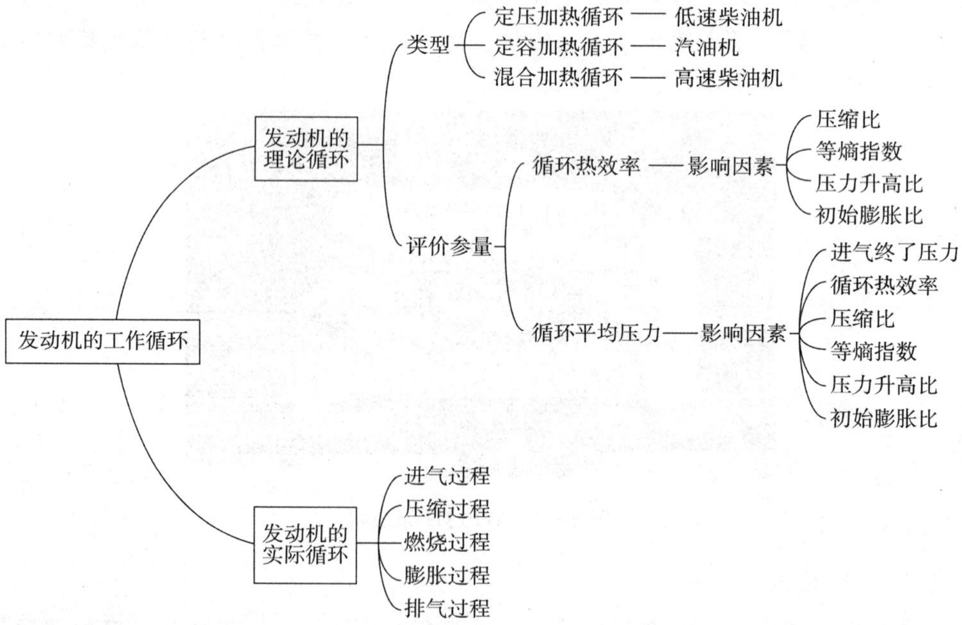

复习题

一、填空题

1. 在定压加热循环中，当加热量增加，循环热效率________。

2. 混合加热循环中，当加热量和压缩比不变，预膨胀比增大时，循环热效率________________。

3. 发动机实际循环是由______、________、______、______和________5个过程组成。

4. 评定循环经济性的指标是________。

5. p-V图上曲线所包围的面积表示工质完成一个实际循环所做的有用功，该图称为________。

二、判断题

1. 发动机压缩比越大，循环热效率越好。（　　）
2. 随绝热指数值增大，循环热效率将提高，k值取决于工质的性质。（　　）
3. 当加热量、压缩比相同时，混合加热循环的热效率最好。（　　）
4. 评定循环的做功能力的指标是循环热效率。（　　）
5. 压缩过程中当发动机转速提高时，平均压缩多变指数增大。（　　）

三、选择题

1. 汽油机的理想燃烧情况是（　　）。

A. 定压燃烧　B. 定容燃烧　C. 定速燃烧　D. 定压、定容混合燃烧

2. 在定容加热循环中，若压缩比不变，当加热量增加，循环热效率（　　），循环平均压力（　　）。

A. 增加、增加　B. 增加、下降　C. 不变、下降　D. 不变、增加

3. 实际发动机的压缩过程是一个（　　）。

A. 多变过程　B. 吸热过程　C. 放热过程　D. 绝热过程

4. 理论循环发动机的膨胀过程是一个（　　）。

A. 多变过程　B. 吸热过程　C. 放热过程　D. 绝热过程

5. 高速柴油机的理想燃烧情况是（　　）。

A. 定压燃烧　B. 定容燃烧　C. 定速燃烧　D. 定压、定容混合燃烧

四、简答题

1. 说明四冲程发动机的工作原理。
2. 何谓发动机的理论循环？与实际循环相比，理论循环主要做了哪些简化？
3. 发动机的实际循环与理论循环相比存在哪些损失？
4. 试分析提高发动机理论循环效率的方法。
5. 分析影响循环热效率、循环平均压力的主要因素有哪些？

第3章 发动机的性能评价指标

知识目标

通过对本章的学习，学生应掌握发动机的指示指标和有效指标，以及它们的评价指标，如动力性指标、经济性指标；掌握指示指标和有效指标之间的转换关系；掌握发动机的环境指标，如排放性能指标、噪声性能指标；掌握发动机的机械损失，以及机械损失的测量方法；掌握发动机的热平衡，以及各部分热量的计算方式。

情景导入

买车往往是各位车友们最头疼、也最关心的事情，车友都希望买到适合自身的车型。很多车友们在买车之前可能关注最多的是车型的口碑，这确实是一个很便捷的方法，但读懂参数可以更方便地找到满足自身需求的车型。

问题1：每款车型在上市之前，厂家都会配套公布一份完整的参数表，请问这些参数中最关键的有哪些呢？

回答：发动机、车身尺寸，轴距，行李箱容积，整车质量，最大扭矩，最大功率，油耗，主、被动安全，变速箱平顺性，方向盘参数和接近角、离去角、离地间隙等。

问题2：发动机作为汽车的心脏，其性能优劣直接影响到汽车的整车性能，如动力性、经济性、稳定性和环保性。那么，从汽车的整车性能上来看，应该从哪些方面评价发动机的性能呢？可以采用哪些评价指标呢？

回答：可以从指示功和平均指示压力、指示功率、指示热效率和指示燃油消耗率、动力性、经济性、强化性、排放性和噪声等方面来评价发动机的性能。对应性能的评价指标有指示指标、有效指标、环境指标等，它们之间的关系是本章需要学生理解、掌握，并能够运用的主要内容。

3.1　发动机的指示指标

指示性能指标是以工质对活塞所做的功为基础的指标，简称指示指标。指示指标不受发动机动力输出过程中机械摩擦和附件消耗等各种外来因素的影响，直接反映由燃烧到热功转换的工作循环进行的好坏，因而在发动机工作过程的分析研究中得到广泛的应用。

3.1.1　指示功和平均指示压力

1. 指示功 W_i

指示功，又称循环指示功，是指气缸内完成一个工作循环所得到的有用功，用符号 W_i 表示。指示功的大小可由 $p-V$ 图中闭合曲线所占有的有效面积 F_i 求得。图3-1为发动机的 $p-V$ 图。

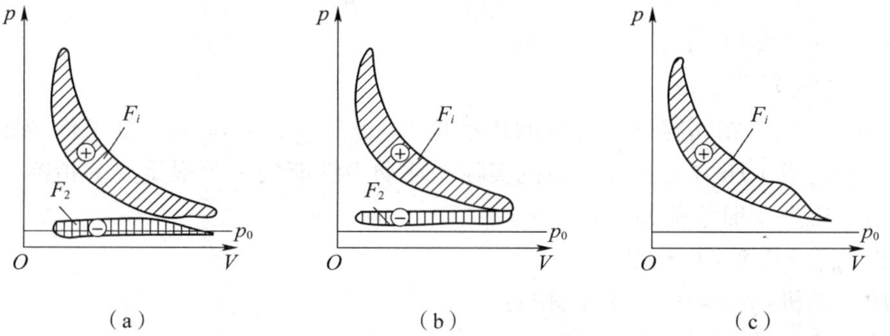

图3-1　发动机的 $p-V$ 图

(a) 四冲程非增压发动机；(b) 四冲程增压发动机；(c) 二冲程发动机

图3-1 (a) 中，四冲程非增压发动机的指示功面积 F_i 由相当于压缩、燃烧、膨胀行程中所得到的有用功面积 F_1 和相当于进气、排气行程中消耗的功的面积 F_2（即泵气损失）相减而成，即 $F_i = F_1 - F_2$。图3-1 (b) 中的四冲程增压发动机，其进气压力高于排气压力，在换气过程中，工质是对外做功的。因此，换气功的面积 F_2 与面积 F_1 叠加起来就是指示功，即 $F_i = F_1 + F_2$。图3-1 (c) 中的二冲程发动机，只有一块示功图面积 F_i，它表示了指示功的大小。

F_i 可用燃烧分析仪通过采集缸内示功图计算求得，然后用下式计算 W_i（N·m或J）的值

$$W_i = \frac{F_i ab}{10^6} \tag{3-1}$$

式中：F_i——示功图面积，cm^2；

a——纵坐标比例尺，Pa/cm；

b ——横坐标比例尺，cm^3/cm。

指示功 W_i 反映了发动机气缸在一个工作循环中所获得的有用功，它除了和循环中热功转换的有效程度有关外，还和气缸容积的大小有关。为了比较不同大小气缸的做功能力，需要排除尺寸的影响，而引入平均指示压力的概念。

2. 平均指示压力 p_{mi}

平均指示压力是指发动机单位气缸工作容积在每一循环内所做的指示功，用符号 p_{mi} 来表示，单位为 Pa，相当于一个平均不变的压力在发动机整个工作过程中作用在活塞上，其效果与变化的气体压力相当，使活塞移动一个冲程所做的功等于循环指示功，其计算公式为

$$p_{mi} = \frac{W_i}{V_s} \tag{3-2}$$

式中：W_i ——循环指示功，J；

V_s ——气缸工作容积，m^3。

此外，指示功 W_i 还可以写成

$$W_i = p_{mi} V_s = p_{mi} \frac{\pi D^2 S}{4} \tag{3-3}$$

式中：D ——气缸直径，m；

S ——活塞行程，m。

可见，p_{mi} 越大，相同容积的气缸的指示功 W_i 也越大，发动机气缸工作容积的利用程度也越佳。平均指示压力是衡量发动机实际循环动力性能的一个很重要的指标。

平均指示压力一般范围如下：

汽油机：p_{mi} =0.8～1.5 MPa；

非增压柴油机：p_{mi} =0.7～1.1 MPa；

增压柴油机：p_{mi} =1.0～2.5 MPa。

3.1.2 指示功率

指示功率是指发动机在单位时间内所做的指示功，用符号 P_t 来表示，单位是 W（由于 W 的单位很小，所以经常用 kW 来表示）。发动机每工作循环所做的指示功 $W = iW_i = ip_{mi}V_s$，每秒的工作循环次数 $k = 2n/(60\tau)$，则

$$P_i = W/t = \frac{p_{mi} V_s n i}{30\tau} \times 10^{-3} \tag{3-4}$$

式中：τ ——冲程数，四冲程 $\tau = 4$，二冲程 $\tau = 2$；

i ——气缸数；

n ——发动机转速，r/min。

3.1.3 指示热效率和指示燃油消耗率

1. 指示热效率 η_{it}

指示热效率是指发动机实际循环指示功与所消耗燃料的热量之比值，即

$$\eta_{it}=\frac{W_i}{Q_1} \tag{3-5}$$

Q_1 为得到指示功 W_i 所消耗燃料的热量，单位为J，按所消耗的燃料量与燃料的热值来计算，燃料的热值是指单位质量的燃料燃烧后放出的热量，其数值取决于燃料本身的性质。若测得一台发动机的指示功率为 P_i（kW），每小时耗油量为 B（kg/h），所用燃料的低热值为 H_u（kJ/kg），则根据 η_{it} 的定义，可得

$$\eta_{it}=\frac{3.6\times10^3P_i}{BH_u}=\frac{3\,600P_i}{BH_u} \tag{3-6}$$

指示热效率是评定发动机实际循环经济性的重要指标，其数值范围一般如下：

汽油机：$\eta_{it}=0.3\sim0.4$；

柴油机：$\eta_{it}=0.4\sim0.5$。

2. 指示燃油消耗率 b_i

指示燃油消耗率是指单位指示功的耗油量，也称指示比油耗，通常用每千瓦小时的耗油量来表示［g/(kW·h)］。当试验测得发动机的指示功率为 P_t（kW），每小时耗油量为 B（kg/h）时，则指示燃油消耗率

$$b_i=\frac{B}{P_i}\times10^3 \tag{3-7}$$

其数值范围一般如下：

柴油机：$b_i=170\sim205$；

汽油机：$b_i=205\sim320$。

指示热效率 η_{it} 与指示燃油消耗率 b_i 之间的关系为

$$\eta_{it}=\frac{W_i}{Q_1}=\frac{3.6\times10^6}{b_iH_u} \tag{3-8}$$

b_i 也是评定发动机实际工作循环经济性能的重要指标，η_{it} 值越大，b_i 值越小，发动机经济性越好。

3.2 发动机的有效指标

发动机的有效性能指标是指以曲轴对外输出的功率为计算基准的指标，简称有效指标，反映了发动机实际工作性能的优劣，因而在生产实践中获得了广泛的应用。

3.2.1 发动机的动力性指标

1. 有效功 W_e 和有效功率 P_e

在标定工况下，有

$$W_e=W_i-W_m \tag{3-9}$$

发动机的指示功率 P_i 并不能完全对外输出，功作用在活塞上，需要通过曲柄连杆机构由曲轴输出，不可避免损失，这些损失包括以下方面。

（1）发动机内部运动零件的摩擦损失。例如，活塞、活塞环对缸壁的摩擦，曲柄连杆机构轴承的摩擦，气阀机构的摩擦等。这部分损失所占比例最大。

（2）驱动附属机构的损失。例如，驱动水泵、机油泵、喷油泵、风扇、发动机等。

（3）泵气损失，指进、排气过程所消耗的功。在实际测定时，常将泵气损失与其他损失一起测得。

（4）带动机械增压器损失，占机械损失的6% ~10%。

上述损失所消耗的功率称为机械损失功率 P_m 。指示功率减去机械损失功率才是发动机对外输出的功率，称为有效功率 P_e ，即

$$P_e = P_i - P_m \tag{3-10}$$

式中：P_m ——机械损失功率，kW；

W_m ——机械损失功，kW。

通常，有效功 W_e 、有效功率 P_e 、机械损失功 W_m 和机械损失功率 P_m 都可以在试验台架上直接测得。

2. 有效转矩 T_{tq}

发动机工作时，由曲轴输出的转矩称为有效转矩，用 T_{tq} 表示。发动机的有效功率 P_e 可以采用测功器和转速计分别测出发动机在某一工况下曲轴的输出转矩 T_{tq} 和同一工况下的发动机转速 n ，再按以下公式可求得

$$P_e = T_{tq} \cdot N = T_{tq} \cdot \frac{2\pi n}{60} \times 10^{-3} = \frac{nT_{tq}}{9\,550} \tag{3-11}$$

式中：T_{tq} ——有效转矩，N · m；

n ——发动机转速，r/min。

3. 平均有效压力 p_{me}

平均有效压力 p_{me} 是发动机单位气缸工作容积输出的有效功。与平均指示压力相似，平均有效压力可看作是一个假想的、平均不变的压力作用在活塞顶上，使活塞移动一个行程所做的功等于每循环所做的有效功。平均有效压力从发动机实际输出功的角度评定气缸工作容积的利用率，是衡量发动机动力性能的一个重要参数，它与有效功率 P_e 之间的关系为

$$P_e = \frac{inp_{me}V_s}{30\tau} = \frac{nT_{tq}}{9\,550} \tag{3-12}$$

式中：n ——发动机转速，r/min；

τ ——冲程数，四冲程 $\tau = 4$，二冲程 $\tau = 2$；

i ——气缸数。

由式（3-12）有

$$p_{me} = 3.14\,\frac{T_{tq}\tau}{V_s i} \tag{3-13}$$

因此，对于气缸总工作容积（$V_s i$）一定的发动机，p_{me} 正比于 T_{tq}，即平均有效压力 p_{me} 也反映发动机单位气缸工作容积输出扭矩的大小。气缸工作总容积一定的发动机，p_{me} 值越大，转矩 T_{tq} 越大。所以，p_{me} 是评价发动机动力性能和强化程度的重要指标。

通常，平均有效压力的一般范围如下：

汽油机：p_{me} =0.7～1.3 MPa；

非增压柴油机：p_{me} =0.6～1.0 MPa；

增压柴油机：p_{me} =0.9～2.2 MPa。

4. 转速 n 和活塞平均速度 C_m

提高发动机的额定转速意味着发动机将经常处在较高的转速下运转，是性能设计上的一种强化措施。转速升高意味着单位时间内做功的次数增多，这样，在气缸容积相同的情况下提供的功率增大，或在提供相同功率的情况下发动机体积和质量减小。

转速 n 增加，活塞平均速度 C_m 也增加，n 和 C_m 的关系为

$$C_m = \frac{nS}{30} \tag{3-14}$$

式中：n ——发动机转速，r/min；

S ——活塞行程，m。

C_m 增大，活塞组的热负荷和曲轴连杆机构的惯性力均增大，从而使其磨损加剧，寿命下降。所以，C_m 是表征发动机强化程度的参数。一般情况下，汽油机的 C_m 值不超过 18 m/s，柴油机的 C_m 值不超过 13 m/s。

为了提高转速 n 而又不至于使 C_m 过大，由式（3-14）知，应适当减小行程 S，即对于高速发动机，在结构上宜采用较小的行程缸径比（S/D）。但过小的 S/D 也会造成燃烧室高度降低，从而使燃烧室布置困难，燃烧条件变差。

n、C_m、S/D 值的范围如表 3-1 所示。

表 3-1　n、C_m、S/D 值的范围

发动机类型	n/（r·min^{-1}）	C_m/（m·s^{-1}）	S/D
小客车汽油机	5 000～8 000	12～18	0.7～1.0
载货汽车汽油机	3 600～4 500	10～15	0.8～1.2
汽车柴油机	2 000～5 000	9～15	0.75～1.2
增压柴油机	1 500～4 000	8～12	0.9～1.3

3.2.2　发动机经济性指标

1. 有效热效率 η_{et}

有效热效率 η_{et} 是发动机实际循环的有效功 W_e 与所消耗的燃料热量 Q_1 之比，即

$$\eta_{et} = \frac{W_e}{Q_1} = \frac{3\,600\,P_e}{BH_u} \tag{3-15}$$

式中：P_e ——有效功率，kW；

B ——每小时耗油量，kg/h；

H_u ——燃料的低热值，kJ/kg。

2. 有效燃油消耗率 b_e

有效燃油消耗率 b_e 是单位有效功的耗油量（简称耗油率），通常以每千瓦小时的耗油量表示［g/(kW·h)］，即

$$b_e = \frac{B}{P_e} \times 10^3 \tag{3-16}$$

将式（3-15）代入式（3-16），可得

$$b_e = \frac{3.6 \times 10^6}{\eta_{et} H_u} \times 10^3 \tag{3-17}$$

可见，有效热效率越高，燃油消耗率也就越低，即 b_e 和 η_{et} 表征了发动机经济性。b_e 是根据实测的 P_e 和 B 计算而得，更有实用意义。发动机标定工况下 b_e 和 η_{et} 的范围如表 3-2 所示。

表 3-2　发动机标定工况下 b_e 和 η_{et} 的范围

发动机类型	b_e/[g·(kW·h)$^{-1}$]	η_{et}
低速柴油机	190～225	0.38～0.45
中速柴油机	195～240	0.36～0.43
高速柴油机	215～285	0.30～0.40
四冲程汽油机	274～410	0.20～0.30
二冲程汽油机	410～545	0.15～0.20

3.2.3　发动机强化指标

1. 升功率 P_L

升功率 P_L(kW/L) 是发动机每升气缸工作容积所发出的有效功率，其计算公式为

$$P_L = \frac{P_e}{V_s i} = \frac{p_{me} V_s i n}{30\tau V_s i} = \frac{p_{me} n}{30\tau} \tag{3-18}$$

可见，升功率 P_L 是从发动机有效功率的角度对其气缸工作容积的利用率做出的总评价。P_L 与 p_{me} 和 n 的乘积成正比。P_L 值越大，则发动机的强化程度越高，提供一定有效功率的发动机尺寸越小。因此，提高 p_{me} 和 n，可以获得更强化、更轻巧和紧凑的发动机。因而，P_L 是评定一台发动机整机动力性能和强化程度的重要指标之一。

P_L 值的一般范围如下：

汽车柴油机：P_L = 18 ～ 30 kW/L；

拖拉机柴油机：P_L = 9 ～ 15 kW/L；

汽油机：P_L = 30 ～ 70 kW/L。

2. 比质量 m_e

比质量 m_e(kg/kW) 是发动机的干质量与所提供的有效功率（标定功率）之比，即

$$m_e = \frac{m}{P_e} \tag{3-19}$$

与升功率类似，比质量表征了发动机质量的利用程度和结构紧凑性，其值越小，提供一定功率的发动机就越轻巧、越紧凑。

m_e 值的一般范围如下：

汽车柴油机：$m_e = 2.5 \sim 9.0$ kg/kW；

拖拉机柴油机：$m_e = 5.5 \sim 16$ kg/kW；

汽油机：$m_e = 1.1 \sim 4.0$ kg/kW。

3. 强化系数 $p_{me}C_m$

平均有效压力 p_{me} 与活塞平均速度 C_m 的乘积称为强化系数，它与活塞单位面积的功率成正比。其值越大，发动机所能承受的机械负荷和热负荷越高。由于发动机的发展趋势是强化程度不断提高，所以强化系数 $p_{me}C_m$ 值增大，也是技术进步的标志。

$$p_{me}C_m = \frac{4P_e\tau}{\pi D^2 i} \tag{3-20}$$

活塞平均速度 C_m 取决于发动机的转速和活塞行程。C_m 越大，活塞组承受的热负荷和惯性力越大，从而使其磨损加剧，寿命下降。$p_{me}C_m$ 的范围如表 3-3 所示。

表 3-3 $p_{me}C_m$ 的范围

发动机类型	$p_{me}C_m/(\text{MPa}\cdot\text{m}\cdot\text{s}^{-1})$	发动机类型	$p_{me}C_m/(\text{MPa}\cdot\text{m}\cdot\text{s}^{-1})$
汽油机	8 ~ 17	重型汽车柴油机	9 ~ 15
小型高速柴油机	6 ~ 11		

3.3 发动机的环境指标

发动机的环境指标主要是指排气品质和噪声水平。由于发动机的环境指标关系到人类的健康和生存环境，因此世界上多数国家都采取了许多对策并制定相应的法规，给予严格控制。

3.3.1 排放性能指标

目前，排放法规中主要是限制发动机的 4 种有害排放物：CO、HC（未燃烧烃、未燃烧碳氢化合物）、NO_x（氮氧化物）和 PT（或 PM、微粒）。此外，CO_2 排放也正逐步得到人们的重视。

1. 气体污染物的浓度

(1) 常量单位，常用容积百分数（%）表示，通常用于 CO_2 及汽油机 CO 排放浓度的计量。

(2) 微量单位，常用容积百万分数（10^{-6}）表示，通常用于 HC、NO_x 及柴油机 CO 排放浓度的计量。

对汽油机来说，排放性能指标主要关注的是废气中的 CO 和 HC 含量。

对柴油机来说，排放性能指标主要关注的是废气中的 NO_x 和 PM 含量。

2. 污染物的质量

（1）排放量，常用的有 g/km、g/h、g/试验等，其中“试验”是指按某一规定的试验程序进行的一次试验。这些单位常用来对汽车按工况法运行时的排放性能进行监测。

（2）比排放，用 g/（kW·h）表示，通常用来对重型车用发动机的排放进行计量。

（3）排放指数，每千克燃料燃烧时所排放的污染物质量，称为排放指数，用 g/kg 表示。

3. 颗粒排放物

（1）用质量法检测时，常用 mg/m^3、$\mu g/m^3$ 等单位。

（2）用其他方法检测时，一般用测量方法命名，如波许烟度单位（R_B）、哈特立奇烟度单位（R_H）等。

3.3.2 噪声性能指标

噪声是指对人的健康造成不良影响及对学习、工作和休息等正常活动产生干扰的声音。城市噪声对人类的影响最大，其主要是交通噪声。由于汽车及发动机是交通噪声的主要噪声源，因此应对汽车及发动机噪声制定严格的噪声标准加以控制。

我国的《声学汽车车内噪声测量方法》（GB/T 18697—2002）规定，轿车的车内噪声不得大于 79 dB（A）。

1. 发动机噪声来源

发动机的噪声可以分为：空气动力噪声和表面结构噪声。实际上，发动机噪声主要包括燃烧噪声、机械噪声、进/排气噪声、风扇噪声等。

1）燃烧噪声

燃烧噪声是在燃烧时由气缸内压力急剧上升的气体冲击而产生的，其中包括由气缸内压力剧烈变化引起的动力载荷，以及冲击波引起的高频振动。一般认为燃烧噪声经由两条路径传播并辐射出来，一条是由气缸盖及气缸套经气缸体上部向外辐射；另一条是由曲柄连杆机构，即活塞、连杆、曲轴和主轴承经气缸体下部向外辐射。由于气缸套、机体、气缸盖这些结构件的刚性较大，自振频率处于中、高频范围，低频成分不能顺利地传出，因此人耳听到的燃烧噪声的主要成分处于中、高频范围内。

在功率相同的情况下，由于柴油机压缩比高，压力升高率大，因此其燃烧噪声要比汽油机大得多。柴油机燃烧噪声主要集中在速燃期，其次是缓燃期。

汽油机在压缩比高、汽油品质不良和点火提前角过大时，易引起爆燃，因燃烧室积炭引起表面点火等，都会使燃烧最高压力及压力升高率剧增而产生噪声。柴油机在转速升高，喷油推迟，负荷增大时还会因工作粗暴而产生噪声。在使用过程中，对于结构一定的发动机来说，噪声的强度受发动机转速、负荷、点火或喷油时间、加速运转和不正常燃烧等因素影响。转速升高，负荷加大则噪声增大，点火或喷油推迟则噪声减小，加速和不正常燃烧时噪声增大。

2）机械噪声

机械噪声是指发动机各运动件在工作过程中，由于相互冲击而产生的噪声，主要包括活塞敲缸噪声、配气机构噪声、正时齿轮噪声、不平衡惯性力引起的机械振动及噪声和喷油泵及其他机械噪声。

发动机的机械噪声随着转速的提高而迅速增强。随着发动机的高速化，机械噪声愈来愈显得突出。

3）进/排气噪声

进/排气噪声是由于发动机在进/排气过程中，由于气体压力波和气体流动所引起的振动而产生的噪声，主要包括吸气/排气部位产生的空气声和排气系统的漏气声。对非增压发动机来说，排气噪声最强。进气噪声通常比排气噪声低 8 ~ 10 dB；对于增压发动机来说，进气噪声往往超过排气噪声，是最强的噪声源。

进气噪声主要包括：空气在进气管中的压力脉动，产生低频噪声；空气以高速通过气门的流通截面，产生高频的涡流噪声；增压发动机增压器中压气机的噪声。进气噪声在很大程度上受到气门尺寸、转速和气道结构的影响。

排气噪声主要包括：空气在排气管中的压力脉动，产生低、中频噪声；排气门流通截面处的高频涡流噪声。排气噪声的强弱与发动机的排量、转速、平均有效压力以及排气口的截面积等因素直接相关。

进/排气噪声都随发动机的转速及负荷状态而变化。发动机转速越高，进/排气噪声越大；发动机负荷越大，进/排气噪声也越大。

4）风扇噪声

风扇噪声由旋转噪声和涡流噪声组成。旋转噪声是由风扇叶片对空气分子的周期性扰动而产生的，它的强弱与风扇转速和叶片数成正比；涡流噪声是空气在受叶片扰动后产生的涡流所形成的，它的强弱主要与气流速度有关。风扇噪声在空气动力性噪声中，一般都小于进、排气噪声，但由于汽车普遍装设了空调系统和排气净化装置，因此冷却风扇负荷加大，该噪声变得更为严重。

2. 噪声指标

（1）声压级、声强级和声功率级，单位为分贝（dB），常用于发动机整机和零部件的噪声计量及声源识别。

（2）A 计权声级，单位为 dB（A），模拟人耳对声音的感觉，常用于汽车整车的噪声测量。

3.4 发动机的机械损失

发动机的机械损失消耗了一部分指示功率，而使对外输出的有效功率减少。发动机的机械损失组成及所占份额如图 3-2 所示。

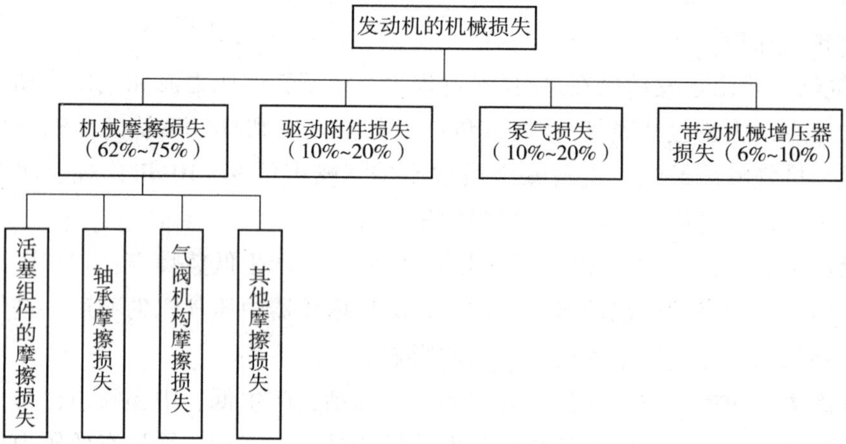

图 3-2　发动机的机械损失组成及所占份额

1）机械摩擦损失

机械摩擦损失指主要运动件的机械摩擦、搅油及空气动力损失，主要包括活塞组件的摩擦损失、轴承摩擦损失、气阀机构摩擦损失和其他摩擦损失。

（1）活塞组件的摩擦损失。活塞组件的摩擦在摩擦损失中的所占份额最大，主要包括活塞环面、活塞裙面以及活塞销三部分摩擦损失。活塞组件如图 3-3 所示，这一部分的摩擦损失是机械摩擦损失的主要部分，这是由于摩擦组件的滑动面大、相对速度高和润滑不充分。活塞组件的摩擦损失与活塞的长度、活塞间隙以及活塞环的数目和张力等结构因素有关，且随气缸压力、活塞速度以及润滑油黏度的升高而增加。

图 3-3　活塞组件

（2）轴承摩擦损失。轴承摩擦损失主要包括曲轴主轴承，凸轮轴轴承，连杆轴承以及前、后主轴承密封装置的摩擦损失，其数值受缸内压力影响较小，主要取决于轴颈直径、转速、材质和润滑条件。

（3）气阀机构摩擦损失。气阀机构摩擦损失包括凸轮与挺柱（或摇臂）、摇臂与气门杆、摇臂轴承等部位的滑动摩擦损失。其中，凸轮与挺柱（或摇臂）、摇臂与气门杆的接触面，由于载荷高、面积小，因此摩擦损失最大。气阀机构摩擦所占总损失的比例，随转速不同而有较大变化，在低速时明显上升，有时可达全部摩擦损失的20%以上；在标定工况时，所占比例一般不超过7%。

（4）其他摩擦损失。除以上3项主要的摩擦损失，复杂的发动机内还有许多其他部分的摩擦损失，如图3-4所示，包括齿轮、链轮、带轮传动损失，连杆大头搅动机油的损失以及曲轴箱内空气压缩、通风和各机件运动的空气动力损失等，但是所占比例均较小。

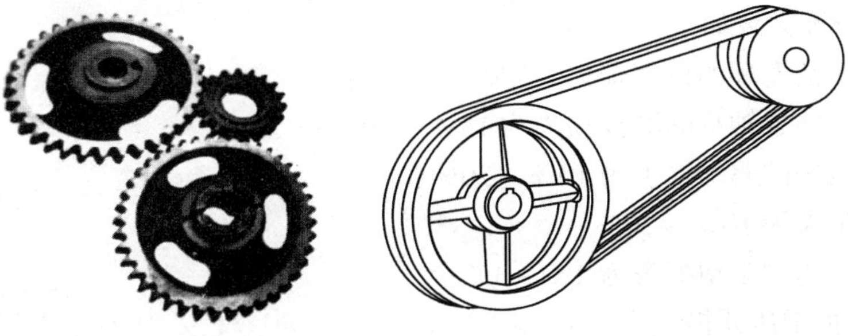

（a）　　　　（b）

图3-4　其他摩擦损失

（a）齿轮传动摩擦损失；（b）带传动摩擦损失

2）驱动附件损失

为了保证发动机正常工作，除曲柄连杆机构及配气机构以外，还需要冷却系统、润滑系统、燃料供给系统等。这些系统是发动机连续可靠工作所必不可缺少的辅助系统，辅助系统的正常工作是发动机可靠运行的重要保证。所有发动机工作时，都需要消耗一定的功率去驱动辅助系统中的各工作附件，几种主要的驱动附件如图3-5所示。随发动机转速的升高和润滑油黏度的增加，发动机驱动附件所消耗的功率增大，这一部分的功率损失约占整个机械损失的10%～20%。

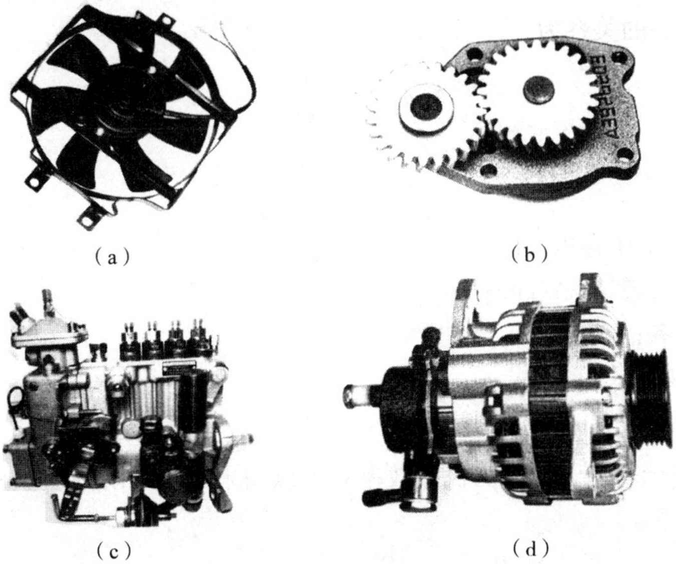

（a）　　　　（b）

（c）　　　　（d）

图3-5　几种主要的驱动附件

（a）发动机冷却风扇；（b）机油泵；（c）喷油泵；（d）发电机

3）泵气损失

泵气损失是发动机换气过程中产生的能量损失。为了便于分析，将这一部分的损失也归入到机械损失之中。由于进气过程中进气流动损失的存在，随着活塞的下移，气缸内产生真空，因此吸入新鲜气体的同时会产生进气损失。在排气过程中，活塞推出一定压力的废气，从而产生排气损失。泵气损失占整个机械损失的10% ~20%。据统计，一般发动机中机械损失的分配大致如下：

（1）活塞与活塞环的摩擦损失为45% ~60%；

（2）连杆和曲轴轴承的摩擦损失为15% ~20%；

（3）附属机构的驱动损失为10% ~20%；

（4）泵气损失为10% ~20%；

（5）气门机构的驱动损失为2% ~3%。

4）带动机械增压器损失

带动机械增压器损失占整个机械损失的6% ~10%。

可以看出，活塞和活塞环的摩擦损失是机械损失中的主要部分。

3.4.1 平均机械损失压力 p_{mm} 和机械效率 η_m

1. 平均机械损失压力 p_{mm}

机械损失是发动机能量转换中不可避免的环节，对整机动力性、经济性有不可忽视的影响。因此，在评定发动机机械损失时，除了机械损失功率 P_m 外，同平均指示压力、平均有效压力的定义相似，也可用单位气缸工作容积的比参数——平均机械损失压力 p_{mm} 来评定。

发动机单位气缸工作容积一个工作循环的机械损失功称为平均机械损失压力 p_{mm}，它与机械损失功率 P_m 的关系为

$$p_{mm} = \frac{30\tau P_m}{inV_s} \tag{3-21}$$

p_{mm} 与 p_{mi} 和 p_{me} 的关系为

$$p_{mm} = p_{mi} - p_{me} \tag{3-22}$$

式中：V_s ——气缸工作容积，L；

n ——发动机转速，r/min；

τ ——冲程数；

i ——气缸数。

2. 机械效率 η_m

有效功率与指示功率之比称为机械效率，可以用来比较不同发动机机械损失所占比例的大小，即

$$\eta_m = \frac{P_e}{P_i} = 1 - \frac{P_m}{P_i} = \frac{p_{me}}{p_{mi}} = 1 - \frac{p_{mm}}{p_{mi}} = \frac{\eta_{et}}{\eta_{it}} \tag{3-23}$$

η_m 值越接近于1，即 P_e 越接近于 P_i，说明机械损失的比例越小，发动机性能越好。

结合指示热效率 η_{it} 、有效热效率 η_{et} 的定义，可得

$$\eta_{et}=\eta_{it}\eta_m \tag{3-24}$$

因此，在进行发动机改进以提高其性能指标时，应尽可能减少机械损失，提高机械效率。

机械效率 η_m 的大致范围如下：

汽油机：$\eta_m=0.7\sim0.9$；

柴油机：$\eta_m=0.7\sim0.85$。

3.4.2　机械损失的测定方法

机械损失的测定方法有多种，常用的方法有示功图法、倒拖法、灭缸法、油耗线法等。

1. *示功图法*

运用燃烧分析仪测录气缸的示功图，从中算出指示功率 P_i ，从测功器和转速计读数中测出发动机的有效功率 P_e ，从而可以算出 P_m 、η_m 及 p_{mm} 。这种直接测定方法是在发动机真实的试验工况下进行的，从理论上讲也完全符合机械损失的定义，但试验结果的正确程度往往取决于示功图测录的正确程度。由于上止点处缸内压力的变化非常平缓，因此在 $p-V$ 图或 $p-\phi$ 图上不易正确地确定活塞上止点位置。而上止点位置的少许误差，会引起 W_i 测算值的较大误差。此外，在多缸发动机中，各个气缸存在着一定的不均匀性，而在试验中往往只测录一个气缸的示功图用以代表其他各缸，这也会引起一定的误差。因此，示功图法一般用于当上止点位置能得到精确标定的情况。

2. *倒拖法*

倒拖法在具有倒拖能力的电力测功器的试验台上方可进行。试验时，在电力测功器的试验台上先使发动机在给定工况下稳定运转，当冷却液、机油温度到达正常数值时，立即切断对发动机的供油（柴油机）或停止点火（汽油机），同时将电力测功器转换为电动机，以给定转速倒拖发动机，并且尽量维持冷却液和机油温度不变，这样测得的倒拖功率即为发动机在该工况下的机械损失功率。

倒拖法测定机械损失功率设定的工况与发动机实际运行工况相比是有差别的。首先，气缸内无可燃混合气燃烧，所以作用在活塞上的气体压力在膨胀行程中大幅度下降，使活塞、连杆、曲轴的摩擦损失有所减少；其次，按这种方法求出的摩擦功率中含有不应该有的泵气损失功率 P_p 这一项，且由于排气过程缸内气体温度低、密度大，使 P_p 比实际工况的还大；最后，倒拖在膨胀、压缩行程中，由于充量向气缸壁的传热损失，导致 $p-V$ 图上膨胀线不与压缩线重合，而处于它的下方，因此出现了图 3-6 所示的负功。而实际上，在测量该工况下的有效功率时，这部分传热损失已被考虑在内。

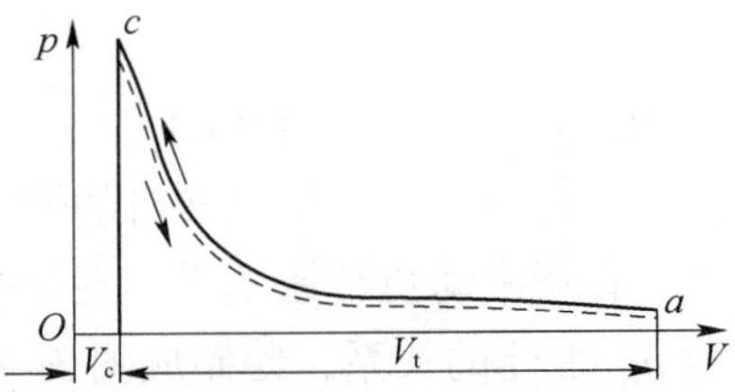

图 3-6　发动机被倒拖时的 p-V 图

上述 3 种因素的综合结果是：倒拖时所消耗的功率要超过发动机在给定工况工作时的

实际机械损失，在低压缩比发动机中，误差大约为5%；在高压缩比发动机中，误差有时可高达15%～20%。因此，倒拖法在测定汽油机机械损失时得到较广泛的应用。

3. 灭缸法

灭缸法仅适用于多缸发动机。当发动机调整到给定工况稳定运转后，先测出其有效功率 P_{e1}，之后在喷油泵齿条位置或节气门位置不变的情况下，停止向某一气缸（如第一缸）供油或点火，并用减少制动力矩的办法迅速将转速恢复到原来的数值，并重新测定其有效功率 P'_{e1}。这样，如果灭缸后其他各缸的工作情况和发动机的机械损失没有变化，则被熄灭的气缸原来所发出的指示功率

$$P_{i1} = P_{e1} - P'_{e1}$$

依次将各缸灭火，有

$$P_{i2} = P_{e2} - P'_{e2}$$

把各式相加，最后可以从各缸指示功率的总和中求得整台发动机的指示功率

$$P_i = \sum_{k=1}^{i} (P_{ek} - P'_{ek})$$

式中：i——气缸数。

因此，整台发动机的机械损失功率为

$$P_{mm} = (i-1)P_{e1} - (P'_{e1} + P'_{e2} + \cdots)$$

采用这种方法时，只要停止一缸的燃烧不致引起进、排气系统的异常变化（如排气管结构不一致，因一个气缸灭火而引起足以破坏其他气缸换气规律和充量系数的改变），测量结果就会相当准确，误差在5%以下。对于增压发动机，由于排气压力波发生变化，对于汽油机，由于进气情况的改变，往往都得不到正确的结果。同理，该方法也不能用于废气涡轮增压发动机及单缸发动机。

4. 油耗线法

由指示效率的定义可得

$$BH_u\eta_{it} = 3.6 \times 10^3 P_i = 3.6 \times 10^3 (P_e + P_m)$$

当柴油机空转（无负荷），η_{it} 不随负荷增减而变化时，应有

$$B_0 H_u \eta_{it} = 3.6 \times 10^3 P_m$$

两式相除，得

$$\frac{B}{B_0} = \frac{P_e + P_m}{P_m} = \frac{p_{me} + p_{mm}}{p_{mm}}$$

式中：p_{me}——平均有效压力；

B_0——发动机空转时的燃油消耗量。

保证发动机转速不变，逐渐改变柴油机喷油泵齿条的位置，测出每小时耗油量 B 随负荷 p_{me} 变化的关系，绘制成图3-7所示的曲线，此曲线称为负荷特性曲线。在曲线中找出接近直线的线段，并顺此线段作延长线，直至与横坐标相交，则交点到坐标原点的长度即为该机的平均机械损失压力 p_{mm} 的数值。应用此方法的条件是，假设转速不变时 p_{mm} 和指示热效率都不随负荷增减而变化。

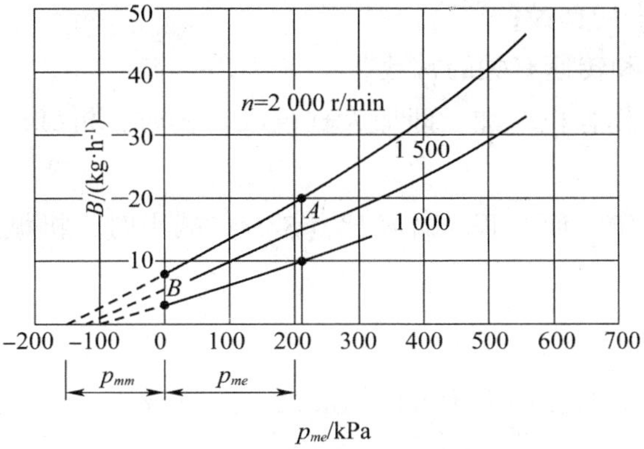

图 3-7　负荷特性曲线

根据以上的分析，得到图 3-7 中 A、B 两工况的关系式为

$$B_A H_u \eta_{it} = 3.6 \times 10^3 P_i = 3.6 \times 10^3 (P_e + P_m)$$

$$B_B H_u \eta_{it} = 3.6 \times 10^3 P_m$$

两式相除，得

$$\frac{B_A}{B_B} = \frac{P_e + P_m}{P_m} = \frac{p_{me} + p_{mm}}{p_{mm}}$$

这个方法虽然只是近似的方法，但只要在低负荷附近，燃油消耗量曲线为直线就相当可靠，即使没有电力测功器和示功器也能进行测定。但是，这种方法不适用于用节气门调节功率的汽油机。

当测得 p_{mm} 值后，发动机机械效率可近似地估算，即

$$\eta_m = \frac{p_{me}}{p_{me} + p_{mm}} = 1 - \frac{p_{mm}}{p_{me} + p_{mm}} = 1 - \frac{B_B}{B_A}$$

在以上所介绍的几种测定机械效率的方法中，倒拖法只能用于配有电力测功器的情况，因而不适用于大功率发动机，较适用于测定压缩比不高的汽油机的机械损失。对于排气涡轮增压柴油机（p_b <0.15 MPa），由于倒拖法和灭缸法破坏了增压系统的正常工作，因此只能用示功图法、油耗线法来测定机械损失。对于排气涡轮中增压、高增压的柴油机（p_b ≥0.15 MPa），除示功图法外，尚无其他适用的方法可取代。

3.4.3　机械损失的影响因素

1. 气缸直径及行程

根据试验，机械损失功率与缸径、行程的大致关系为：

$$P_m = K\frac{\sqrt{SD}}{D_m} \tag{3-25}$$

式中：D ——气缸直径；

S ——活塞行程；

D_m ——曲轴的平均直径；

K ——与气缸数和转速有关的常数。

可见，当发动机工作容积增加，即加大缸径或行程时，机械损失功率 P_m 增加，但机械效率 η_m 减小。

当气缸工作容积一定，而行程、缸径比（S/D）减小时，机械损失功率 P_m 减少，机械效率 η_m 提高。

2. 摩擦损失

在机械损失中，由于摩擦损失所占比例最大（达70%左右），故降低摩擦损失一直是值得关注的问题。

1）活塞组件

活塞组件是发动机中主要的摩擦源，产生摩擦的部件是：活塞环、活塞裙部和活塞销。

影响摩擦损失的主要因素是：活塞环的结构与组合、活塞裙部的几何形状，缸套的温度及配合间隙等。

在高速车用汽油机中，减少摩擦损失可采取的措施有：减少活塞环数目，减薄活塞环厚度，减少活塞裙部的接触面积，在裙部涂固体润滑膜等。

2）曲轴组件

曲轴产生摩擦的部件是：轴颈与轴承及其密封装置。

影响摩擦损失的主要因素是：轴颈的直径和宽度。

减少摩擦损失可采取的措施有：减少运动件的惯性质量，降低轴承负荷并减小轴承宽度和轴径。

3. 配气机构

配气机构在发动机整个工作范围内均承受高负荷。在较低转速下作用在气门上的负荷主要由弹簧力引起；在较高转速时，零件质量引起的负荷主要是惯性力。与其他机构不同的是，配气机构在低转速区处于临界润滑状态，故其在低转速时的摩擦损失占比会明显增加。减小配气机构运动件的惯性质量，降低弹簧负荷，在摇臂与凸轮接触面处加入滚动轴承等，都是减少配气机构摩擦损失的有效措施。

此外，气缸套内壁、轴径、轴承等各摩擦表面的加工精度、零件材料及热处理等，对摩擦损失也有较大影响。

4. 转速 n 或活塞平均速度 C_m

发动机转速 n 上升（ C_m 随之加大），致使：

（1）各摩擦副间相对速度增加，摩擦损失增加；

（2）泵气损失加大；

（3）驱动附件消耗的功多；

（4）曲柄连杆机构的惯性力加大，活塞侧压力和轴承负荷均增高，摩擦损失增加。

因此，n 上升，会使机械损失功率增加，机械效率 η_m 下降。根据实测统计资料，一般平均机械损失压力 p_{mm} 大致与转速 n 成直线关系，如图 3-8 所示。机械效率与转速变化的关系如图 3-9 所示。随转速上升，摩擦损失所占比例明显加大，且在转速大致相同的情况下，柴油机的摩擦损失大于汽油机，这是因为柴油机压缩比高、气缸压力高、运动部件质量大。由于转速对机械损失有如此重要的影响，因此在用提高转速的手段来强化发动机动力性能时，η_m 的降低成为重要障碍之一。

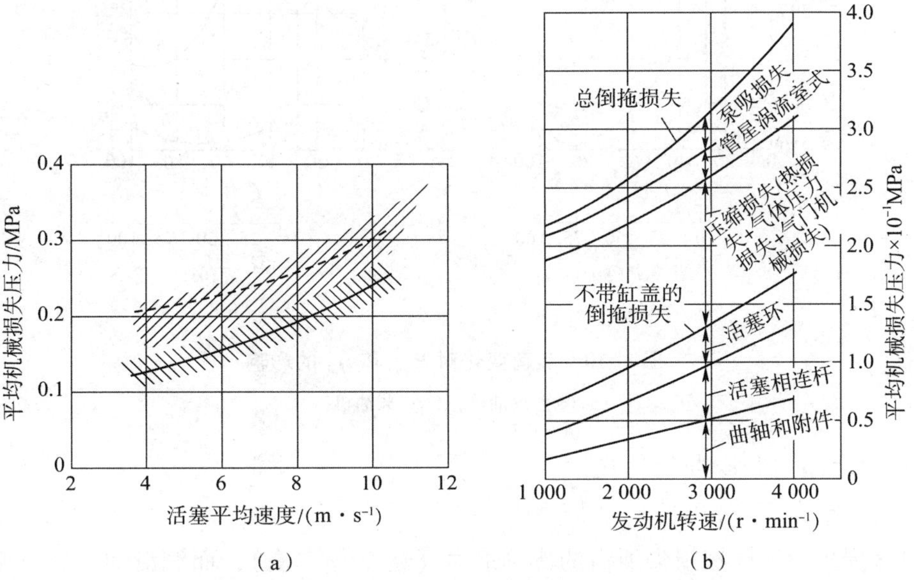

图 3-8 平均机械损失压力与活塞平均速度及发动机转速的关系

(a) 平均机械损失压力与活塞平均速度的关系；(b) 平均机械损失压力与发动机转速的关系

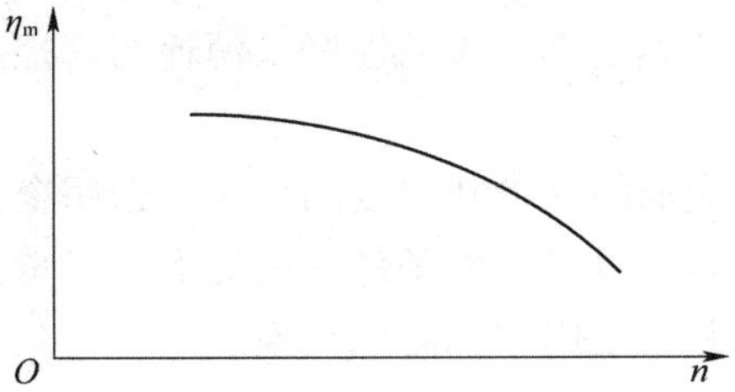

图 3-9 机械效率与发动机转速变化的关系

5. 负荷

当发动机转速一定而负荷减少时（在汽油机中是减少混合气量，在柴油机中是减小供油量），平均指示压力 p_{mi} 随之降低，而平均机械损失压力 p_{mm} 几乎不变，如图 3-10 所示，这是因为 p_{mm} 的大小主要决定于摩擦副的相对速度和惯性力大小。根据式 $\eta_m = 1 - (p_{mm}/p_{mi})$ 知，随负荷减小，机械效率 η_m 下降，直到空转时，有效功率 $P_e = 0$，指示功率 P_i 全部用来克服机械损失功率，即 $P_i = P_m$，故 $\eta_m = 0$。图 3-10 给出了 p_{mi}、p_{me}、p_{mm}、η_m 随负荷变化的关系。

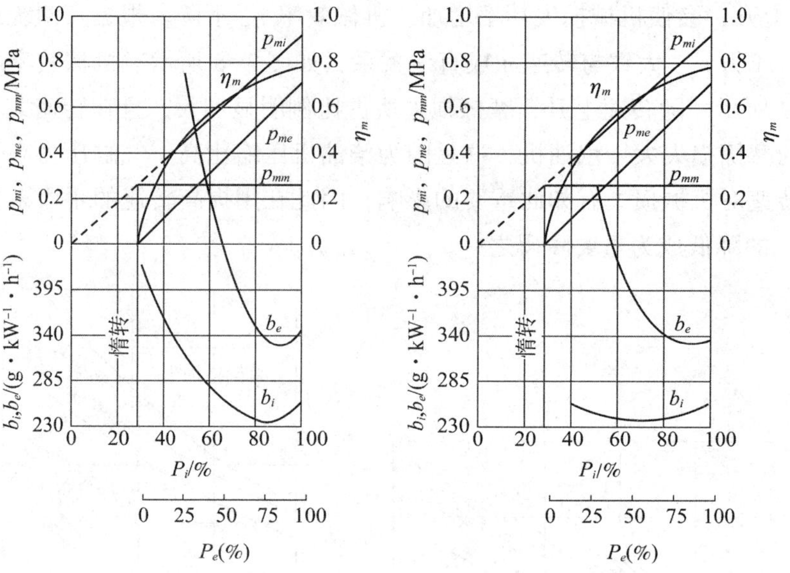

（a）　　　　　　　　　　　　（b）

图 3-10　负荷变化对 P_{mm} 和 η_m 的影响

（a）汽油机；（b）柴油机

6. 润滑油品质和冷却液温度

1）润滑油

在机械损失中，摩擦损失所占的比例最大（达 70% 左右），而润滑油（常称全损耗系统油）的黏度对摩擦损失的大小有重要影响。

全损耗系统油黏度即稠稀程度，表示了流体分子之间内摩擦力的大小。黏度大，全损耗系统油内摩擦力大，流动性差，使摩擦损失增加，但它的承载能力强，易于保持液体润滑状态。反之，全损耗系统油黏度小，流动性好，消耗的摩擦功少，但承载能力差，容易造成因油膜破裂而失去润滑作用。

全损耗系统油黏度主要受油的品种和温度的影响。选用全损耗系统油黏度的基本原则是：在保证发动机正常工作时有可靠润滑条件的前提下，尽量选用黏度较小的油，以减少摩擦损失，改善起动性能，并在使用中，定期更换。

2）冷却液温度

冷却液温度直接影响燃烧过程和传热损失，同时与全损耗系统油黏度也密切相关，因此关系到全损耗系统油黏度和摩擦损失的大小。在发动机使用过程中，应严格保持一定的油温和冷却液温度，即限制在一定热力状态下工作。

提高冷却液温度有利于降低燃油消耗率，对发动机经济性有益，但受水的沸点限制，一般水冷式发动机的冷却液温度多在 80～95℃。一般使用 50% 掺比的乙二醇冷却液，沸点为 108℃，冰点为−36℃。

由于发动机摩擦副之间间隙较小，全损耗系统油中任何杂质都可能使零件表面损坏而增加摩擦损失，故在使用中要特别注意全损耗系统油滤清器的维护，按时换油，以保证发动机良好的工作状态。

3.5　发动机的热平衡

热平衡表示热量分配情况。只有了解热量损失所在，才能进一步去减少它或设法利用它。发动机热平衡通常按下列方法由试验确定。

1. 发动机所耗燃油的热量 Q_T (kJ/h)

在发动机中，热量是由燃料燃烧而产生的，假设燃料完全燃烧，则每小时所发出的热量

$$Q_T = BH_u$$

式中：Q_T ——发动机所耗燃油的热量，kJ/h；

B——发动机每小时的耗油量，kg/h；

H_u ——燃料低热值，kJ/kg。

2. 转化为有效功的热量 Q_E (kJ/h)

若测得发动机有效功率 P_e ，则因为

$$1\ \text{kW}\cdot\text{h} = 3.6\times10^3\ \text{kJ}$$

所以

$$Q_E = 3.6\times10^3 P_e$$

3. 传递给冷却介质的热量 Q_S (kJ/h)

传递给冷却介质的热量 Q_S 包括：实际循环中工质与缸壁的传热损失，废气通过排气道时传给冷却介质的热量，活塞与缸壁摩擦产生又传给冷却介质的热量以及润滑油传给冷却介质的热量等。其计算公式为

$$Q_S = G_S c_S (t_2 - t_1)$$

式中：G_S ——通过发动机冷却介质每小时的流量，kg/h；

c_S ——冷却介质的比热容，kJ/（kg·℃）；

t_1 、t_2——冷却介质的入口和出口温度,℃。

4. 废气带走的热量 Q_R (kJ/h)

废气带走的热量 Q_R（kJ/h）的计算公式为：

$$Q_R = (B + G_k)(c_{pr}t_2 - c_{pk}t_1)$$

式中：B、G_k——每小时消耗的燃料量和空气量，kg/h；

c_{pr} 、c_{pk} ——废气和空气的定压比热容，kJ/（g·℃）；

t_2 ——靠近排气门处的废气温度,℃；

t_1 ——进气管入口处工质的温度,℃。

5. 燃料不完全燃烧热损失 Q_B (kJ/h)

在汽油机中，因采用空气不足的浓混合气，在柴油机中，因空气和燃料混合不均，均

会产生不完全燃烧。近似计算为

$$Q_B = Q_T(1 - \eta_r)$$

式中：η_r ——燃烧效率。

6. 其他热量损失 Q_L (kJ/h)

其他热量损失包括除上述5种损失外所有未计及的损失。由于不能分别给予它们准确的估计，所以确定其总值为

$$Q_L = Q_T - (Q_E + Q_S + Q_R + Q_B)$$

热平衡常以燃料总热的百分数表示，即

$$q_e = \frac{Q_E}{Q_T}\% \text{ , } q_s = \frac{Q_S}{Q_T}\% \text{ , } q_r = \frac{Q_R}{Q_T}\% \text{ , } q_b = \frac{Q_B}{Q_T}\% \text{ , } q_l = \frac{Q_L}{Q_T}\%$$

则有

$$q_e + q_s + q_r + q_b + q_l = 100\%$$

图3-11为发动机的热平衡图，图中 Q_i 为转变为指示功的热量，设 Q_T 为燃料在缸内完全燃烧每小时放出的热量（kJ/h），此时不计 Q_B 损失。由该图表达了发动机中的热量流动情况以及各项损失如何纳入热平衡的各个项目中。

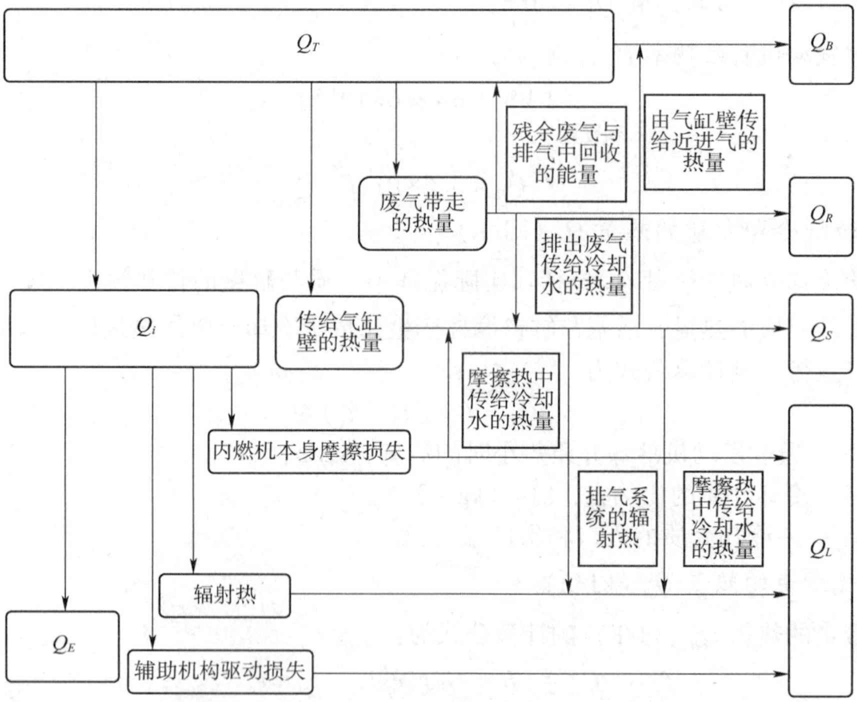

图3-11　发动机的热平衡图

热平衡中各项数值范围如表3-4所示。

表3-4　热平衡中各项数值范围 %

发动机类型	q_e	q_s	q_r	q_b	q_l
汽油机	25～30	12～27	30～50	0～45	3～10

续表

发动机类型	q_e	q_s	q_r	q_b	q_l
柴油机	30 ~ 40	15 ~ 35	25 ~ 45	0 ~ 5	2 ~ 5
增压柴油机	35 ~ 45	10 ~ 25	25 ~ 40	0 ~ 5	2 ~ 5

从表 3-4 可见，在燃料的总热量中，仅有 25% ~ 40% 的热量转变为有效功，其余 60% ~ 75% 都损失掉了。损失的热量主要由废气带走，其次传给冷却液。此外，在某些汽油机中不完全燃烧损失的热量所占比例也不小。

冷却液带走的热量占总热量的 10% ~ 35%，其中一部分是排气道中废气传给冷却液的热，一部分是由摩擦产生的热，真正由燃烧、膨胀过程散出的热大约占冷却损失的 15%。若将这部分损失回收，指示功率可以提高 3% ~5%。

废气带走的热量占总热量的 25% ~ 50%。废气涡轮增压是回收这部分热量的一种方式，如表 3-4 所示，其有效热效率最高。

知识链接

奇瑞汽车连续 7 年蝉联安徽省发明专利百强排行榜

2021 年 1 月 8 日，安徽省市场监督管理局、安徽省教育厅、安徽省经济和信息化厅公布了 2020 年安徽省发明专利百强排行榜，奇瑞汽车再度位居百强榜第一，如图 3-12 所示。这也是奇瑞汽车连续第 7 年位居安徽省发明专利百强排行榜榜首。

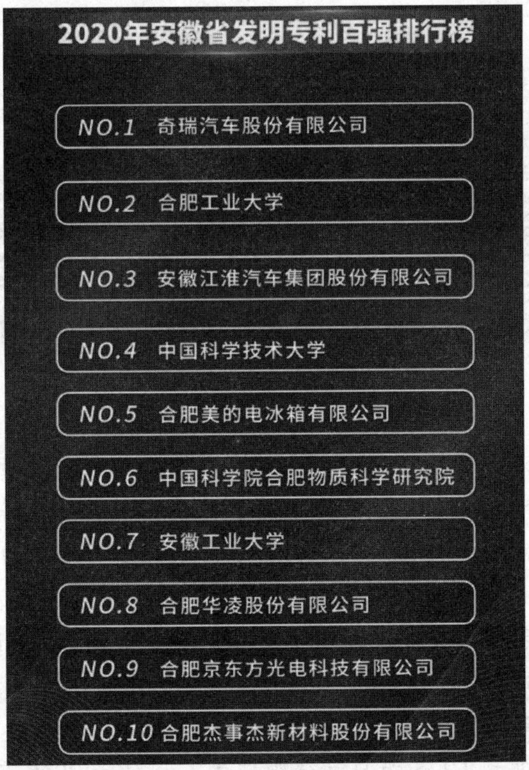

图 3-12 2020 年安徽省发明专利百强排行榜

作为一家“技术立企”的自主汽车品牌，奇瑞汽车一直致力于通过“顶天”“立地”的自主创新，每年投入销售收入的5% ~7%用于研发，在发动机、自动变速器、底盘、发动机管理系统（EMS）以及平台技术等关键核心技术方面均取得了突破性的成果，逐渐打破了外资品牌对于汽车核心技术的垄断。

图3-13　1.6 TGDI“中国心”十佳发动机

在传统汽车技术研发方面，奇瑞汽车坚持把传统汽车技术做实、做透，把“新四化”前瞻技术做高、做尖。尤其在决定车辆性能最核心的动力总成技术上，奇瑞自主研发的ACTECO系列1.6TGDI发动机（见图3-13），采用奇瑞iHEC（智效）燃烧系统、快速升温的热管理系统、快速响应的增压技术、降摩擦技术、轻量化技术等五大先进科技，性能已经超越主流合资品牌同排量发动机，被誉为“超强中国心”，树立了中国自主品牌技术创新的典范。

在平台技术上，奇瑞还是率先打造汽车平台的中国汽车品牌，奇瑞现有全系产品均基于T1X、M1X、M3X和新能源专属平台等四大产品平台开发，平台化技术已达到行业先进水平。得益于平台化技术的发展，奇瑞能够以成熟技术、更高品质、更快速度将新产品投放市场，加快产品迭代，提升市场竞争力。TIX平台如图3-14所示。

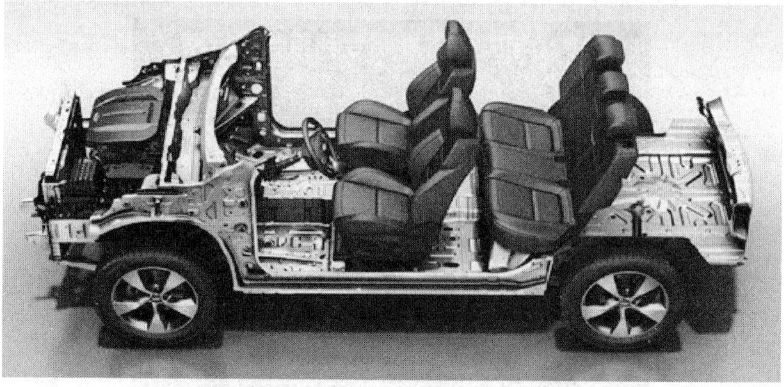

图3-14　T1X平台

在新能源技术方面，奇瑞制定了“457”技术发展规划，包括四大新能源产品平台、五大通用子系统和七大核心技术，涵盖纯电动、混动、增程、燃料电池等技术。

在智能网联技术领域，奇瑞也取得了一系列突破。奇瑞推出的“雄狮智云”智能网联系统（见图3-15），已实现了增强智能语音交互、AI人脸识别、AI智云管家等人工智能技术落地，并已应用在瑞虎和艾瑞泽等核心产品上。目前，雄狮Lion Cloud OS已经发展到4.0阶段，Lion Cloud OS用户超过50万。

在自动驾驶方面，奇瑞推出了“雄狮智驾”技术平台，打造人、车、路协同的智慧交通生态圈。2020年，已实现L2.5级自动驾驶技术，预计于2025年将实现L4级高度自动驾驶技术。

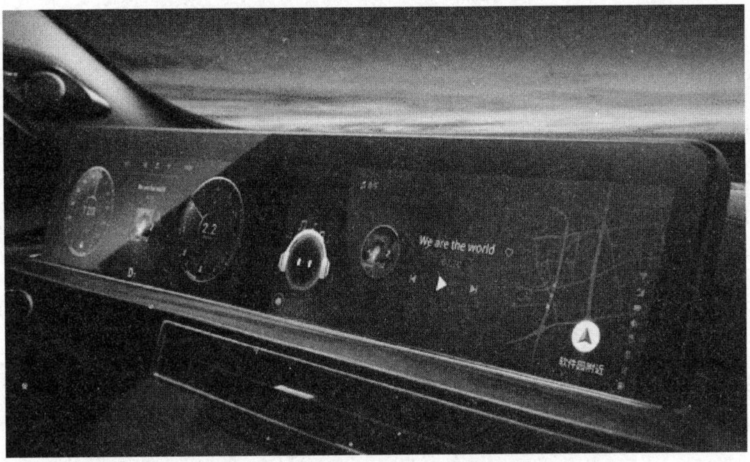

图 3-15 雄狮智云智能网联系统 4.0

技术上的不断突破，不仅提升了奇瑞汽车的产品力，还促进了奇瑞汽车销量的提升。目前，奇瑞汽车的产品已经销往世界 80 多个国家和地区，受到了全球超过 905 万用户的信赖，连续 18 年位居中国品牌乘用车出口第一位。

一路走来，创新已渗透进奇瑞汽车的血液和骨髓，铺筑了“技术奇瑞”的深厚底蕴。面对前所未有的变局，奇瑞汽车将通过全方位的创新，在全球汽车产业价值链上站得更高。

小 结

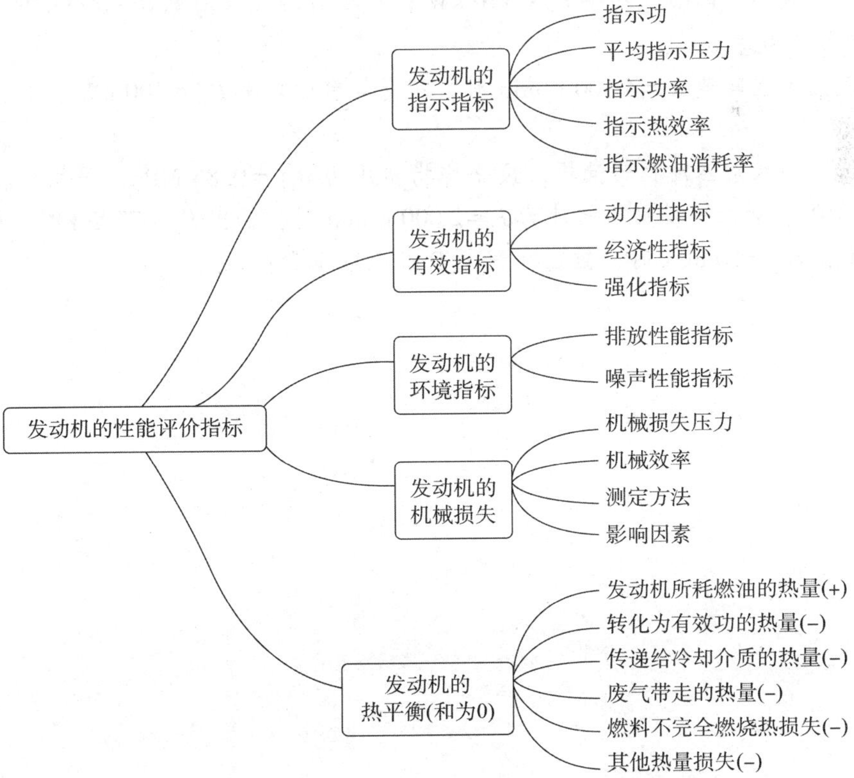

复习题

一、名词解释

1. 指示功率
2. 指示热效率
3. 有效燃油消耗率
4. 平均有效压力
5. 平均指示压力
6. 升功率
7. 有效转矩
8. 指示燃油消耗率

二、简答题

1. 什么是发动机的指示指标和有效指标？二者分别有哪些？
2. 升功率、比质量是如何定义的？主要用于评价什么？
3. 发动机的环境指标是如何定义的？主要有哪些？
4. 机械效率是如何定义的？影响机械效率的主要因素是什么？
5. 发动机的机械损失主要包括哪些？测定机械损失的方法有哪些？
6. 什么是发动机的热平衡，研究热平衡的意义是什么？

三、计算题

1. 测得某柴油机的有效功率 $P_e = 120$ kW，每小时消耗柴油量 $B = 30$ kg/h，求该柴油机的有效燃料消耗率 b_e。

2. 某汽油机在转速 $n = 4\,500$ r/min 时，测得其有效功率 $P_e = 100$ kW，求该汽油机的有效转矩。

3. 设计一台六缸四冲程柴油机，设平均指示压力 $p_{mi} = 0.85$ MPa，平均机械损失压力 $p_{mm} = 0.15$ MPa，要求当发动机转速为 $n = 2\,000$ r/min 时，输出 $P_e = 73.5$ kW。则当控制活塞的平均速度 $C_m = 10$ m/s 时，缸径冲程比 D/S 应取多少？

第4章 发动机的换气过程

知识目标

通过对本章的学习，学生应掌握四冲程发动机的换气过程，掌握充量和充量系数的概念，掌握影响充量系数的因素，掌握不同类型的发动机增压技术。

情景导入

长安汽车旗下全新紧凑型SUV——UNI-T正式上市。新车共推出3款配置车型，售价区间为11.39万~13.39万元。新车将作为长安新产品序列的首款车型，整体采用了极为科幻的造型设计，视觉效果突出。长安UNI-T首发搭载全新蓝鲸NE 1.5 T高压直喷发动机。由长安本部、长安英国中心联合开发，携手博世、博格华纳、舍弗勒、法雷奥、壳牌等国际供应商打造的蓝鲸NE 1.5 T高压直喷发动机，最大功率为132 kW，峰值扭矩300 N·m，涡轮迟滞可消减到不被驾驶者感知，发动机热效率高达40%，百公里油耗6.3 L，满足“国六b”排放，兼顾动力性与节能环保。

问题1：什么是增压发动机？

回答：将进入发动机气缸的空气或可燃混合气预先进行压缩或压缩后再加以冷却，以提高进入气缸的空气或可燃混合气的密度，从而使充气质量增加，并在供油系统的适当配合下，使更多的燃料充分燃烧，达到提高发动机动力性、提高比功率、改善燃料经济性、降低废气排放和噪声的目的，这样的发动机称为增压发动机。

问题2：什么发动机具有增压技术？车用汽油机有哪些增压技术？

回答：柴油机、汽油机均有增压技术。车用汽油机增压技术有机械增压技术、气波增压技术、废气涡轮增压技术和复合增压技术。

1. 机械增压系统

机械增压系统安装在发动机上并由皮带与发动机曲轴相连接，带动增压器的转子旋转，将吸入空气增压后吹到进气歧道里，增大进入气缸的空气质量。其优点是涡轮转速和发动机相同，因此没有滞后现象，动力输出非常流畅；其缺点是会使燃油消耗率上升，一般会增加3%~5%的燃油消耗。

2. 气波增压系统

气波增压系统利用高压废气的脉冲气波迫使空气压缩，采用这种系统的发动机低速性能好，对工况变化反应快，废气中有害成分含量低；其缺点是工作噪声大，尺寸、质量大，由于必须由曲轴驱动，因此安装位置受到限制。

3. 废气涡轮增压系统

利用发动机排出的废气能量，由涡轮驱动压气机工作的增压方式称为废气涡轮增压，这是当前应用最广泛的增压方式。涡轮和压气机的叶轮装在同一根轴上，构成一个单独的发动机附件——涡轮增压器，它与发动机只有气体管路连接而无机械传动，结构简单。涡轮增压的缺点是低速时扭矩特性线不理想，对负荷变化所需的反应时间长。

4. 复合增压系统

复合增压即废气涡轮增压和机械增压并用，大功率柴油机多采用这种增压方式，其优点是输出功率大、燃油消耗率低、噪声小，其缺点是结构太复杂，且由于技术含量高，维修保养不容易，因此很难普及。

4.1 四冲程发动机的换气过程

发动机的排气过程和进气过程的总和，统称为换气过程。换气过程的任务是将气缸内废气排除干净，并充入尽可能多的新鲜气量。废气排除越干净，新鲜气量吸入得越多，换气质量越好。换气质量直接影响发动机的动力性、经济性。

四冲程发动机换气过程是自排气门开启时刻开始到进气门关闭时刻结束。该过程十分短暂，为了增加气门开启的时间，充分利用气流的流动惯性，减少换气过程的损失，改善换气过程，提高发动机的性能，进、排气门一般都会提前开启、延迟关闭。发动机的换气过程分为排气部分和进气部分，如图 4-1 所示。

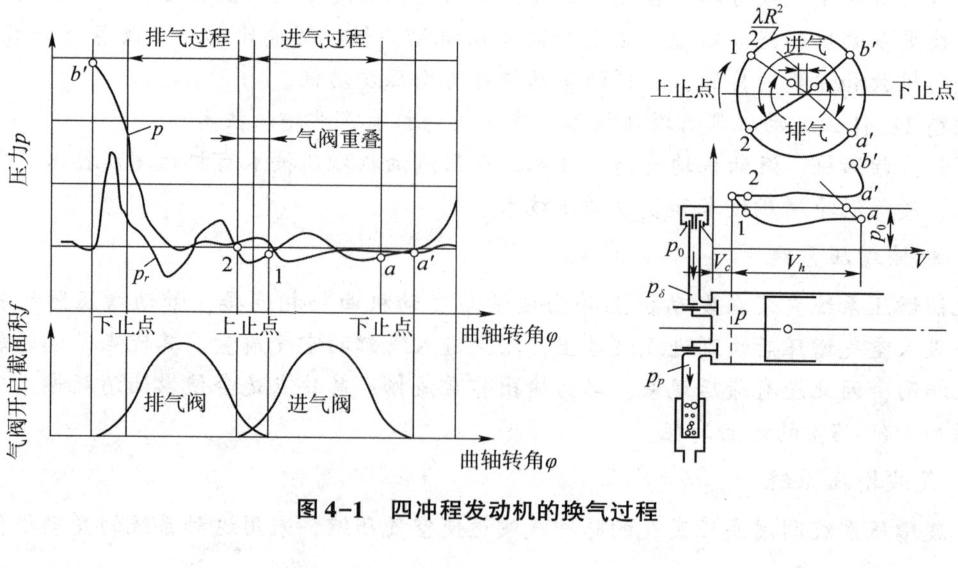

图 4-1　四冲程发动机的换气过程

4.1.1　排气过程

1. 自由排气阶段

从排气门开启至气缸内压力接近排气管内压力为止的时期为自由排气阶段。该阶段曲轴转过的角度称为排气提前角，为40°～80°曲轴转角。由于配气机构惯性力的限制，因此气门开启与关闭不能太快，需要一定时间。如果活塞到下止点时排气门才开始开启，在开启初期开度极小，废气不能通畅流出，气缸内压力下降缓慢，不能实现充分排气，而且在活塞向上止点回行时会形成较大的反压力，增加排气行程所消耗的功。为此，排气门必须在下止点（图4-1中b'点）前开启，这时气缸废气压力较高，可利用废气自身的压力自行排出。排气量由气缸压力和排气管内的压力差来决定，压力差越大，排出的废气量越大。这一阶段内由于气体流出速度快，废气量的60%～70%被排出气缸。

2. 强制排气阶段

自由排气以后，由于排气门节流的影响，气缸内平均压力与排气管内平均压力之差较小，因此废气不能再自行排出，而是靠活塞从下止点向上止点移动时的推力被强制排出。由上行活塞强制排出废气的这个时期称为强制排气阶段。此时，废气流速取决于气缸内外的压力差，而压力差的变化主要受活塞运动速度、气门流通截面积的变化、排气管内的压力波动影响。

3. 扫气阶段

强制排气后，气缸内压力稍高于大气压力，排气门此时尚未完全关闭，利用气流的惯性或较高的进气压力继续排气，以减少排气消耗的功和缸内的参与废气量。

4.1.2　进气过程

进气过程分为准备进气、正常进气和惯性进气3个阶段。

1. 准备进气阶段

为了增加进气量，使新气更顺利地进入气缸，进气门必须在上止点前，排气尚未结束时就开始开启，以保证活塞下行进气开始时，就有较大的进气通道截面积，为进气作好准备，从进气门开始开启到活塞行至上止点这个时期称为准备进气阶段。该阶段曲轴转过的角度称为进气提前角，一般为10°～30°曲轴转角。由于进气提前角较小，进气门通道截面积也小，再加上气缸内残余废气压力高于大气压力，所以在此阶段中新气一般不能进入气缸。

2. 正常进气阶段

准备进气阶段后，活塞由上止点开始下行，初期由于气缸内残余废气压力仍高于大气压力，所以新气不能充入气缸，只有将残余废气膨胀到压力低于大气压力后，新气才能充入气缸。由于进气门早开，此时进气门通道截面积已较大，因此保证了大量新气进入气缸内。但因进气系统有阻力，所以在活塞移到下止点时，气缸内压力仍低于大气压力。

3. 惯性进气阶段

从活塞由下止点向上行至进气门关闭这个时期称为惯性进气阶段，该阶段曲轴转过的角度称为进气迟闭角，一般为40°~80°曲轴转角。

在进气过程，活塞到下止点的瞬间，进气门口仍有一定的流速，进气门迟闭就可以利用新气流动惯性和气缸内外压力差，继续进气，所以进气门都在下止点之后才关闭，使充气量增加。

由于排气门迟闭和进气门早开，因此在上止点附近将出现进、排气门同时开启的状态，称为气门重叠或气门叠开，气门叠开时曲轴转过的角度称为气门叠开角或重叠角，一般为20°~80°曲轴转角。由于气门重叠角小，进气门升起高度不大，且废气又具有一定惯性，所以废气不会倒流入进气管中。为此，在气门叠开期间因进气管、气缸、排气管连通在一起，可以利用气流的压差和惯性清除残余废气，增加进气量。

在换气过程中，由于活塞移动速度不均匀，气门通道截面积也时时变化，因此气流速度的变化很复杂。同时，气缸内压力变化波动会引起进、排气管内压力变化波动。因此，利用进气管的动态效应可以提高进气量。

4.2 四冲程发动机的充气效率

充量和充气效率（充量系数）是发动机换气质量的主要评价指标。

4.2.1 充量

充量即充气量，它表示充入发动机气缸内新气的质量，常用每循环充量和单位时间充量来表示。

1. 每循环充量

每循环充量是指发动机在每一个循环的进气过程中，实际进入气缸的新气（空气或可燃混合气）的质量，即循环实际充量，用 Δm 表示。

由于排气系统存在阻力，因此当排气门关闭时，气缸内尚有一部分残余废气存在，若所占气缸容积为 V_r，压力为 p_r，温度为 T_r，则残余废气的质量为

$$\Delta m_r = \rho_r V_r = \frac{p_r V_r}{RT_r}$$

式中：ρ_r ——残余废气密度；

R——气体常数。

在准备进气阶段，由于气门开度很小，气缸内残余废气压力又高于大气压力，因此新气不能立即进入气缸。只有到正常进气阶段，新气才能进入气缸，直到活塞达下止点后进气门关闭为止，此阶段进入气缸的新气量即为循环充量。

在进气终了时，气缸内气体所占比体积为 V_a、压力为 p_a、温度为 T_a，气缸内气体的总质量为

$$\Delta m_a = \Delta m + \Delta m_r = \frac{p_a V_a}{RT_a}$$

则充入气缸的新气质量为

$$\Delta m = \Delta m_a - \Delta m_r = \frac{p_a V_a}{RT_a} - \frac{p_r V_r}{RT_r} \tag{4-1}$$

为了衡量残余废气量的多少，引入残余废气系数的概念。残余废气系数是指每循环残留在气缸内的废气质量 Δm_r 与新气质量 Δm 之比，用 φ_r 表示，即

$$\varphi_r = \frac{\Delta m_r}{\Delta m}$$

于是，气缸内气体总质量可表示为

$$\Delta m_a = \Delta m + \Delta m \varphi_r = \Delta m(1 + \varphi_r)$$

气缸内新鲜气体的质量可表示为

$$\Delta m = \frac{\Delta m_a}{1 + \varphi_r} = \frac{1}{1 + \varphi_r} \frac{p_a V_a}{RT_a} \tag{4-2}$$

2. 单位时间充量

单位时间充量指每小时进入气缸的新鲜气体的质量，用 Δm_h 表示，即

$$\Delta m_h = \Delta m \frac{n}{2} i \times 60 \tag{4-3}$$

式中：n ——发动机转速，r/min；

i ——气缸数。

如果每循环充量 Δm 保持不变，则随着发动机转速增加，单位时间充量 Δm_h 会直线增加，发动机功率也会不断增加。但是，当发动机转速增加时，每循环充量不可避免地要降低，以至于单位时间充量的增加逐渐缓慢。

4.2.2 充量系数

充量系数是实际进气量与理想进气量之比，是评价进气过程完善程度的重要指标。根据定义，充量系数可表示为

$$\eta_v = \frac{\Delta m}{\Delta m_0} \tag{4-4}$$

式中：Δm_0——进气状态充满气缸工作容积的理论充量。

所谓进气状态，是指空气滤清器后进气管内的气体状态。为了测量方便，在非增压发动机上一般都采用当时的大气状态，在增压发动机上采用增压器出口的状态。

若大气压力及温度分别为 p_0 及 T_0，气缸工作容积的理论充量为 V_s，则理论充量为

$$\Delta m_0 = \frac{p_0 V_s}{RT_0} \tag{4-5}$$

将式（4-1）和式（4-5）代入式（4-4），得

$$\eta_v = \frac{1}{\varepsilon - 1} \frac{T_0}{p_0} \left(\frac{\varepsilon p_a}{p_0} - \frac{p_r}{T_r} \right) \tag{4-6}$$

或将式（4-2）和式（4-5）代入式（4-4），得

$$\eta_v = \frac{\varepsilon}{\varepsilon - 1} \frac{p_a T_a}{T_a p_0} \frac{1}{1 + \varphi_r} \quad (4-7)$$

式中：T_0、p_0——大气温度和压力；

T_a、p_a——进气终了时的气体温度和压力；

T_r、p_r——残余废气的温度和压力；

ε——压缩比；

φ_r——残余废气系数。

由式（4-7）可知，充量系数 η_v 与发动机的气缸容积无关。因此，可用于评定不同排量发动机的换气质量。η_v 越大，每循环实际充量越多，每循环可燃烧的燃料越多，动力性越好。

4.2.3 影响充量系数的因素

充量系数 η_v 对发动机的功率，扭矩的影响甚大。η_v 值大，能提高发动机的功率及扭矩。因此，分析影响充量系数的因素具有重要的意义。影响充量系数 η_v 的因素有进气终了压力及温度、大气的压力及温度、残余废气及压缩比等。影响最大的是进气终了压力 p_a。

1. 进气终了压力

进气终了压力 p_a 提高，充量系数 η_v 会增大。而进气终了压力又受进气系统阻力的影响。进气系统阻力是各段通道所产生的流动阻力的总和，包括空气滤清器、进气管道及进气门等部分产生的阻力。

1）空气滤清器的阻力

空气滤清器用于减少进气过程进入气缸的灰尘，以减少气缸的磨损。由于空气滤清器的结构不同及使用中油物堵塞，会使其阻力增大，造成发动机充气性能大大下降，因此要求空气滤清器的滤清效果要好，而又不增加空气阻力。空气滤清器在使用中应经常保养，定期清除油污、更换滤芯，以达到减少阻力和进气通畅的目的。

2）进气管道的阻力

进气管道包括进气歧管和缸盖上的气体通道，其阻力的大小主要取决于进气管道的结构和尺寸。进气歧管的断面大则阻力小，可提高进气压力，但气体流速低，且易使燃料液滴沉积在管壁上，使燃料的蒸发与雾化变差，各缸分配不均匀。因此，进气管的断面大小受到一定限制，这使进气形成一定阻力。此外，进气管的长度、表面粗糙度、拐弯及流通截面积突变都会增加进气阻力。因此，要求进气管要有合适的长度与端面尺寸，拐弯处应有较大的圆角，管内表面光滑，安装时进、排气接口及其衬垫口应对准，以减少进气阻力，提高充气效率。

3）进气门处的阻力

在整个进气系统中，进气门处气流通过断面面积最小，而且截面积更大，是整个进气

系统中产生阻力最大的地方，因此对进气压力的影响也最大。新气通过进气门，使进气终了压力降低。进气门通道断面面积的变化又取决于气门直径、锥角、升程和配气相位等多方面因素。

2. 进气终了温度

新气进入气缸后同高温机件接触，与残余废气混合，进气终了温度升高，气体密度减小，充量系数降低。此外，汽油机的进、排气管常铸成一体，利用排气管加热进气管，使燃油预热蒸发，也使进气温度升高，减少了循环充量。为了降低进气温度，在柴油机上将排气管分配在发动机两侧。

3. 转速与配气相位

进气流动阻力，除了与进气系统的结构有关以外，还取决于新气的流速。气体流动引起的阻力与流速的平方成正比，而气体流速又与发动机转速有关，发动机转速提高，气体流速也成正比例地提高，所以气体流动阻力也与发动机转速的平方成正比，如图 4-2 所示。随着发动机转速的升高，气体阻力增大，使进气终了压力下降。

配气相位：用曲轴转角表示的进、排气门开闭时刻和开启持续时间，称为配气相位。当发动机转速较高时，一个行程的时间很短，在如此短的时间内进气和排气会使发动机充气不足或排气不干净，使发动机功率下降。因此，发动机可以延长进排气时间，即提前或延迟一定的曲轴转角，改善进排气状况。通过选择适当的配气定时，可获得较高的循环充量和充量系数。最佳配气定时下充气过程各参数与发动机转速的关系如图 4-3 所示。

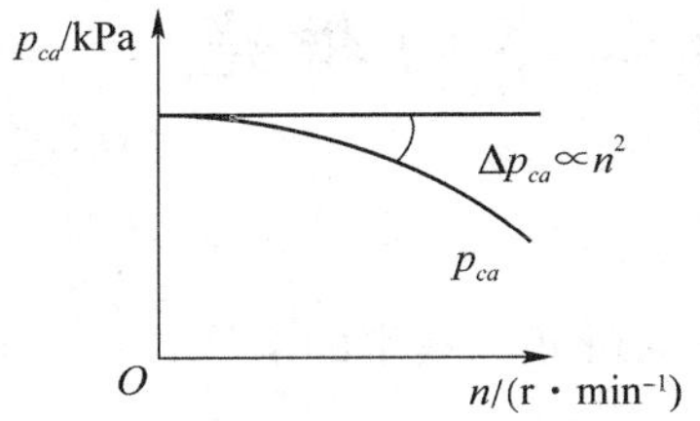

图 4-2　发动机转速对进气压力的影响

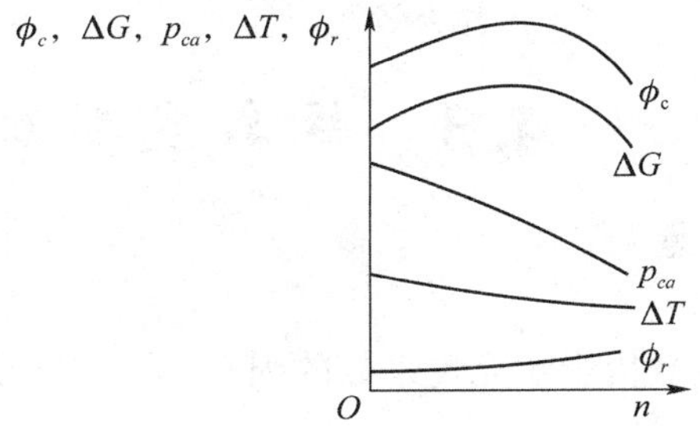

图 4-3　最佳配气定时下充气过程各参数与发动机转速的关系

4. 负荷

发动机的负荷变化对进气终了压力的影响随汽油机与柴油机负荷调节方法的不同而不同。

在柴油机上，进入气缸的空气量不变，负荷的调节是通过改变油量调节拉杆的位置，控制喷油量来实现的。由于转速不变，进气系统又无节流装置，因此流动阻力基本不变，当负荷变化时进气终了压力 p_a 也基本不变。

在汽油机上，进入气缸的是空气和燃油的混合气，负荷的调节是通过改变节气门的开度，控制进入气缸的混合气量来实现的。当节气门开度减小时，负荷减小，由于节流损失增加，因此进气终了压力会下降，如图 4-4 所示。从图中可见，负荷愈小，进气终了压力随转速增加下降得愈快。

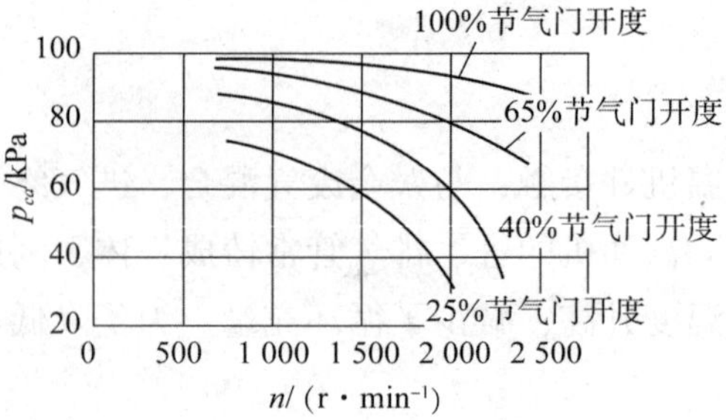

图 4-4　负荷对进气压力的影响

5. 压缩比

压缩比增加，余隙容积相对减小，使残余废气量相对下降，所以充量系数提高。

6. 排气终了压力

由于排气系统有阻力，因此排气终了时气缸内残余废气压力 p_r 总是要高于大气压力 p_0。p_r 高，残余废气密度大，残余废气量多，新气充量相对减小，充量系数下降。与进气过程相同，p_r 主要取决于排气系统的阻力，特别是排气门处的阻力，当转速上升时，流动阻力增大，p_r 增加，从而使 φ_r 减小。

4.3　提高发动机充气效率的措施

通过分析影响充量系数的因素，可以找出提高发动机充气效率的措施。

4.3.1　减少进气系统的阻力

影响进气压力的主要因素是进气系统的阻力。进气系统阻力的大小为各段通道阻力的总和。通过减小各段阻力可达到减小进气系统阻力的目的。

1. 减小进气门处的阻力

在整个进气系统中，进气门处的通过断面面积最小，而且变化大，气体流动阻力最大，是产生进气阻力的重要部位。可通过下列措施可减小进气门处的阻力。

1）增大进气门开启的时面值 F

进气门开启断面面积与对应开启时间的乘积称为进气门开启的时面值，用于表示气体通过进气门的能力。进气门开启时间长，开启断面面积大，则进气门开启时面值大，气流通过能力越强，阻力越小。进气门通道断面面积和开启时面值如图 4-5 所示。

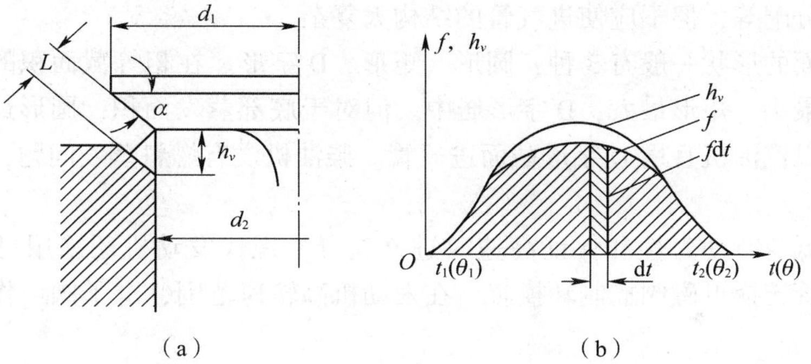

图 4-5　进气门通道断面面积和开启时面值

（a）进气门通道断面面积；（b）进气门开启时面值

$$f = \pi L \frac{d_1 + d_2}{2}$$

因为 $L = h_v \cos\alpha$，所以

$$f = \pi h_v \frac{d_1 + d_2}{2} \cos\alpha$$

式中：h_v ——进气门升程；

α ——进气门锥角。

根据进气门开启时面值定义得

$$dF = f dt \tag{4-8}$$

由式（4-8）可知，进气门开启时面值 F 主要取决于进气门头部直径 d_1 和 d_2、头部锥角 α、气门升程 h_v、进气门开启时间 t 等。

增大进气门头部直径，减小进气门头部锥角，增大进气门升程，延长进气门开启时间，均可增大进气门开启时面值，从而扩大气流通过能力，减小阻力，提高充量系数。但增大进气门直径受到燃烧室结构的限制，因此常用减小排气门头部直径的方法，相应增大进气门头部直径。

现代发动机单进气门结构中，进气门直径可达活塞直径的45%～50%，进气门和活塞面积比为0.2～0.25，减小气门锥角也受到强度的限制而不宜太小。增大进气门升程和延长开启时间，又受惯性力和配气相位改变的限制，涉及问题较多，影响也较复杂。

2）增加进气门的数目

一般在缸径较大（$d \geqslant 120$ mm）的发动机上，可采用双进气门和双排气门。进气门和活塞的面积比可达0.29，这样可改善换气过程，提高充量系数，但会使配气机构复杂，一般仅用于功率较大的发动机上。

3）合理控制进气门处气流的平均速度

可通过控制进气管道管径截面积，管道两端的压力差等控制流速。如果气流流量不变，可增大进气管径，同时减小管道两端压差。

2. 减小进气管道阻力

进气管尺寸必须保证足够的流通面积和结构上的要求。在汽油机中还必须考虑燃料的雾化、蒸发、分配等，但不应使进气管的结构太复杂。

进气管截面的形状一般有 3 种：圆形、矩形、D 字形。在相等截面积的情况下，圆形截面流动阻力最小，矩形最大，D 字形居中。但对于底部蒸发面积，圆形最小，矩形和 D 字形较大，所以汽油机宜用 D 字形截面进气管。柴油机没有燃料蒸发问题，多采用圆形截面进气管。

为了改善低速时动力性和保证高速时进气充分，现代发动机还采用可变长度的进气管。由进气歧管转换电磁阀控制转换辊，在发动机高转速范围，电子阀工作，使进气通道变短。

3. 在使用中对空气滤清器必须要定期清洗保养

避免积垢过多使阻力增加。目前，在发动机上装用的空气滤清器有惯性式、过滤式和油浴式 3 种，油浴式具有低阻高效的性能，使用过程中阻力增加缓慢。而纸质干式滤清器，虽然在使用过程中阻力增加较快，但重量轻、高度小、成本低、使用方便。

4.3.2 合理选择配气定时

为了充分利用气流惯性，增加循环充量，提高充量系数，合理选择配气定时是很重要的。

在配气定时各参数中，影响进气最大的是进气门迟闭角。发动机的转速不同，气流的惯性不同，最佳的进气门迟闭角也不同。进气门关闭时刻较晚，在发动机压缩行程时，缸内有一部分气体回流到进气歧管中，导致充量系数变小；当进气门关闭角过小时，无法有效利用进气的惯性效应，使得实际进入气缸的气体量减少。所以，最有利的进气迟闭角，应能根据发动机的转速变化而变化。

在高速时，增加升程和进气门迟闭角，利用惯性过后充气；在低速时，减小升程和进气门迟闭角，以免倒流。

排气提前角的选择，应当在保证排气损失最小的前提下，尽量晚开排气门，以加大膨胀比，提高热效率。适当的气门叠开角，可以增加循环充量，提高充量系数，降低高温零件的热负荷，是影响进气较重要的参数。配气定时的选择，一般是根据经验在实际发动机上经过反复试验比较，最后确定最合适的方案。

进、排气门开启和关闭的时刻一般以距上、下止点位置的曲轴转角来表示，称为配气相位或气门定时。最佳的配气相位是进行发动机试验确定的。同一台发动机在不同转速时，其最佳配气相位是不同的。就优化发动机工况而言，为使怠速稳定性好，气门重叠角要大。低速时进、排气门在接近上止点附近打开和关闭，高速时则进、排气门重叠角变大。

4.3.3 减少排气系统阻力

排气系统包括排气门、排气管道和消声器等。排气系统阻力降低，排出的废气量增加，排气终了压力 p_r 下降，不仅可以减小残余废气系数，提高充量系数，而且还可以减少排气损失。

为此，排气管道也应与进气管道一样注意其结构要求，并在使用中注意消除残留积炭，安装时接口对正，以保证排气畅通。

4.3.4 减少对进气的加热

进气温度上升时，新鲜充量和发动机热机件之间温差减小，热交换减少，使充量温升 ΔT 下降，从而使充量系数上升。试验数据显示，充量系数和进气温度之间有如下近似关系

$$\frac{\eta_{v1}}{\eta_{v2}} = \sqrt{\frac{T_{01}}{T_{02}}}$$

其中，温度为 T_{01} 时，充量系数为 η_{v1}；温度为 T_{02} 时，充量系数为 η_{v2}。

应当指出，由于温度上升引起充量系数增加，并不意味着每循环进气量（按质量计）增多。因为温度上升时，充量密度会下降。

4.4 发动机的增压技术

增压是提高发动机升功率的一种有效措施，废气涡轮增压还能改善经济性，现在大中型载重汽车用柴油机大多采用涡轮增压。特别是采用中冷技术后，对减少 NO_x 和微粒排放非常有效。对于高强化的坦克发动机，除少数用燃气轮机外，大部分采用增压柴油机。目前，国外重型柴油机几乎全部采用涡轮增压技术，小型柴油机 60% 以上采用涡轮增压技术，汽油机也逐渐有 30% ~40% 的机型采用了涡轮增压技术。

发动机增压后，功率的提高程度以增压度 λ_z 表示，即

$$\lambda_z = \frac{P_{ez}}{P_e} = \frac{p_{mez}}{p_{me}} \approx \frac{\rho_{ez}}{\rho_e}$$

式中：p_{ez}、p_{mez}、ρ_{ez} ——增压后的发动机功率、平均有效压力及进气密度；

P_e、p_{me}、ρ_e ——未增压时的发动机功率、平均有效压力及进气密度。

增压后，进入气缸的气体压力与大气压力之比称为增压压比 η_k，通常用来大致划分增压程度的范围。

（1）低增压。$\eta_k < 1.6$，相当于四冲程柴油机 $p_{me} = 0.7 \sim 1.0$ MPa 。

（2）中增压。$\eta_k = 1.6 \sim 2.5$，相当于四冲程柴油机 $p_{me} = 1.0 \sim 1.5$ MPa

（3）高增压。$\eta_k > 2.5$，相当于四冲程柴油机 $p_{me} > 1.5$ MPa 。

（4）超高增压。$\eta_k > 3.5$，p_{me} 可达 3.0 MPa。

4.4.1 增压的分类

为提高平均有效压力而增加气缸内封存气体密度 ρ_s 的方法称为增压。目前有 3 种基本增压方法：机械增压、废气涡轮增压（简称涡轮增压）、利用气体动力学方法增压（其中一种是利用进气管谐振增压，另一种称为气波增压）。在某些发动机上，可将以上述方法

联合使用。各种增压方式的结构原理如图 4-6 所示。

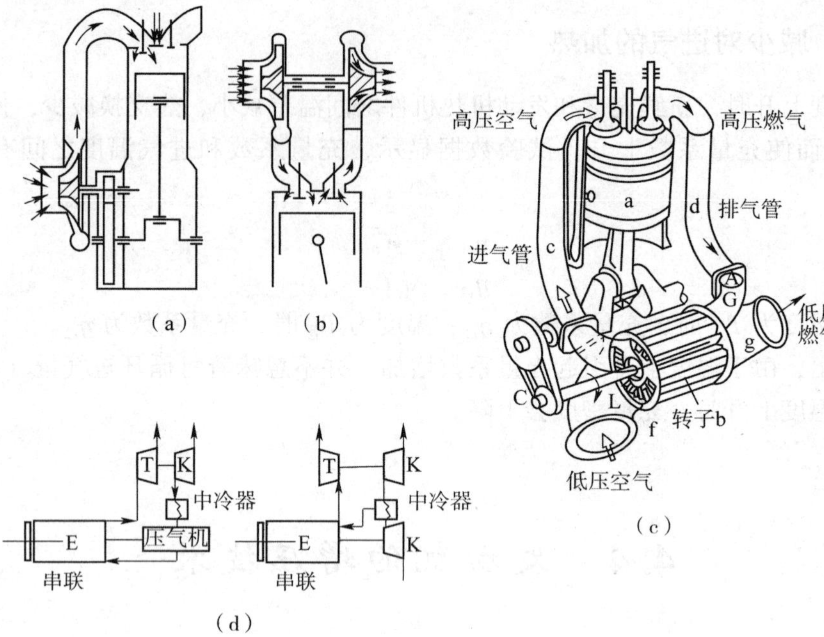

图 4-6　各种增压方式的结构原理

(a) 机械增压；(b) 涡轮增压；(c) 气波增压；(d) 复合增压

1. 机械增压

由发动机曲轴经过齿轮增速箱驱动压气机，压气机一般采用离心式或转子式。驱动压气机的功率

$$P_C = \frac{k_C}{k_C - 1} \frac{R_a T_0}{\eta_k} \left[\left(\frac{p_C}{p_0} \right)^{\frac{k_C}{k_C - 1}} \right] G_k$$

式中：P_C ——驱动压气机的功率；

R_a ——空气的气体常数；

k_C ——压缩绝热指数；

p_0——大气压力；

p_C ——增压压力；

T_0——大气温度；

η_k ——压气机有效效率，它和绝热效率 η_{adk} 及机械效率 η_{mk} 有关，即 $\eta_k = \eta_{adk}\eta_{mk}$；

G_k ——空气流量。

增压压力 p_C 越高，压气机消耗功率越多。驱动压气机的功率要从发动机指示功率中扣除，如果增压压力 p_C 过高，机械增压效益会损失，合理的 p_C 值范围与压气机效率、类型及发动机工作过程的品质有关。对于转子式压气机，$p_C \leqslant 0.155 \sim 0.160$ MPa；对于离心式压气机，$p_C \leqslant 0.250$ MPa。增压压力再增高时，发动机的有效功率将下降。

机械增压的缺点是会导致燃油消耗率上升（一般会增加 3% ~ 5% 的燃油消耗）。此外，为驱动压气机还要有一套齿轮增速机构，对于轿车用汽油机用皮带传动也可；机械增压的优点是发动机的瞬态反应较好，加速性好，发动机动力舱内温度比涡轮增压时低，发动机结构较紧凑。

2. 废气涡轮增压

利用发动机排出的废气能量，由涡轮驱动压气机工作的增压方式称为废气涡轮增压，这是当前应用最广泛的增压方式。

涡轮和压气机的叶轮装在同一根轴上，构成一个单独的发动机附件——涡轮增压器，它与发动机只有气体管路连接而无机械传动，结构简单。压气机消耗功率完全由废气涡轮供给，即 $P_C = P_T$，不再消耗发动机自身的功率。采用废气涡轮增压可提高发动机的机械效率，从而提高发动机的经济性；当功率提高 30% ~40% 后，油耗可降低 5% 左右。此外，采用废气涡轮增压对排气污染也有所改善。

废气增压涡轮有轴流式和径流式（径流向心式）。此外，根据涡轮前气体参数的状态，还可分为等压涡轮和变压涡轮。

车用发动机大多采用径流式涡轮，在气体流量低于 120 m^3/min 时，它比轴流式涡轮效率更高，且结构简单、尺寸小，叶轮生产简便，适于大量生产，成本低。

压气机均采用离心式，当 p_C < 0.4 MPa 时用单级的，$p_C \geqslant 0.4$ MPa 时用两级的。

涡轮增压的缺点是低速时的扭矩特性曲线不理想，如图 4-7 所示，对负荷变化所需要的反应时间长。

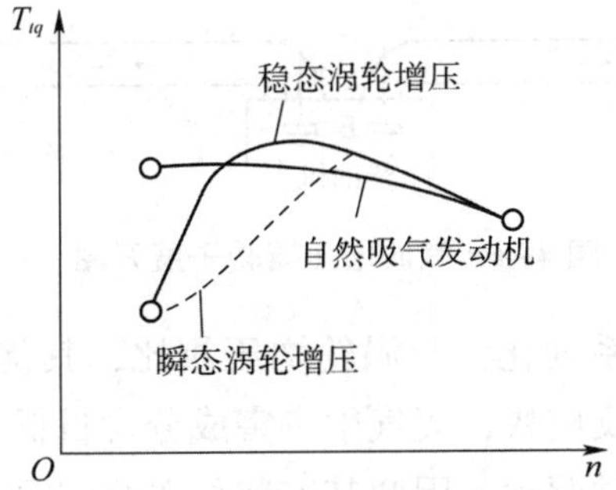

图 4-7　涡轮增压发动机和自然吸气发动机扭矩特性曲线

3. 气波增压

气波增压器是利用空气动力学原理，使封存于转子叶片槽道内的废气与空气之间通过压力波直接交换能量，如图 4-8 所示。其中，转子由皮带驱动，在转子上装有许多直叶片，叶片和壳体之间构成许多直的槽道。

在叶片槽道中能量传递以声速进行，该声速是废气温度的函数、主要受发动机扭矩影响，而与转速无关。叶片为不等间距，以减小噪声。叶轮在圆柱形外壳中旋转、外壳两端有空气和废气的通道，一端是低压空气入口和高压空气出口，另一端是高压废气入口和低压废气出口。

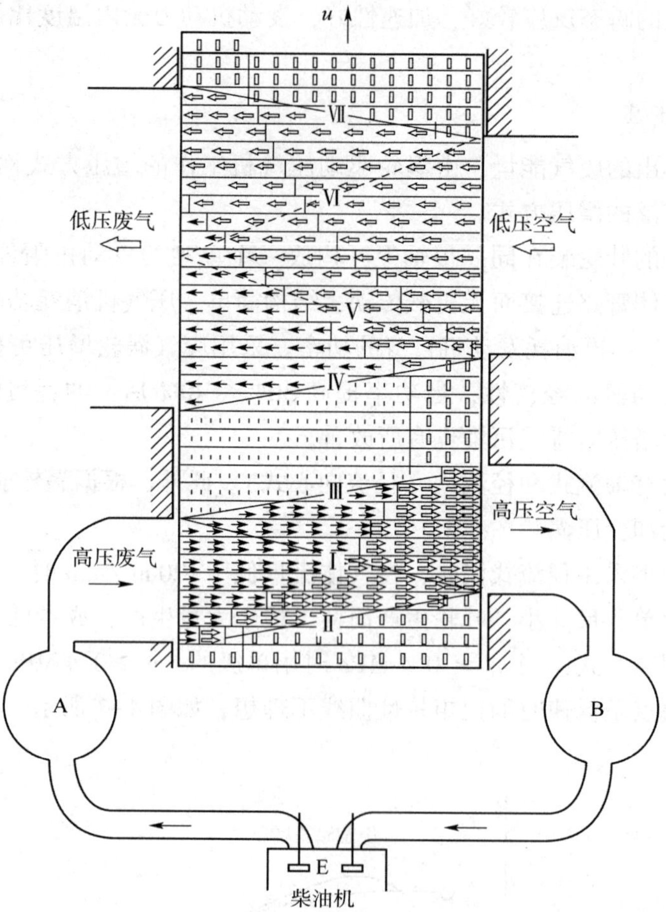

图 4-8　气波增压器转子展开图

目前，气波增压器产品已系列化，与涡轮增压相比，其优点是结构简单，制造简便，发动机低速性能好，对变工况反应快，废气中有害成分含量低；其缺点是工作噪声大，尺寸、质量大，且由于必须由曲轴驱动，因此其安装位置受到限制。

4. 复合增压

复合增压系统中包括机械增压及废气涡轮增压。根据增压器组织方式的不同，又分为串联方式及并联方式。串联复合增压有较高的增压压比；并联复合增压的空气流量较大，压气机尺寸可以减小。

此外，还有一种称为机械传动的涡轮增压复合系统，如图 4-9 所示。发动机曲轴通过超扭矩离合器和联轴节与废气涡轮相连，实现动力传递。当涡轮功率 P_T 小于压气机功率 P_C 时，柴油机经过齿轮驱动给涡轮补充能量；如果两者平衡，则机械传动脱开、使发动机的 η_m 提高。这种方案在一些二冲程发动机上常有应用，因为在部分负荷时可能出现 $P_T < P_C$。

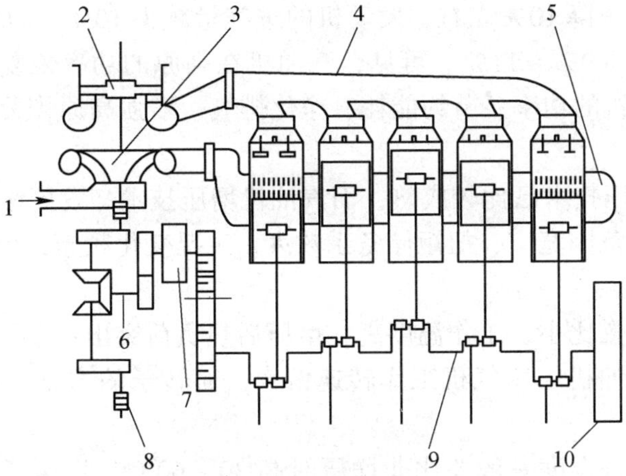

1—进气口；2—涡轮排气口；3—压气机；4—排气管；5—扫气室；6—扭力轴；7—超扭矩离合器；8—联轴节；9—曲轴；10—飞轮。

图4-9　涡轮增压复合系统

与四冲程发动机相比，二冲程涡轮增压柴油机由于没有泵气冲程，故起动和低速工作较困难、实现换气所需空气量多（多30%～40%），排气温度低（低20%～30%）。涡轮增压复合系统是克服这一困难的可行办法之一。

将进气谐振增压和涡轮增压相结合的谐振复合增压系统如图4-10所示，该系统用于车用柴油机，可在改善低速扭矩特性的同时，使经济性、加速性和排放指标得到相应改善。

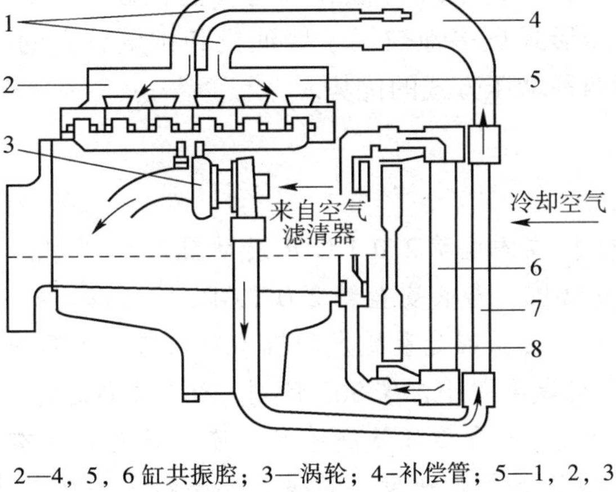

1—谐振管；2—4，5，6缸共振腔；3—涡轮；4-补偿管；5—1，2，3缸共振腔；6—散热器；7—中冷器；8—风扇。

图4-10　谐振复合增压系统

4.4.2　汽油机增压特点

汽油机在乘用车领域中有着极其重要的地位，但其燃油消耗率高，排放中的HC、CO、NO_x等有害物对大气污染严重。

我国地形复杂，海拔在1 km以上的高原占全国总面积的60%以上。研究表明：海拔每上升 1 km，大气压下降 10% 左右，发动机的进气量减少 10% ~11%，功率下降 12% ~13%，燃油消耗率提高 9% ~11%。可见，汽油机在高原的功率恢复十分重要。通过增压技术，可以提高汽油机的功率、节约能耗、净化排气、增强高原恢复功率的能力，其经济意义和社会意义重大。

目前，柴油机增压技术已比较成熟，而汽油机增压技术却发展缓慢，主要原因如下：

（1）汽油机速度范围宽广，扭矩储备系数大，工况变化频繁，导致增压器与汽油机的匹配困难；

（2）汽油机的空燃比小，工作温度高，增压后热负荷突出；

（3）匹配增压汽油机的压气机工作转速偏大，对转子的力学、润滑等提出了更高的要求；

（4）增压后，进气温度一般要比非增压时高 30 ~60℃，加速了混合气焰前反应，汽油机爆震倾向加剧。

不过，汽油机增压（特别是废气涡轮增压）已引起人们的重视，原因如下。

（1）增压可大幅提升汽油机的动力性。增压后，汽油机的功率和扭矩可提升 30% ~50%。

（2）增压可改善经济性。增压可改善燃烧，提高机械效率，使汽油机的经济性得到改善。

（3）增压可改善排放指标。多数试验证明：汽油机增压后，CO 和 HC 排放水平下降。

现代汽油机越来越多地采用增压器来提高其的功率密度。随着压气机的效率，尤其是小排量压气机效率的大幅度提高，现在汽油机上的主要增压形式趋于机械增压。这种增压方式的优点是机械响应快，低速响应特性和加速特性较好，尤其适用于市内交通车辆使用。废气涡轮增压的增压形式更多地被用于柴油机和排量较大的 SUV 等车型，或者和机械增压一起使用，发挥两种增压方式的优势。

知识链接

2017 年，长安 CS95 搭载的蓝鲸 2.0 T GDI 发动机入选“中国心”十佳发动机，也是唯一入选的国产 2.0 T 发动机。与长安蓝鲸 2.0 T GDI 发动机一同入选的也有来自马自达、别克等合资品牌的优秀发动机，因此蓝鲸发动机能够入选并不容易，足以显示其含金量。

蓝鲸 2.0 T GDI 发动机最早源于国家 863 计划，863 计划是针对国家高技术研发发展的计划，而关于 2.0 T 发动机的研发重任就交给了长安。长安也没有辜负国家的信任，历时 6 年完成了蓝鲸 2.0 T GDI 发动机的研发，打破了外企的技术垄断，弥补了国内 2.0 T 及以上增压直喷发动机开发能力的空白。

长安官方宣称这款发动机摆脱了传统的拆机模仿的逆向研发，真正拥有自己的核心技术和知识产权，是真正意义上完全正向研发的国货。据悉，蓝鲸 2.0 T GDI 发动机获得专利数超过 100 项，其中包括 25 项发明专利。

蓝鲸 2.0 T GDI 发动机的最高功率为 171 kW，可以输出 233 马力的强劲动力，峰值扭矩可达 360 N·m，中大型 SUV 中的佼佼者丰田汉兰达最高功率也不过 162 kW，峰值扭矩仅为 350 N·m。也就是说，蓝鲸 2.0 T GDI 发动机不仅达到了世界领先水平，甚至更胜一筹。

蓝鲸 2.0 T GDI 发动机强大的性能得力于长安独有的 TC–废气涡轮增压技术，能够提高 50% 的升功率以及中低转速扭矩，使其转速在 1 500 r/min 时扭矩就能达到 300 N · m，弥补了燃油车在中低扭矩时的不足。另外，在急加速工况下，蓝鲸发动机转速在 2 000 r/min 左右可开启发动机超增压功能，瞬态可爆发最大 380 N · m 的扭矩，这也造就了 CS95 8. 41 s 的百米加速成绩，而汉兰达也不过 8. 62 s。长安蓝鲸 2. 0 T GDI 发动机在动力、油耗和静音方面表现都很出色，将国产发动机推向新的高度。

小 结

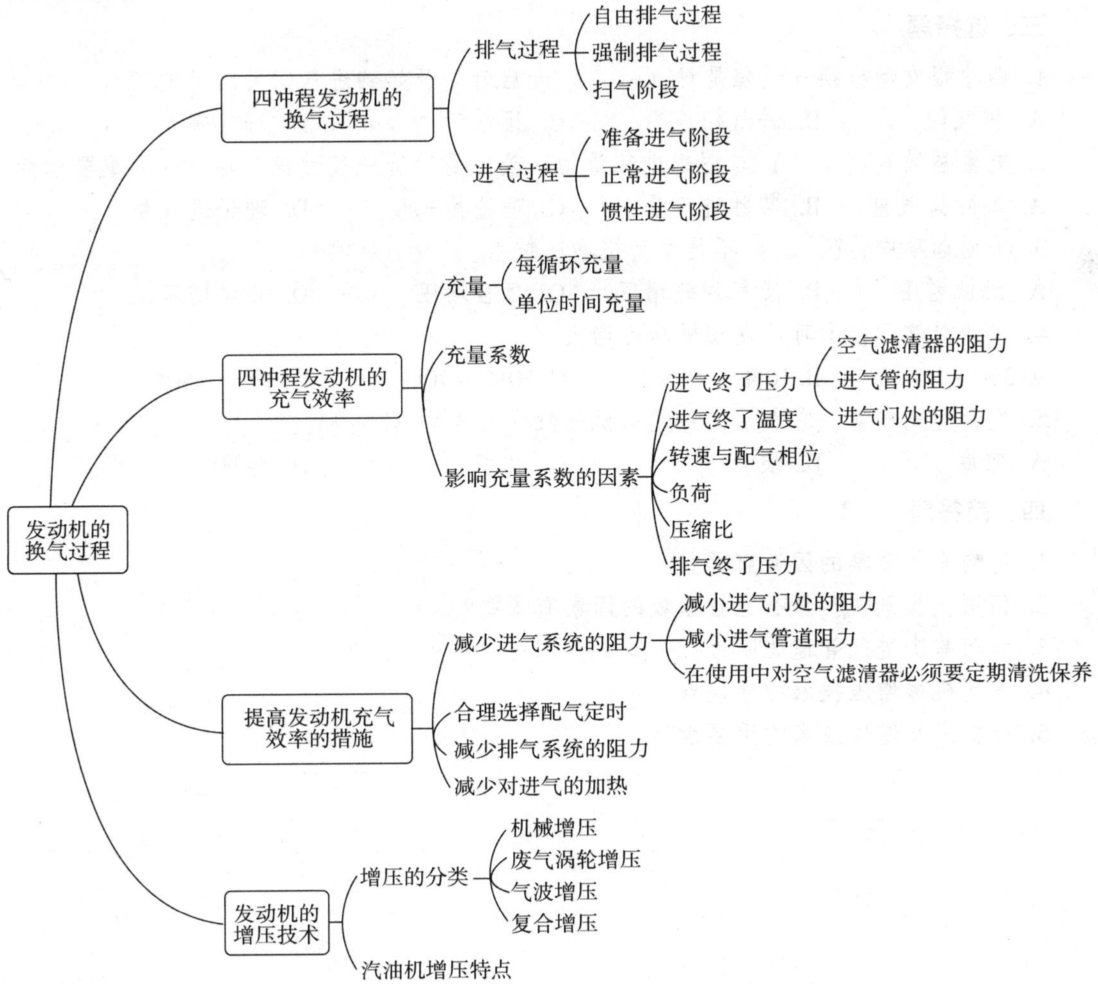

复习题

一、填空题

1. 排气过程包括______、________、________。

2. 充量常用________、________来表示。

3. 进气管道的阻力大小主要取决于进气管道的________、________。

4. 气波增压器是利用______原理使封存于转子叶片槽道内的废气与空气之间通过压力波直接交换能量。

5. 复合增压系统中包括机械增压及________。

二、判断题

1. 充气效率 η_v 与发动机的气缸容积无关。 (　　)
2. 进气系统阻力是各段通道所产生的固定阻力的总和。 (　　)
3. 充气效率是发动机换气过程的唯一评定指标。 (　　)
4. 活塞由下止点向上行至进气门关闭的这个时期称为自由进气阶段。 (　　)
5. 进气管内表面光滑可以减少进气阻力。 (　　)

三、选择题

1. 四冲程发动机换气过程是自（　　）开启时刻开始到进气门关闭时刻结束。

A. 排气门　　B. 进气门　　C. 排气管　　D. 进气管

2. 充量系数是（　　）与理想进气量的比较，是评价进气过程完善程度的重要指标。

A. 实际排气量　　B. 实际进气量　　C. 理论排气量　　D. 理论进气量

3. 下列选项中，（　　）不是发动机增压技术。

A. 机械增压　　B. 废气涡轮增压　　C. 复合增压　　D. 化学增压

4. 汽油机增压技术可使发动机功率增大（　　）。

A. 3% ~5%　　B. 10% ~15%　　C. 50% ~70%　　D. 30% ~50%

5. 充量即充气量，它表示充入发动机气缸内新气的（　　）。

A. 密度　　B. 质量　　C. 体积　　D. 温度

四、简答题

1. 影响充气效率的因素有哪些？
2. 何谓充量系数？影响充量系数的因素有哪些？
3. 如何减少进气管道的阻力？
4. 简述机械增压技术的优缺点。
5. 分析汽车增压技术的重要性。

第5章 发动机的燃料燃烧

知识目标

通过对本章的学习，学生应了解发动机常用燃料的分类、性质、组成，掌握发动机的燃烧特性，理解燃料燃烧的基本知识，重点掌握燃料燃烧的热化学过程，了解发动机代用燃料及新型燃烧方式。

情景导入

问题1：许多车友在加油的时候可以根据说明加注合适牌号的汽油，那么这些汽油的牌号到底代表什么意思，不同的牌号区别在哪里呢？

回答1：通常我们使用的汽油是92#、95#、98#。92#、95#、98#的汽油的区别主要有有：①辛烷值不同：92#指的是异辛烷为92%、正庚烷为8%的汽油；95#指的是异辛烷为95%、正庚烷为5%的汽油；98#指的是异辛烷为98%、正庚烷为2%的汽油。②适用车型不同：92#适合压缩比比较低的车型；95#适合高压缩比的车型；98#适合高档豪华车和大马力跑车。

汽油是从石油里分馏或裂化、裂解出来的具有挥发性、可燃性的烃类混合物液体，主要用作由火花点燃的内燃机的燃料，它主要包括原油分馏得到的有机化合物和各种各样的添加剂，通过汽油的辛烷值可以来衡量特定汽油混合物的抗爆震性质。

问题2：燃料燃烧是汽车发动机发展的永恒话题。早期车用发动机燃烧过程的研究主要追求最佳的动力性和经济性。现如今，节能与环保成为汽车发动机研究的主题。为此，人们不惜牺牲动力性和经济性指标，努力减少汽车发动机有害物质的排放。那么通常采取哪些有效的措施去处理好汽车与能源、环保、安全等问题之间的关系呢？

回答2：例如，采用发动机新型燃烧方式或使用代用燃料等。发动机新型燃烧方式如柴油机均质压燃技术（Homogeneous Charge Compression Ignition，HCCI）和汽油机直喷技术（Gasoline Direct Injection，GDI）等；代用燃料如气体燃料、醇类燃料、生物柴油等。

5.1 发动机的燃料

燃料是发动机产生动力的来源。汽车发动机的燃料应具备供应充足、储运方便、理化特性适应发动机的燃烧等特点，且能满足车辆行驶综合性能、排放法规的要求。

由于石油制品在存储、成本及使用性能等方面具有优势，因此车用发动机的燃料还是以石油制品的液体燃料为主。汽油、柴油习惯上被称为汽车发动机的常规燃料，而其余燃料被称为代用燃料。

石油的主要元素是碳（C）、氢（H），其质量分数约为97%～98%，除此之外还有少量的硫、氧、氮等。石油是多种碳氢化合物的混合物，分子式为 C_nH_m，通常称为烃。烃分子根据碳原子数的不同，可分成相对分子质量和沸点不同的物质。炼制汽油和柴油最简便的方法就是分馏，依次得到石油气，汽油，煤油，轻、重柴油，渣油，如表5-1 所示，表中：w_C 为 C 的质量分数；w_H 为 H 的质量分数。

表 5-1 原油不同分馏段的成分及主要性能

名称	主要成分 w_C/%，w_H/%	沸点/℃， 1 013 kPa	密度（液：kg/L， 气：kg/m^3） （0 ℃，101.3 kPa）	相对分子 质量	着火温度/℃
石油气	C_1～C_5 83%，17%	−23～+1	0.51～0.58（液） 2.0～2.7（气）	16～58	365～470
汽油	C_5～C_{11} 86%，14%	25～215	0.715～0.78（液）	95～120	300～400
煤油	C_{11}～C_{19} 87%，13%	170～260	0.77～0.83（液）	100～180	250
柴油	C_{16}～C_{23} 87%，13%	180～360	0.815～0.855（液）	180～200	250
渣油	碳原子数在 23 以上的碳氢化合物	>360		220～280	

在碳氢化合物中，碳原子和氢原子的数目和排列方式对燃料的性能有很大的影响。烃分子化学结构的分类如表5-2 所示。

表 5-2 烃分子化学结构的分类

类别	分子通式	品种		性质
烷烃	C_nH_{2n+2}	1. 直链 正庚烷 C_7H_{16}	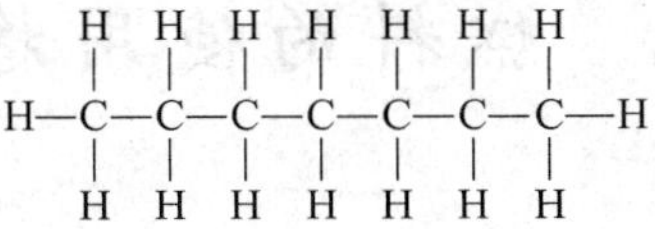	直链式结构即饱和的开链式结构，含碳原子数越多，结构越紧凑，常温下化学性质越稳定，但热稳定性比较低，在高温下易分解，自发火的滞燃期较短，是柴油燃料的良好成分。支链式结构在高温下较稳定，是汽油中抗爆性好的燃料
		2. 支链 异辛烷 C_8H_{18}	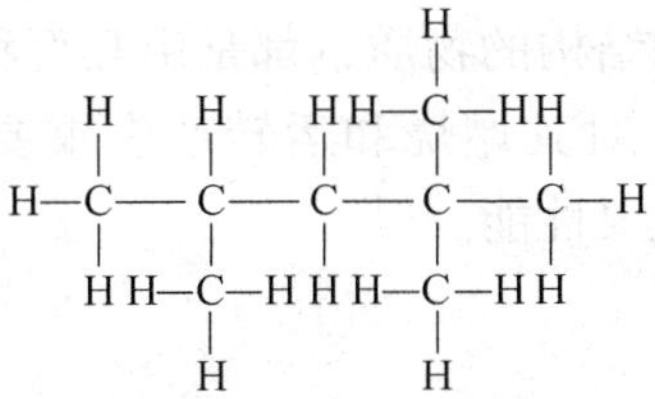	
环烷烃	C_nH_{2n}	环己烷 C_6H_{12}	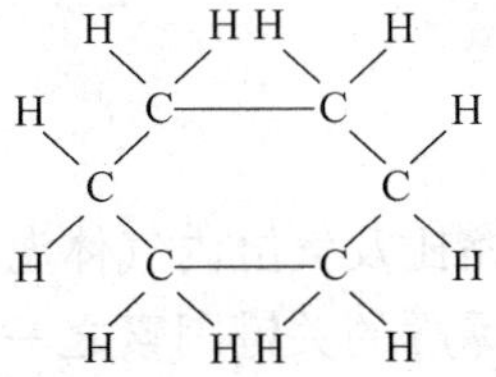	饱和的环状分子结构，不易分裂，热稳定性和自发火的温度均比直链烷烃高。含环烷烃多的燃油适宜作为汽油机燃料，不适宜作柴油机燃料，环烷烃与烷烃都是石油的重要组成部分
烯烃	C_nH_{2n}	乙烯 C_2H_4	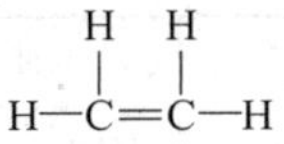	非饱和开链式结构，有一个双价键，它比烷烃更难自发火，是汽油中抗爆性好的成分，但不饱和结构常温下化学安定性差，在长期存储中易于氧化生成胶质
芳香烃	—	苯 C_6H_6	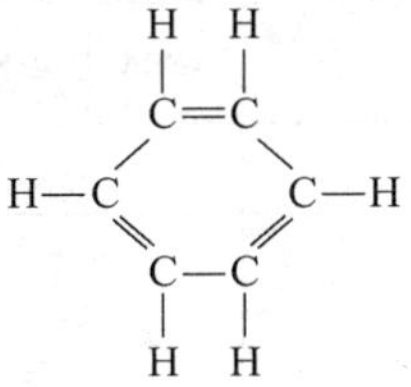	基本化合物是苯，所有芳香烃都含有苯基的成分。在石油中含量较少，分子结构坚固，热稳定性比脂肪烃及环烷烃均高，在高温下分子不易破裂，化学安定性高，是汽油中的良好防爆剂。近年的排放研究表明，芳香烃促进地面臭氧的形成，燃料中其含量要加以限制
		α-甲基萘 $C_{11}H_{10}$	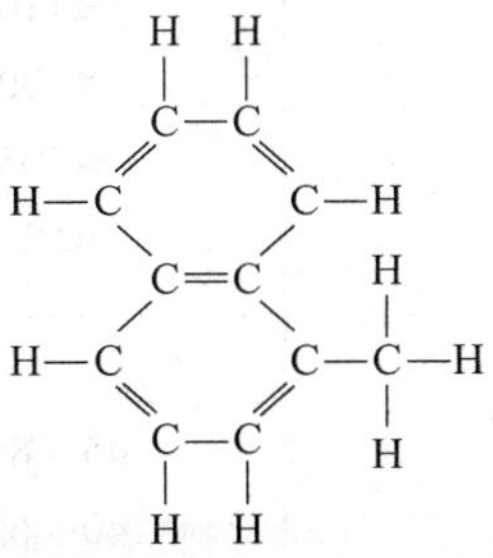	

5.2 燃料的使用特性

汽油和柴油不是单一成分和结构的物质，都是由几百种有机物组成的混合物。汽车发动机燃料的特性和指标非常多，对其燃烧和运转产生重要影响的包括自然性能、蒸发性能、燃烧性能、安全环保性等主要性能。

5.2.1 汽油

国产车用汽油（六 b）的技术要求和试验方法如表 5-3 所示，影响汽油机使用性能的主要指标有抗爆性和馏程。

1. 抗爆性

在汽油机燃烧过程中，由于压缩比及气缸内气体温度的升高，可能出现一种不正常的燃烧现象，称为爆震，影响汽油机爆震的关键因素之一是燃料的品质，辛烷值是用来表征汽油抗爆性的一项指标，汽油的辛烷值越高，抗爆震能力越强。国产汽油的牌号是用研究法辛烷值来命名的。

表 5-3 国产车用汽油（六 b）的技术要求和试验方法（GB 17930—2016）

项目	质量标准			试验方法
	89#	92#	95#	
抗爆性： 研究法辛烷值（RON） 抗爆指数（RON+MON）/2	 ≥89 ≥84	 ≥92 ≥87	 ≥95 ≥90	 GB/T 5487 GB/T 503，GB/T 5487
铅含量/($g \cdot L^{-1}$)	≤0.005			GB/T 8020
馏程： 10%蒸发温度/℃ 50%蒸发温度/℃ 90%蒸发温度/℃ 终馏点/℃ 残留量（体积分数）/%	 ≤70 ≤110 ≤190 ≤205 ≤2			GB/T 6536
蒸气压/kPa 11 月 1 日至 4 月 30 日 5 月 1 日至 10 月 31 日	 45～85 40～65			GB/T 8017

续表

项目	质量标准			试验方法
	89#	92#	95#	
溶剂洗胶质含量/(mg·100 ml^{-1}) 未洗胶质含量（加入清净剂前） 溶剂洗胶质含量	 ≤30 ≤5			GB/T 8019
诱导期/min	≥480			GB/T 8018
硫含量/(mg·kg^{-1})	≤10			SH/T 0689
硫醇（博世实验）	通过			NB/SH/T 0174
铜片腐蚀（50 ℃，3 h）/级	≤1			GB/T 5096
水溶性酸或碱	无			GB/T 259
机械杂质及水分	无			目测
苯含量（体积分数）/%	≤0.8			SH/T 0713
芳烃含量（体积分数）/%	≤35			GB/T 30519
烯烃含量（体积分数）/%	≤15			GB/T 30519
氧含量（体积分数）/%	≤2.7			NB/SH/T 0663
甲醇含量（体积分数）/%	≤0.3			NB/SH/T 0663
锰含量/g·L^{-1}	≤0.002			SH/T 0711
铁含量/g·L^{-1}	≤0.01			SH/T 0712
密度（20 ℃）/(kg·m^{-3})	720～773			GB/T 1884，GB/T 1885

汽油辛烷值的大小主要与汽油的组成成分、炼制方法以及添加剂等有关。一般单烃的辛烷值高低顺序依次为：烷烃<烯烃<环烷烃<芳香烃。为了提高汽油的辛烷值，常在汽油中加入少量的抗爆添加剂，常用的有甲基叔丁基醚、乙基叔丁基醚、乙醇，甲基叔丁基醚等。

2. 馏程

汽油及其他石油产品都是多种烃类的混合物，没有固定的沸点，随着温度的上升，按照不同的馏分由轻到重逐次沸腾。汽油馏出温度的范围称为馏程。馏程是用来评价汽油蒸发性的一项指标。汽油蒸馏曲线如图 5-1 所示。

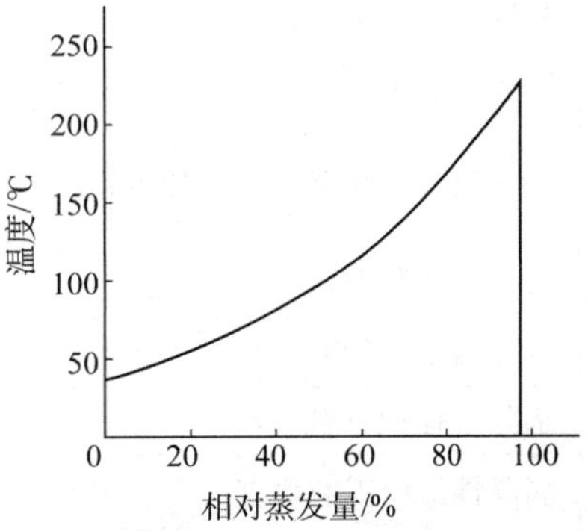

图 5-1 汽油蒸馏曲线

为了评价汽油的挥发性，常用 10%、50% 和 90% 的馏出温度作为几个有代表意义的点。

汽油 10% 的馏出温度标志着它的起动性。汽油机冷起动时，转速和空气流速都很低，而且壁面温度也低，所以雾化差，汽油蒸发量少。因此，一般供给浓混合气，只要其中有 10% 左右的汽油蒸发就能顺利起动。10% 的馏出温度越低，汽油机的冷起动性越好。但是此温度过低时，汽油往往会在管路中输送时受发动机高温零部件的加热而变成蒸气，进而形成气阻现象，使发动机断油，影响正常运转。所以，一般要求汽油 10% 的馏出温度小于 70 ℃。

汽油 50% 的馏出温度标志着它的平均蒸发性，直接影响发动机的暖车时间、加速性以及工作稳定性。50% 的馏出温度低，说明这种汽油的平均蒸发性好，在较低温度下可以有大量的燃料挥发并与空气混合，这样可以缩短暖车时间，而且从低负荷向高负荷过渡时，能够及时地供给发动机所需的可燃混合气量。国家标准要求 50% 的馏出温度小于 110 ℃。

汽油 90% 的馏出温度标志着所含难于挥发的重馏分的数量。当 90% 的馏出温度过高时，说明燃料含有较多的重质成分，在气缸中不易挥发而附在气缸壁上，燃烧时容易产生积炭，或者沿着气缸壁流入油底壳而稀释润滑油，同时不易完全燃烧，影响燃烧效率。国家标准要求 90% 的馏出温度小于 190 ℃。

5.2.2 柴油

我国生产的车用柴油，目前通用的标准是 GB 19147—2016。车用柴油的牌号是按凝点命名的，对应不同的凝点——5 ℃、0 ℃、−10 ℃、−20 ℃、−35 ℃、−50 ℃，分别称为 5 号、0 号、−10 号、−20 号、−35 号和−50 号柴油。凝点是指柴油失去流动性开始凝结的温度。选用柴油时，5 号柴油适合于气温在 8 ℃以上时使用；0 号柴油适用于气温在 8 ~ 4 ℃时使用；−10 号柴油适用于气温在−5 ~ 4 ℃时使用；−20 号柴油适用于气温在−14 ~ −5 ℃时使用；−35 号柴油适用于气温在−29 ~ −14 ℃时使用；−50 号柴油适用于气温在−44 ~ −29 ℃时使用。中国车用柴油技术要求和试验方法（部分）如表 5−4 所示。

表 5−4　中国车用柴油（国六）技术要求和试验方法（GB 19147—2016）

项目	质量标准						试验方法
	5 号	0 号	−10 号	−20 号	−35 号	−50 号	
氧化安定性（以总不溶物计）/（$mg\cdot 100\ ml^{-1}$）	≤2.5						SH/T 0175
硫含量/（$mg\cdot kg^{-1}$）	≤10						SH/T 0689
酸度（以 KOH 计）/（$mg\cdot 100\ ml^{-1}$）	≤7						GB/T 258
10% 蒸余物残碳（质量分数）/%	≤0.3						GB/T 268
灰分（质量分数）/%	≤0.01						GB/T 508
铜片腐蚀（50℃，3 h）/级	≤1						GB/T 5096
水分（体积分数）/%	痕迹						GB/T 260
润滑性　校正磨痕直径（60 ℃）/μm	≤460						SH/T 0765
多环芳烃含量（质量分数）/%	≤7						SH/T 0806

续表

项目	质量标准						试验方法
	5 号	0 号	-10 号	-20 号	-35 号	-50 号	
总污染物含量/(mg·kg^{-1})	≤24						GB/T 33400
运动黏度（20 ℃）/(mm^2·s^{-1})	3.0～8.0		2.5～8.0		1.8～7.0		GB/T 265
凝点/℃	≤5	≤0	≤-10	≤-20	≤-35	≤-50	GB/T 510
冷凝点/℃	≤8	≤4	≤-5	≤-14	≤-29	≤-44	SH/T 0248
闪点（闭口）/℃	≥60			≥50	≥45		GB/T 261
十六烷值	≤51			≤49	≤47		GB/T 386
十六烷指数	≤46			≤46	≤43		SH/T 0694
馏程： 50% 回收温度/℃ 90% 回收温度/℃ 95% 回收温度/℃	 ≤300 ≤355 ≤365						GB/T 6536
密度（20℃）/(kg·m^{-3})	810～845			790～840			GB/T 1884 GB/T 1885
脂肪酸甲酯含量（体积分数）/%	≤1.0						NB/SH/T 0916

1. 十六烷值

燃料的十六烷值与其分子结构及分子量均有密切关系，可以通过选择原油种类、炼制方法及添加剂来予以控制。一般地，直链烷烃比环烷烃的十六烷值高，且分子量越大的直链烷烃，十六烷值越高。尽管燃料的十六烷值高对于缩短滞燃期及改善冷起动有利，但增大十六烷值，将带来燃料分子量加大，使燃料的蒸发性变差、黏度增加，从而造成排气冒烟加剧及燃油经济性下降等不利影响。因此，国产柴油的十六烷值规定为 47～51。

2. 馏程

馏程是评价柴油蒸发性能的主要指标，可用一定体积（如 100 ml）的柴油馏出某一体积百分比时的温度范围来表示。常用 50% 馏出温度和 90% 馏出温度或 95% 馏出温度来表示。

50% 馏出温度标志着柴油的平均蒸发性。50% 馏出温度低，说明柴油中轻馏分含量多，蒸发快，有利于混合气的形成。50% 馏出温度主要影响柴油机的暖机性能、加速性和工作稳定性。

90% 馏出温度和 95% 馏出温度标志着柴油中难以蒸发的重馏分（重质成分）的含量，直接影响燃料能否及时完全燃烧。如果重馏分过多，在高速柴油机中燃料来不及蒸发以形成可燃混合气，则不容易进行及时和完全燃烧，且易排气冒烟。因此，高速柴油机常使用轻馏分柴油。但是，馏分若太轻，则 50% 馏出温度也低，大部分轻馏分容易蒸发，会在着火前形成大量的可燃混合气；一旦着火，所形成的可燃混合气同时燃烧，会使压力升高率过大，造成柴油机工作粗暴。

3. 黏度

黏度表示燃料分子间的内聚力大小，表现为抵抗分子间相对运动的能力，表示柴油的流动性的好坏，它直接影响柴油机喷射系统的喷雾质量。当其他条件相同时，黏度越大，雾化后油滴的平均直径也越大，使得燃油与空气不易混合，造成柴油机的燃油消耗率增加，排气冒烟。此外，黏度还影响供油系统中喷油器等部件的润滑性。柴油机的黏度常用动力黏度和运动黏度表示。

动力黏度，是指当液体流动的速度梯度等于1时，单位面积上的内摩擦力的大小，用 μ 表示，其单位是 Pa · s 或 mPa · s。

运动黏度，是指动力黏度与同温下密度的比值，用 υ 表示。例如，-10 号和-20 号车用柴油在 20 ℃时，$\upsilon=(2.5\sim8)\times10^{-6}\ m^2/s$ 。

4. 凝点

凝点表示柴油失去流动性而开始凝固的温度，主要用于评价柴油的低温流动性。因此，对应不同的环境温度，应采用不同凝点的柴油。

5. 热值

热值是指 1 kg 燃料完全燃烧所释放的热量，表示燃料所具有的做功能力。热值越大的燃料，其单位燃料完全燃烧所能放出的能量越大，在相同的燃烧条件下，所能转换的机械能越多，做功能力就越强。柴油机中燃料燃烧后排出废气时，由于 H_2O 以水蒸气状态排出，其汽化热不能有效利用，因而柴油的热值采用低热值，即 $h_u=42\ 700\ kJ/kg$ 。

柴油除了具有上述主要使用性能指标以外，还有与柴油储、运有关的指标，如闪点、凝点、冷滤点；与柴油机磨损、腐蚀等有关的指标，如机械杂质、水分、灰分、含硫量、酸度、残碳等，具体选用时须兼顾这些性能指标。

5.2.3 汽油、柴油性能的差异对发动机性能的影响

汽油和柴油性能上的差异是造成汽油机与柴油机在混合气形成与燃烧方式上不同的主要原因。

1. 混合气形成和负荷调整方法的不同

与柴油相比，汽油蒸发性强（从 40 ℃开始馏出至 200 ℃左右结束），因而可在较低温度下以较充裕的时间在气缸外部进气管中形成均匀的混合气。通过节气门开度控制进入气缸的混合气量，而混合气的热值基本不变（因混合气含量基本保持不变），由此调节汽油机的功率输出，这种负荷的调节方法称为“量调节”。

柴油的蒸发性差（180 ℃开始馏出至 350 ℃结束），黏性比较好，不易在低温下形成混合气。所以，用喷油泵和喷油器的形式以高压直接向气缸内喷油，使柴油强制雾化后再与燃烧室内一定量的空气形成混合气。对于柴油机，由于吸入气缸的空气量基本保持不变，因此通过调节喷油量，改变混合气的热值，来控制柴油机的功率输出，这种负荷的调节方法称为“质调节”。

2. 着火和燃烧方式的不同

汽油的自燃温度高，但点燃温度低，即汽油蒸气在外部引火条件下即使环境温度较低也很容易着火。因此，汽油的着火方式不适宜采用压燃，而是利用外部能源（点火系）在特定的局部地区进行点燃。点火后，以火焰传播方式燃烧燃烧室内的均匀混合气。因此，这种燃烧方式的放热规律取决于火焰传播速度。为了防止火焰传播过程中燃烧室内末端混合气的自燃而引起爆燃，汽油机的压缩比不宜过高。

对于柴油，则利用其自燃点低的特点，采用压燃的着火方式。为了可靠自燃，压缩比不宜过低，且在接近压缩上止点时直接向气缸内喷入燃油。这种燃烧方式，虽然混合气形成时间短，却极不均匀，常伴随边喷边燃烧现象，因此燃烧过程也包括预混合燃烧和扩散燃烧两个过程，即开始喷射的燃料在气缸内高温高压空气的作用下预混合燃烧，而后续喷射的燃料则在已燃气体、空气和燃料之间相对扩散过程中，边混合边燃烧，因而燃烧时间较长。这种燃烧方式的放热规律主要取决于燃料的喷射规律和扩散燃烧速度。

5.3 燃烧热化学

发动机燃烧过程是一个复杂的过程。燃料的燃烧，其本质就是燃料中的碳氢化合物与空气中的氧气进行氧化反应放出热量的过程。作为发动机燃料的石油产品，其主要成分是碳氢化合物，对已知的燃料，其各元素的含量可以测得，同时空气中氮和氧的比例又是一定的。因此，通过化学反应机理，可分析燃烧过程中有关燃料、空气及其产物的一些化学当量关系，为发动机的设计及调试提供依据。

5.3.1 燃料完全燃烧所需的理论空气量

发动机燃料中的主要元素是碳（C）、氢（H）和氧（O），其他元素很少，计算时可以忽略不计。

设 1 kg 燃料中各元素的组成为：

$$g_C + g_H + g_O = 1$$

式中：g_C、g_H、g_O 分别为 1 kg 燃料中 C、H、O 的质量分数。

空气中的主要成分是氮气（N_2）和氧气（O_2）。按体积分数计，N_2 约为 79%，O_2 约为 21%。按质量分数计，O_2 约为 23%，N_2 约为 77%。

燃料中的 C、H 完全燃烧时，其化学反应方程式分别为

$$C + O_2 = CO_2$$

$$H_2 + \frac{1}{2}O_2 = H_2O$$

按照化学反应的当量关系，可求出 1 kg 燃料完全燃烧时所需的理论空气量，即

$$L_0=\frac{1}{0.21}\left(\frac{g_C}{12}+\frac{g_H}{4}-\frac{g_O}{32}\right)(\text{kmol}) \tag{5-1}$$

$$L'_0=\frac{1}{0.23}\left(\frac{8}{3}g_C+8g_H-g_O\right)(\text{kg}) \tag{5-2}$$

$$L''_0=\frac{22.4}{0.21}\left(\frac{g_C}{12}+\frac{g_H}{4}-\frac{g_O}{32}\right)(\text{m}^3) \tag{5-3}$$

由式（5-2），1 kg 汽油完全燃烧的理论空气量为 14.8 kg，1 kg 柴油完全燃烧的理论空气量为 14.5 kg。

5.3.2 过量空气系数 φ_a

在发动机工作中，实际供给的空气量往往并不等于理论空气量。燃烧 1 kg 燃料实际供给的空气量 L 与理论空气量 L_0 之比，称为过量空气系数 φ_a，即

$$\varphi_a=\frac{L}{L_0} \tag{5-4}$$

当 $\varphi_a=1$ 时，混合气称为理论混合气；当 $\varphi_a>1$ 时，混合气称为稀混合气；当 $\varphi_a<1$ 时，混合气称为浓混合气。

过量空气系数 φ_a 的大小与发动机的类型、混合气的形成方式、燃料的种类、发动机的工况（负荷与转速）及功率的调节方法等因素有关。

对于进气道喷射的汽油机，由于燃烧时使用的是预先混合好的均匀混合气，过量空气系数 φ_a 只在狭小的范围（0.8～1.2）变化。发动机的输出功率依靠节气门控制进入气缸的混合气数量来调节，这种负荷调节方式为量调节。φ_a 随负荷的变化关系如图 5-2 所示。

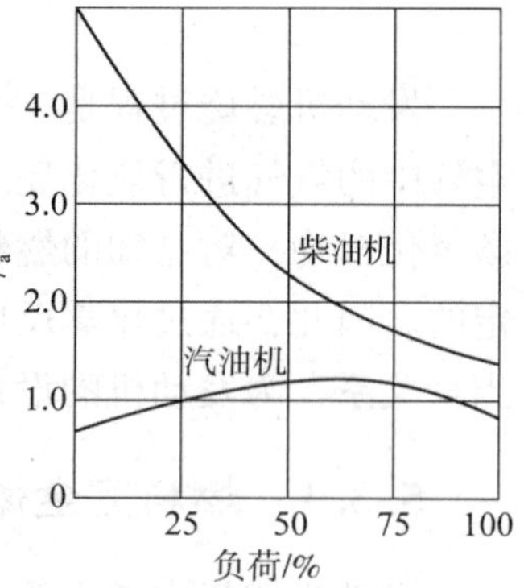

图 5-2　φ_a 随负荷的变化关系

对于柴油机，进入气缸的空气量基本不变，其功率输出依靠控制喷入气缸的柴油量来调节，即质调节（混合气浓度调节）。由于混合气形成不均匀，所以 φ_a 总是大于 1 的。一般车用高速柴油机，$\varphi_a=1.2\sim1.6$；增压柴油机，$\varphi_a=1.8\sim2.2$。

除了用 φ_a 表示混合气的浓度以外，也有直接用燃烧时的空气量与燃料量的比值，即空燃比 α 来表示，即

$$\alpha=\frac{\text{空气量}}{\text{燃料量}}=\frac{\text{燃料量}\times\varphi_a L'_0}{\text{燃料量}}=\varphi_a L'_0 \tag{5-5}$$

汽油化学当量（$\varphi_a=1$ 时）的空燃比为 L'_0。

5.3.3 $\varphi_a>1$ 时完全燃烧产物及质量

由于发动机燃烧过程比较复杂，为保证燃油的充分燃烧，提高燃烧的热效率，一般情况下，供给气缸的空气量总是大于理论空气量。因此，过量空气系数 $\varphi_a>1$。

1. 燃烧前混合气的数量

对于汽油机，燃烧前新鲜混合气主要由空气和燃料蒸气组成。若燃料的相对分子质量为 M_T，则 1 kg 燃料所形成的混合气质量

$$M_1 = \varphi_a L_0 + \frac{1}{M_T} \tag{5-6}$$

由于柴油机是在压缩终了时向气缸内喷入液态燃料的，且液态燃料体积不及空气体积的 1/10 000，可忽略不计，因此认为燃烧前气缸内是纯空气，即

$$M = \varphi_a L_0 \tag{5-7}$$

2. 燃烧产物的质量

在 $\varphi_a > 1$ 的情况下，完全燃烧时的产物是由 CO_2、H_2O、剩余的 O_2 以及未参加反应的 N_2 组成。根据化学反应方程式，可以求出燃烧产物的质量 M_2，即

$$M_2 = \varphi_a L_0 + \frac{g_H}{4} + \frac{g_O}{32} \tag{5-8}$$

5.3.4 燃料的热值与混合气的热值

1. 燃料的热值

燃料的热值指 1 kg 燃料完全燃烧所放出的热量。

在高温的燃烧产物中，水以蒸气状态存在，水的汽化热不能利用，待温度降低后，水的汽化热才能释放出来。因此，水凝结后计入水的汽化热的热值称为高热值。在高温下，不计入水的汽化热的热值称为低热值。由于发动机排气温度较高，水的汽化热不能利用，因此使用燃料的低热值。汽油的燃料低热值为 44 000 kJ/kg，柴油的燃料低热值为 42 500 kJ/kg。

2. 混合气的热值

当气缸工作容积和进气条件一定时，每循环对工质的加热量取决于单位体积可燃混合气的热值，而不是取决于燃料的热值。因此，混合气的热值定义为单位混合气量完全燃烧时所放出的热量，其单位为 kJ/kmol 或 kJ/m^3。当 1 kg 燃料形成的可燃混合气的质量为 M，它所产生的热量是燃料的低热值 h_μ。因此，单位摩尔质量可燃混合气的热值 Q_{mix}（kJ/kmol）为

$$Q_{mix} = \frac{h_\mu}{M} = \frac{h_\mu}{\varphi_a L_0 + \frac{1}{M_T}} \tag{5-9}$$

当 $\varphi_a = 1$ 时，燃料与空气所形成的可燃混合气的热值称为理论混合气热值，汽油在标准状态下的理论混合气热值为 3 750 kJ/m^3，柴油在标准状态下的理论混合气热值也为 3 750 kJ/m^3。

5.4 燃烧的基本知识

燃料燃烧过程的完善程度很大程度上取决于发动机的性能。汽油和柴油属于多种碳氢化合物组成的混合物，其相对分子质量和分子结构不一样，在物理和化学性质上也存在差异，在发动机混合气形成、着火与燃烧阶段有许多不同。因此，需要学习有关燃烧的基本知识，了解汽油机和柴油机燃烧的差异。

5.4.1 燃烧现象

燃烧是指可燃混合气中燃料与空气中的氧化剂进行剧烈放热的氧化反应过程，实际上是火焰的传播、扩散的混合过程，这一过程中伴有复杂的传热、流动和化学反应现象。

一般燃料的燃烧过程，都可分为着火和燃烧两个阶段。着火阶段是燃烧的准备过程，是指可燃混合气在一定压力、温度和浓度的条件下，氧化反应自动的加速并产生温升，以致引起火焰出现的现象。对于发动机的着火过程，目前有两种理论：热着火理论和链式反应理论。

1. 着火热理论

设有一容器，其中充满燃料与空气的混合气。加热这个容器时，由于气体分子受热后其运动能量增加，燃料分子与氧分子之间相互碰撞的概率也增加，因此会促进化学反应的进行。此时，并不是所有分子间的相互碰撞都能够进行化学反应，只有那些能量大于反应活化能 E 的活化分子相互碰撞时才能打破分子的化学键而引起化学反应。令容器中的总分子数为 M，而具有超过活化能 E 的活化分子数为 M^*，按照能量分配定律，可以得出活化分子数 M^* 占总分子数 M 的比例关系式为

$$\frac{M^*}{M} = e^{-\frac{E}{RT}} \tag{5-10}$$

式中：R——气体常数，J/(kmol · K)；

E——活化能，J/kmol；

T——热力学温度，K。

由式（5-10）可以看出，当 T 增加时，活化分子所占比例也增加，因此化学反应速率加快。这里，定义反应速率 v 为单位时间内单位体积中出现的氧化产物的分子数，则 v 与 M^*/M 成比例，即

$$v = C_1 \frac{M^*}{M} = C_1 e^{-\frac{E}{RT}} \tag{5-11}$$

式中：C_1——与反应物的反应常数和容器内的气体压力有关的系数。

燃料因氧化反应而放出热量，放热度与氧化反应速度成比例。若单位时间内氧化反应放出的热量为 dq_1/dt，则

$$\frac{\mathrm{d}q_1}{\mathrm{d}t} = C_2 \mathrm{e}^{-\frac{E}{RT}} \tag{5-12}$$

式中：C_2——与分子的反应热及气体的压力有关的系数。

由于氧化反应而放出的热量，一部分使混合气本身受到加热而温度升高，另一部分则通过容器壁向外传热。设容器壁的温度 T_0 保持不变，则单位时间内通过容器壁向外传递的热量为 $\mathrm{d}q_2/\mathrm{d}t$ ，则

$$\frac{\mathrm{d}q_2}{\mathrm{d}t} = A(T - T_0) \tag{5-13}$$

式中：A——与容器的材料、形状及气体的热导率有关系的系数。

式（5-12）和式（5-13）的关系曲线如图 5-3 所示。

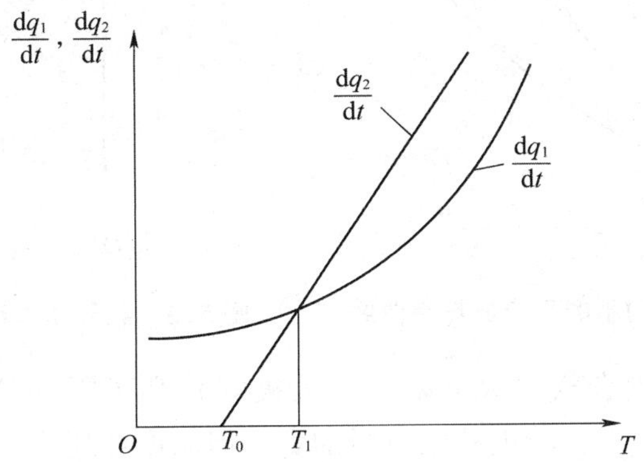

图 5-3　反应生成热与外界导热关系

从图 5-3 可以看出，燃料每单位时间因氧化反应而放出的热量，即反应放热率 $\mathrm{d}q_1/\mathrm{d}t$ 为一指数曲线，而单位时间通过容器壁向外传热的热量 $\mathrm{d}q_2/\mathrm{d}t$ 为一直线。两者交叉点的温度为 T_1。

当混合气的温度低于 T_1 时，即 $\mathrm{d}q_1/\mathrm{d}t > \mathrm{d}q_2/\mathrm{d}t$ ，此时反应放热率大于容器壁的导热率，混合气本身有热量积累，使温度升高，氧化反应能够继续进行。

当混合气的温度等于 T_1 时，即 $\mathrm{d}q_1/\mathrm{d}t = \mathrm{d}q_2/\mathrm{d}t$ ，此时反应放热率等于容器壁的导热率，反应虽可继续进行，但是没有热量积累，不能引起自燃。

若对混合气继续加热，使其温度超过 T_1 时，即 $\mathrm{d}q_1/\mathrm{d}t < \mathrm{d}q_2/\mathrm{d}t$ ，则此时虽靠外界加热，但是热量无法积累，仍不能引起自燃。

若保持容器不变，通过改变其中气体压力的方法来改变反应条件，则由于压力提高，容器内混合气的密度会增加。尽管 M^*/M 不随气体密度的变化而改变，但是压力提高后，混合气中 M^* 的绝对数是增加的，所以当容器内的压力提高后，M^* 的增加会引起反应速度的增加，使氧化反应放出的热量也增加。不同压力下，反应放热率曲线的变化特性如图 5-4 所示。图中画出了 3 个不同压力（$p_3>p_2>p_1$）下的放热率曲线，而容器壁的导热率曲线由 $\mathrm{d}q_2/\mathrm{d}t$ 直线表示。从图中可以看出，容器壁的导热率 $\mathrm{d}q_2/\mathrm{d}t$ 与压力为 p_2 的放热率曲线相切，在切点处 $\mathrm{d}q_1/\mathrm{d}t = \mathrm{d}q_2/\mathrm{d}t$ ，存在不稳定平衡。如果在 T_e 的温度下向气体送入热量，即使是局部的，也会使反应加速，从而促使混合气着火，因此 T_e 就是着火温度。如果反应过程按压力 p_3 的曲线进行，则由于 $\mathrm{d}q_1/\mathrm{d}t$ 曲线都在 $\mathrm{d}q_2/\mathrm{d}t$ 曲线之上，所以在整个

反应过程都有热量积累，最后会导致混合气自燃。

用热着火理论来分析着火条件，可以得出以下 3 条结论。

（1）着火温度 T_e 不仅与可燃混合气的物理化学性质有关，而且还与环境温度、压力、容器形状及散热情况有关。即使同一燃料，因条件不同，着火温度有可能不一样。

（2）着火临界温度与压力明显地影响着火区域。如图 5-5 所示，在低压时需要很高的着火温度。

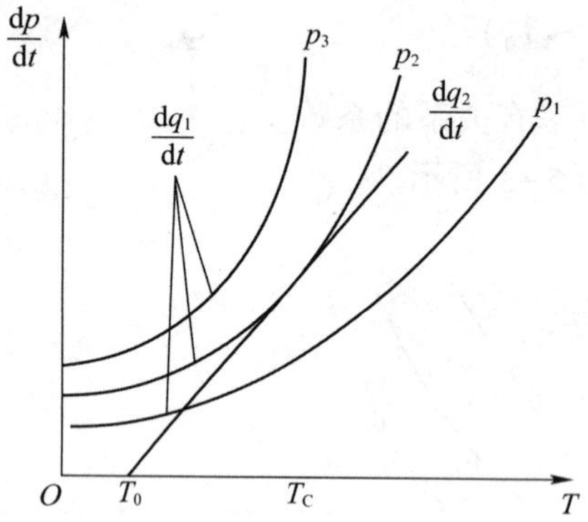

图 5-4　不同压力下的反应放热率曲线

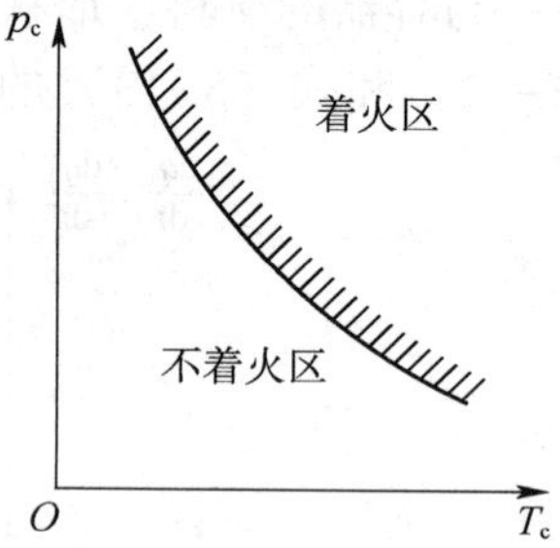

图 5-5　临界压力和温度对自然界限的影响

（3）存在一个可燃混合气着火上限（富油极限）和下限（贫油极限）。如图 5-6 所示，随着温度和压力的升高，着火界限有所加宽，但温度和压力上升得再高，着火界限的加宽也是有限的。另外，当温度和压力低于临界值时，则燃料无论在什么含量下，均不能着火。

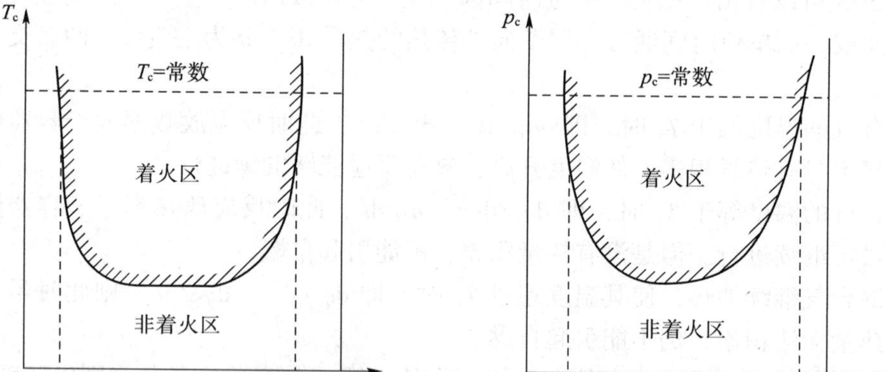

图 5-6　自然温度及临界压力与混合气着火界限的关系

（a）自然温度与混合气着火界限的关系；（b）临界压力与混合气着火界限的关系

2. 链式着火理论

热着火理论是从物理现象方面来说明燃料的着火现象。根据反应中分子的碰撞理论，3 个活性分子同时碰撞的机会已经很少，更何况液态燃料一般有较复杂的分子结构，若完全燃烧则需要许多个氧分子同时碰撞一个燃料分子，机会就更少。所以，热着火理论还不能完全说明着火机理，从而引入了链式着火理论。

链式着火理论认为，高温并不是引起着火的唯一原因，只要以某种方式（如辐射、电离等）激发出活性中心，然后通过链式反应，就能引起着火。

由于汽车发动机的传统燃料大部分是由单烃组成的混合物，因此应首先了解烃的氧化反应。

烃的氧化反应可以写成

$$C_nH_m+\left(n+\frac{m}{4}\right)O_2 = n\,CO_2+\frac{m}{2}H_2O$$

但这个反应式只是描述了过程的始末，而没有涉及它所经历的过程。发动机中燃料的着火和燃烧是在极短的时间内进行的。从化学反应机理角度分析，这样快速的化学反应，并不是直接得出最后的燃烧产物，而是先产生出许多由原子或原子团自由基构成的中间产物，它们形成了反应过程的活性中心。这些活性中心与反应物相互作用，一方面促进反应，另一方面生成新的自由原子或自由基。这种活性中心再生的反应过程称为链式反应。

烃类的氧化反应可以用链式反应机理解释，这种链式反应主要包括链引发、链传播和链中断等过程。

链引发是反应物分子受到某种因素的激发（如受热、光辐射作用等）分解成为自由原子或自由基的过程。这些自由原子和自由基（如 H、O、—OH 等）具有很强的反应能力，是反应的活性中心，它们的存在使新的化学反应得以进行。

链传播是指已生成的自由原子或自由基与反应物作用，一方面促进反应进行，另一方面又生成新的自由原子或自由基的过程。如果在某一反应过程的每一步中间反应过程中，都是由一个活性中心与反应物作用产生一个新的活性中心，则这一反应过程的整个反应以恒定速度进行，这样的反应称为直链反应。如果由一个活性中心引起的反应，同时生成两个以上的活性中心，这时链就产生了分支，反应速度将急剧增长，可以达到极快的程度（链锁爆炸），这种反应称为支链反应。快速燃烧或爆炸可以看作是支链反应的结果。值得指出的是，不少烃的氧化物是先通过直链反应，生成一个新的活性中心和某种过氧化物或高级醛的中间产物，然后再由过氧化物或高级醛的中间产物引起新的直链反应。它的总反应速度比支链反应慢，但仍具有自动加速的特点，这种反应通常称为退化的支链反应。例如，柴油机的着火过程就是一种退化的支链反应。

在链式反应中，由于具有很大反应能力的自由原子或自由基有可能与容器壁面或惰性气体分子碰撞，使反应能力减小，这种无效碰撞不再引起反应，这一过程称为链中断。每一次链中断都会引起总体反应速度的降低，并减少反应继续发生的可能性，在某些不利情况下还会使反应完全停止。

大量的试验研究表明，烃类燃料的氧化反应过程中，存在着高温和低温条件下的不同的着火规律，如图 5-7 所示。

1）低温多阶段着火

低温多阶段着火，实际上就是退化支链反应引起的一种现象，通常称为“着火半岛”。通过光谱分析发现，烃燃料低温下着火经历 3 个阶段：冷焰诱导阶段（τ_1）、冷焰阶段（τ_2）、蓝焰阶段（τ_3），如图 5-8 所示。

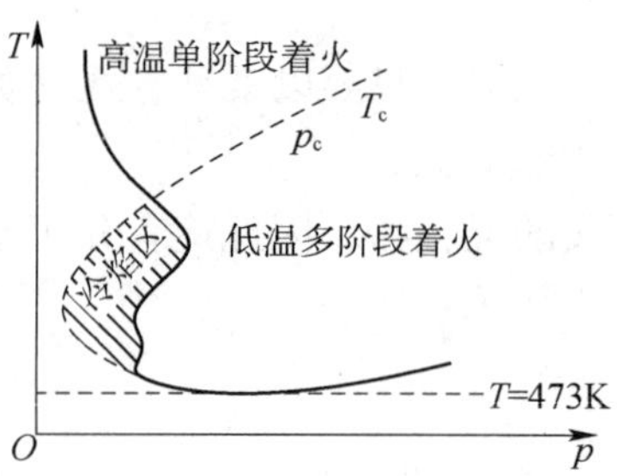

图 5-7　烃燃料的着火特性

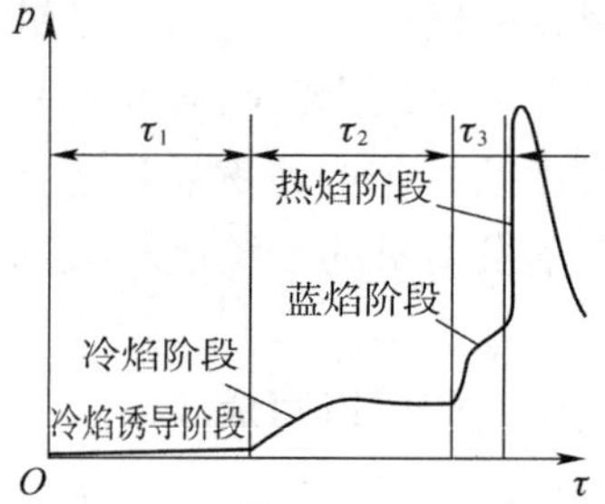

图 5-8　烃燃料的低温多阶段着火过程

(1) 冷焰诱导阶段：在较低温度下，烃分子经链引发后，只能进行直链反应，形成过氧化物及乙醛，此阶段释放的化学能极少，混合气压力和温度变化都不大。

(2) 冷焰阶段：当过氧化物积累到临界浓度时，便以爆炸的形式分解出甲醛，大量甲醛的累积使混合气发出冷焰，此阶段释放出少量热量，混合气压力和温度均有所提高。

(3) 蓝焰阶段：当甲醛到达临界浓度时，通过甲醛的支链反应产生 CO，与氧结合，最终生成爆炸性的蓝焰。蓝焰持续的时间短，其辉光比冷焰强，此阶段混合气压力和温度比冷焰高，释放出大量热量，形成高温热焰，即燃烧开始。

2) 高温单阶段着火

在较高温度下，着火过程不经过冷焰而直接进入蓝焰—热焰阶段，由于这两个阶段很短，也很难区分，所以统称为高温单阶段着火。

柴油机的压缩着火和汽油机的爆燃具有低温多阶段着火的特点，而汽油机的火花点燃和柴油机着火后喷入气缸内的燃料着火具有高温单阶段着火的特性。

应该指出的是，发动机的着火过程是非常复杂的，有的资料上提出“链式热力着火”的说法，即开始是链反应，当热量积累到一定程度后，按热着火过程进行。

5.4.2　在预混气体中的火花点燃与火焰传播

汽油机中的可燃混合气，在着火前经过化油器（或进气道汽油喷射雾化）、进气管、缸内气体运动等环节，燃料蒸气和空气的浓度已达到十分均匀的程度，成为以一定比例预先混合好的预混气体。

1. 火花点燃

火花点燃过程是一极短的瞬间过程，点火之前，由于可燃混合气受到压缩使温度升高，这时已有可以察觉出的缓慢氧化的先期反应现象。在火花点火以后，靠火花提供的能量，不仅使局部混合气温度进一步升高，而且引起了火花附近的混合气电离，形成活性中心，出现明显发热、发光的小区域，这就是火焰核。为了使点燃成功，必须使火花塞提供的放电能量大于某一个点火的最小能量，而这个点火最小能量受很多因素影响，如热量的种类与浓度、空气中氧的浓度、压力及温度、点火处气流的运动状况、电火花的性质、电极的几何形状和距离等。例如，电极的间隙与点火能量就有很大关系，如果电极间隙适中，需要的点火能量最小；如果间隙过小，无论点火能量有多大也不能着火。这个不能着火的最小距离，称为熄火距离，如图 5-9 所示。

另外，点火还直接受到混合气浓度的限制，当混合气过稀或过浓，无论点火能量有多大也不能着火，即有一个点燃的浓度界限。在某一适宜的浓度，需要的点火能量最小。

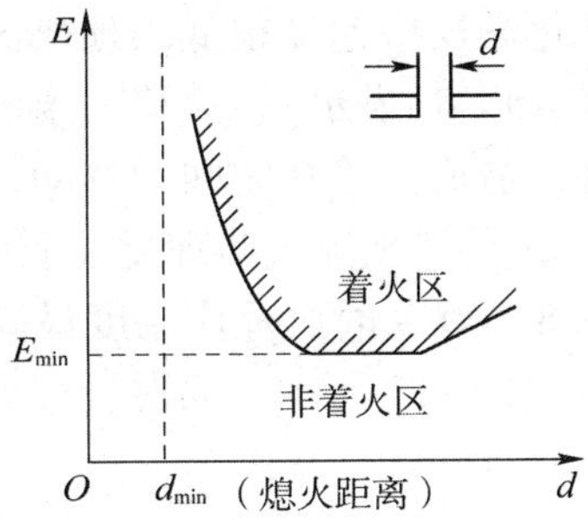

图 5–9　点火能量与熄火距离

因为火焰核的形成是局部混合气吸收电火花能量后，经化学反应过程的累积所致，所以这部分混合气的组成和吸收火花能量情况的不同，以及气流扰动对火焰核的干扰，使火焰核形成所用的时间不同。这会造成在实际汽油机的同一气缸中，连续循环的情况不可能完全一致，因而产生燃烧的循环变动。这种燃烧不稳定的情况，在汽油机低负荷及稀薄混合气时尤为突出。

2. 火焰传播

火花点燃过程中形成的火焰核顺序点燃周围的混合气，火焰范围逐渐扩大，并伴随着热量的释放，这就是燃烧现象的火焰传播。根据气体流动的状况，火焰传播方式可分为层流火焰传播与湍流火焰传播。

1）层流火焰传播

在预燃气体静止或流速很低的状态下，用电火花点燃混合气而局部着火后，火焰就会向四周传播开来，形成一个球状的火焰面，称为火焰前锋面。在火焰面的前面是未燃的预混气体，后面是温度很高的已燃气体，在这薄薄的一层火焰面上进行着强烈的燃烧化学反应，这种层流火焰面的厚度只有十分之几甚至百分之几毫米，放大的火焰前锋面的构造如图 5–10 所式。

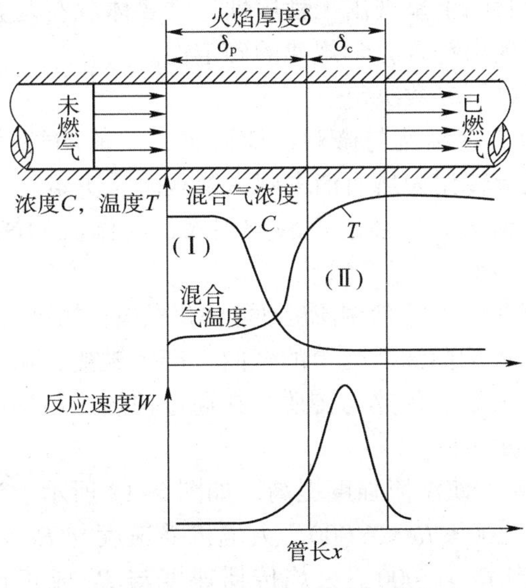

图 5–10　放大的火焰前锋面的构造

火焰面厚度的很大一部分是化学反应速度很低的预热区（以 δ_p 表示），而化学反应主要集中在厚度很窄的化学反应区（以 δ_c 表示）。火焰面温度与浓度的变化，在火焰面内出现了一定的温度梯度与浓度梯度，造成火焰在空间的移动。

层流火焰传播速度 v_L 很低，并受到预混气体理化性质的影响。其中，φ_a 影响很大，试验表明：在过量空气系数 $\varphi_a = 0.8 \sim 0.9$ 时，反应温度最高，v_L 最大；如果 $\varphi_a = 1$，v_L 下降 10%，$\varphi_a = 1.1$，v_L 下降 15%，如图 5-11 所示。当混合气成分过稀或过浓，则反应温度均过低，不能维持火焰传播。

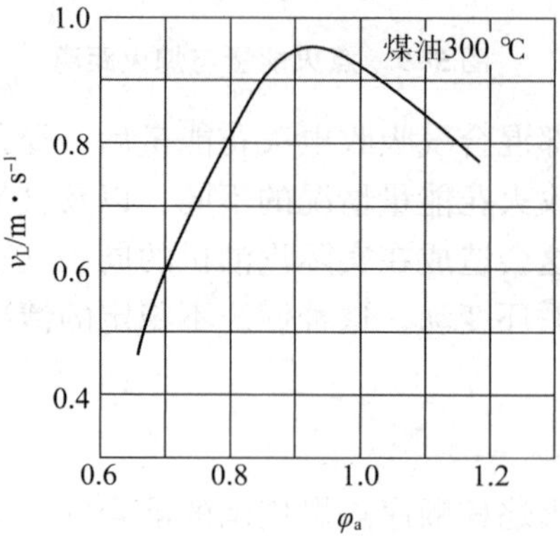

图 5-11　φ_a 对 v_L 的影响

2）湍流火焰传播

由于层流火焰传播速度很低，远远不能满足实际发动机燃烧的要求，而气流的湍流运动可以大大加速火焰传播速度，因此实际汽油机中的火焰传播是以湍流火焰方式进行的，此时 $v_T = 20 \sim 70$ m/s 。

所谓湍流，是黏性气流由于壁面边界的阻碍作用或外部扰动，在传播过程中进行的无规则的脉动运动。

湍流的变化在空间和时间上呈现出无秩序性，主要体现在两方面：一是微元气体变化的随机性，二是整体上表现出符合力学规律的确定性。

湍流运动的变化常用以下参数决定。

（1）湍流尺度：分为宏观湍流与微观湍流两种，湍流的力学性质主要由宏观湍流决定，但在黏性的影响下能量转化为热而消失则由微观湍流决定。

（2）湍流强度：对湍流火焰传播速度影响很大，与湍流的能量有关，常用雷诺数 Re（脉动速度的均方根）来表示。

正是由于上述因素的影响，才促使湍流运动能强化燃烧，加快火焰传播，具体原因如下。

（1）宏观湍流使层流火焰前锋面变得的弯曲，产生皱褶，从而增大了燃烧的表面积。

（2）微观湍流加强了火焰的传热与传质，在通过预热区与反应区的热量及活性分子增多的情况下，火焰传播速度加快。

（3）雷诺数 Re 的增大，使湍流强度提高，如图 5-12 所示。当 $Re<2\,300$，火焰传播速度的大小与 Re 无关；当 $2\,300 \leqslant Re \leqslant 6\,000$，火焰传播速度与 Re 的平方根成正比，小尺度（或小规模）湍流燃烧；当 $Re>6\,000$，火焰传播速度与 Re 成正比，大尺度（或大规模）湍流燃烧。混合气的湍流程度的提高，能有效地改善汽油机的燃烧过程。

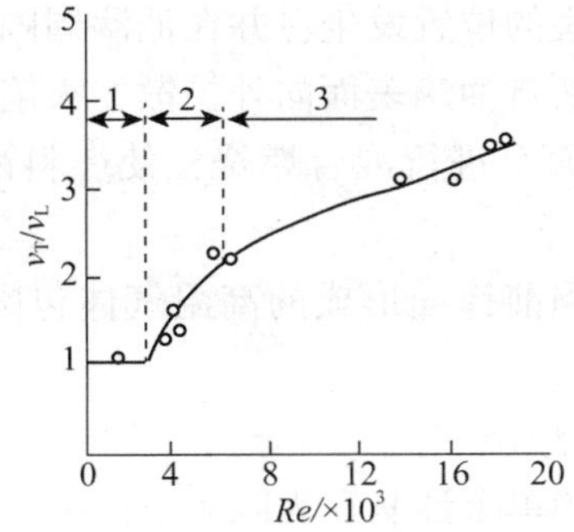

图 5-12　*Re* 对火焰传播速度的影响

5.4.3　喷射燃料的雾化与扩散燃烧

柴油的燃烧要经历高压喷射、雾化、混合、压缩着火以及扩散燃烧 5 个阶段，雾化状态的好坏对燃烧过程有重要的影响。

1. 喷射燃料的雾化

由于柴油的蒸发性能比汽油差，因此只能采用喷射与雾化的方法，将其在与空气混合前先粉碎成许多细小油滴（这些雾状油滴的集合体通常称为喷雾），以扩大燃料蒸发的表面积。

燃料雾化质量主要受到油束射程（也称贯穿距离）、喷雾锥角和液滴平均直径等的影响，油束要有足够的贯穿力，以穿透火焰到达周围的空气区。贯穿率是常用参数之一，它是指油束的贯穿距离与喷孔至燃烧室壁面的距离的比值。

喷雾锥角过大，油束射程会减小；喷雾锥角过小，雾化程度又会变差。液滴平均直径越小，油滴与周围空气混合程度越好，可以加速燃料的吸热和汽化，为燃烧过程的组织提供良好的前提条件。

2. 油滴的蒸发与燃烧

1）单个油滴的蒸发与燃烧

燃烧室内的一颗静止的油滴，在高温高压介质作用下，经历如图 5-13 所示的蒸发与燃烧过程。单个油滴受到周围高温高压空气的加热后，油滴表面汽化，与空气混合形成可燃混合气。

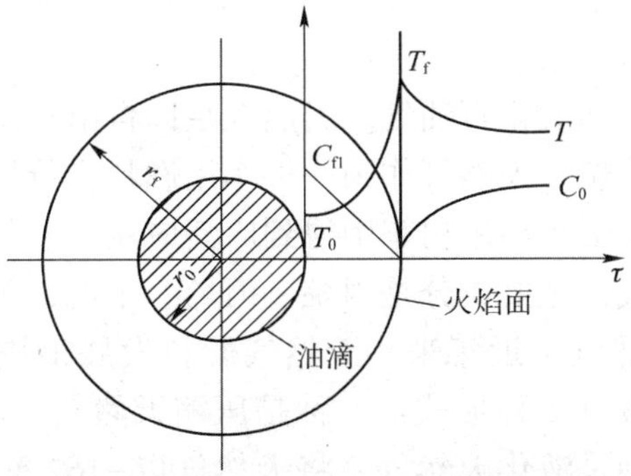

r_0—油滴直径；r_f—火焰半径；T_0—油滴表面温度；T_f—火焰温度；
C_0—氧气浓度；C_{f1}—燃料浓度；τ—到油滴中心的距离。

图 5-13　单个油滴的蒸发与燃烧模型

着火首先在混合气浓度适宜的位置发生，并在油滴周围形成一层球状的燃烧区，即火焰前锋面。此后，燃料蒸气不断自油滴表面向外扩散，火焰前锋面外的氧气不断从四周向火焰前锋面扩散，在火焰前锋面上进行混合燃烧，使燃料浓度 C_{fl} 和氧气浓度 C_0 均变为零，而温度达到最高。

由于油滴和油蒸发区将火焰前锋面形成的高温气体包围起来，形成了高温缺氧区域，因此易生成碳烟。

2）油束及油滴群的蒸发与燃烧

实际的喷雾燃烧要比理想的单个油滴在无限氧空间中的蒸发与燃烧过程复杂得多，喷雾中大小不等的油滴间相互存在着干扰，燃料的扩散燃烧就成了油滴群的复杂燃烧现象。

实验研究表明，当油滴直径在 10 μm 以下时，油滴在着火前均已完全蒸发，着火后可以观察到的火焰前锋面呈蓝色的连续抛物面形状，这同前述的预混合气的火焰传播具有相同的燃烧方式。当油滴粒径为 20～40 μm 时，在连续的蓝色火焰中可以看到白色与黄色的亮点，这表明每个油滴处独立的扩散燃烧和各油滴间的预混合燃烧同时存在。当油滴粒径在 40 μm 以上时，火焰前锋面已不连续了，各油滴独立燃烧，以单油滴扩散燃烧为主。实际的喷雾燃烧，是上述燃烧形式同时存在并且相互影响的。

油滴群的着火与在整个燃烧室内油气的宏观空燃比例无关，因为油滴群在空间的分布，是许许多多具有着火与燃烧条件的单个油滴，只要油滴周围存在着适合燃烧的空燃比区域，就能在一点或多点同时着火，它的稳定燃烧范围比预混合气要广泛得多。

5.5 发动机的代用燃料

自然界的石油资源是有限的。随着世界石油储量日益减少，在发动机上使用代用燃料的趋势正在加速。目前，用于发动机上的代用燃料主要有气体燃料、醇类燃料、生物柴油以及氢气等。

1. 气体燃料

气体燃料主要有天然气和液化石油气。天然气是以自由状态或与石油共存于自然界中的可燃气体，主要成分是甲烷。天然气作为一种车用燃料，价格低廉，而且汽车的有害物排放量低，所以已在城市公交车和出租车中得到广泛应用。液化石油气是天然石油气或石油炼制过程中产生的石油气，主要成分是丙烷、丙烯、丁烷、丁烯及其异构物。在车辆上应用最多的气体燃料是天然气。近年来，天然气燃料发展很快，已成为第三大支柱性能源。它用于汽车发动机一般有 2 种形式：一种是压缩天然气，通常以 20 MPa 的压力压缩储存于高压气瓶中；另一种是液化天然气，将天然气以 -162 ℃ 的低温液化储存于隔热的液化气罐中。与压缩天然气相比，液化天然气具有能量密度高，储运性好（液态密度为常态下气体密度的 600 倍）、行驶距离长等优点，但由于需要极低温技术而成本较高。常用液体和气体燃料的理化性质如表 5-5 所示。

表 5-5　常用液体和气体燃料的理化性质

理化性质		天然气	液化石油气	甲醇	乙醇	汽油	轻柴油
来源		以自由状态存于油气田中，以 200 MPa 压力压缩储存为压缩天然气，在−162 ℃以下隔热状态呈液态保存为液化天然气	在石油炼制过程中产生的液化气体	由 CO 和 H_2 化学合成	植物淀粉物质发酵蒸馏	石油炼制产品	石油炼制产品
分子式		含 C_1 ~ C_3 的 HC，主要成分是 CH_4	含 C_3 ~ C_4 的 HC，主要成分是 C_3H_8	CH_3OH	C_2H_5OH	含 C_5 ~ C_{11} 的 HC	含 C_{15} ~ C_{23} 的 HC
质量分数/%	w_C	0.75	0.818	0.375	0.522	0.855	0.87
	w_H	0.25	0.182	0.125	0.130	0.145	0.126
	w_O	—	—	0.50	0.348	—	0.004
相对分子质量		16	44	32	46	114	170
液态密度/($kg \cdot L^{-1}$)		0.42	0.54	0.78	0.80	0.70 ~ 0.75	0.82 ~ 0.88
沸点/℃		−161.5	−42.1	64.4	78.3	25 ~ 220	160 ~ 360
蒸发热/($kJ \cdot kg^{-1}$)		510	426	1 100	862	334	—
理论空气量	kg	17.4	15.8	6.52	9.05	14.9	14.5
	m^3	13.33	12.12	5	6.95	11.54	11.22
	kmol	0.595	0.541	0.223	0.310	0.515	0.50
自燃温度/℃		632	504	500	420	220 ~ 250	—
闪点/℃		<−162	−73.3	10 ~ 11	9 ~ 23	−45	50 ~ 65
燃料低热值/($kJ \cdot kg^{-1}$)		50 050	46 390	20 260	27 000	44 000	42 500
混合气热值/($kJ \cdot m^{-3}$)		3 230	3 490	3 557	3 660	3 750	3 750
辛烷值	RON	130	96 ~ 111	110	106	90 ~ 106	—
	MON	120 ~ 130	89 ~ 96	92	80	81 ~ 89	—
蒸气压/kPa		不能测定	1 274	30.4	15.3	49 ~ 83	—

天然气和液化石油气的主要优点如下。

（1）天然气和液化石油气在常温下为气态，容易与空气混合形成均匀的可燃混合气，燃烧完全，可大幅度减少 CO、HC 和微粒的排放。另外，天然气和液化石油气的火焰温度低，因此 NO_x 的排放量也相应较少。

（2）天然气辛烷值高达130，液化石油气辛烷值在100左右，因此燃用天然气或液化石油气可提高发动机的压缩比，从而获得较高的发动机热效率。

（3）冷起动性和低温运转性能良好，在暖机期间无须加浓混合气。

（4）燃烧界限宽，稀燃特性优越。燃烧稀混合气可以减少 NO_x 的生成和改善燃料经济性。

（5）不稀释润滑油，可以延长润滑油的更换周期和发动机的使用寿命。

天然气和液化石油气的缺点如下。

（1）因为天然气在常温、常压下是气体，所以其储运性能差。目前，广泛采用将压缩天然气充入车用气瓶内储运的办法，这些气瓶既增加了汽车自重，又减少了载货空间。虽然可以通过深冷液化技术制成液化天然气，但技术复杂，生产成本高。

（2）一次充气的续驶里程短。

（3）压缩天然气或液化石油气均呈气态进入气缸，使发动机充量系数降低；另外，与汽油或柴油相比，压缩天然气或液化石油气的理论混合气热值小。因此，燃用压缩天然气或液化石油气将使发动机功率下降。

2. 醇类燃料

在众多的清洁代用燃料中，醇类燃料来源广泛、丰富，抗爆性好，与石油燃料的理化性能相近。

醇类燃料主要指甲醇（CH_3OH）和乙醇（C_2H_5OH），甲醇可以从天然气、煤、生物质等原料中提取，而乙醇可以从含淀粉和糖的农作物中制取。醇类燃料的原料来源广泛，并且可以再生，有较好的燃料特性（见表5-5），能满足汽车对燃料的基本要求。醇类燃料在汽车上应用的特点如下。

（1）醇类燃料含氧量大、热值低，所需要的理论空气量比汽油或柴油少，从而可保证发动机的动力性能不降低。

（2）醇类燃料的辛烷值比较高，是点燃发动机的优良替代燃料，可作为提高汽油辛烷值的优良添加剂，采用高压缩比提高热效率。普通汽油与15%～20%的醇类燃料混合，辛烷值可以达到优质汽油水平，但醇类燃料在中、高速时的抗爆性不如低速时好。

（3）常温下为液体，操作容易，储运方便。

（4）可燃界限宽，汽油的着火极限为1.4～7.6；甲醇的着火极限为6.7～36，燃烧速度快，火焰传播速度比汽油快，可以实现稀薄燃烧，利于排气净化和空燃比控制。

（5）与传统的发动机技术有继承性，特别是使用汽油-醇类混合燃料时，发动机结构变化不太大，减少了燃烧室表面的燃烧沉积物，改善了发动机的排放标准。

（6）由于十六烷值低，着火性差，着火延迟期长，在压燃式发动机中的应用较困难，但在点燃式发动机中的应用较广。

（7）蒸发热大，使得醇类燃料低温起动和低温运行性能较差。但在汽油中混合低比例的醇，由燃烧室壁面给液体醇以蒸发热，这是提高发动机热效率和冷却发动机的有利因素。

（8）热值低，甲醇的热值只有汽油的48%，乙醇的热值只有汽油的64%。因此，与燃用汽油相比，在同等的热效率下，醇的燃料经济性低。

（9）沸点低，蒸汽压高，容易产生气阻。

（10）腐蚀性大。醇具有较强的化学活性，能腐蚀锌、铝等金属。甲醇混合燃料的腐蚀性随甲醇含量的增加而增加。另外，醇与汽油的混合燃料对橡胶、塑料的溶胀作用比单独的醇或汽油都强。混合20%的醇时，橡胶的溶胀最大。

（11）醇类混合燃料容易发生分层。醇的吸水性强，混合燃料中进入水分后易分离为两相。因此，醇类混合燃料要加助溶剂。

（12）甲醇有毒，会刺激人的眼结膜，会通过呼吸道、消化道和皮肤进入人体，刺激神经，造成头晕、乏力、气短等症状。

乙醇由于没有毒性，美国、巴西、中国已经将其加汽油中，构成汽油-醇类混合燃料而广泛应用。

3. 生物柴油

生物柴油是用未加工过的或者使用过的植物油以及动物脂肪通过酯化、酯交换反应制备出来的一种环保的生物液体燃料，具有与石油、柴油相近的性质，主要有以下特点。

（1）较高的低温起动性能。在无添加剂的情况下，冷凝点达到-20 ℃。

（2）较好的润滑性能。生物柴油动力黏度较低，故具有良好的润滑性能，可使喷油泵、发动机缸体和连杆的磨损率降低，延长其使用寿命。

（3）优良的环保性。含硫量低，不含芳香烃，不增加 CO_2 排放（光合作用自然循环）。

（4）良好的燃料性能。十六烷值高，燃烧性能好，润滑性能好。

（5）较高的安全性。闪点高，可溶解，对土地和水的污染小，可大大减轻意外泄漏时对环境的污染。

（6）可再生，资源不会枯竭。

（7）能与石油、柴油以任何比例相溶。对于柴油机，不需改动即可与柴油混烧，或纯烧生物柴油，可直接应用现有的柴油机供油系统和加油站系统。

生物柴油作为柴油机的替代燃料，已在欧洲、美国和中国等地区得到应用。生物柴油与柴油、汽油主要性质参数的对比如表5-6所示。

表5-6 生物柴油与柴油、汽油主要性质参数的对比

性质	D2 柴油	生物柴油	汽油
分子式	C_{10} ~ C_{21}	随油类与脂类而异	C_4 ~ C_9
沸点/℃	188 ~ 343	182 ~ 238	222 ~ 266
37.8 ℃下雷氏蒸气压/kPa	<1.37	—	55 ~ 103
十六烷值	40 ~ 55	>48	13 ~ 17
自燃温度/℃	316	—	257
理论空燃比（质量比）	15.0	13.8	14.5
着火上限（体积分数）/%，浓	7.6	—	6.0
着火下限（体积分数）/%，稀	1.4	—	1.0

续表

性质	D2 柴油	生物柴油	汽油
低热值/($MJ\cdot kg^{-1}$)	43.05	38.39	43.05
动力黏度/cP①	40 (20 ℃)	3.5 (37.8 ℃)	3.4 (20 ℃)
15.6 ℃时相对密度	0.86	0.880	0.750
密度/($g\cdot ml^{-1}$)	0.848	0.878	0.747

注：①1 cP = 10^{-3} Pa · s。

5.6 发动机新型燃烧方式

为了摆脱车用发动机所面临的“生存危机”，发动机工程界正努力开发新型超低排放节能型的车用发动机。由于传统发动机很难同时达到汽车法规的低排放、低能耗要求，因此近年来对传统发动机的改良技术纷纷涌现，其中最具代表性的有两种技术：均质充量压燃（Homogeneous Charge Compression Ignition，HCCI）技术和汽油直喷（Gasoline Direct Injection，GDI）技术。

5.6.1 均质充量压燃（HCCI）技术

近年来，随着电控技术的发展和柴油机自身的设计改进，机内机外净化措施已经极大地改善了柴油机的排放水平。但是，由于柴油机不均匀油气混合气的压缩自燃方式很难从根本上减少碳氢燃油脱氢碳化而生成的碳烟微粒，且降低其 NO_x 排放的措施往往与降低微粒排放和燃油消耗相矛盾，因此在工程实践中不得不局限于寻求最佳折中值。在现有的燃烧方式和使用燃料的情况下，这种折中也是有一定限度的。

均质充量压燃作为一种新型燃烧方式，近年来引起了人们广泛的重视和研究。它具有均质、压燃、低温燃烧等特点，用预混合燃烧代替传统柴油机的扩散燃烧，能同时解决 NO_x 和微粒排放的问题，满足日益严格的排放法规。

1989 年，Thring 用一台楔形燃烧室、压缩比为 8∶1、预混、汽油混合物温度 366.85 ℃、EGR 为 13% ~ 33% 的 CFR（Cooperative Lubricant Research）发动机测出了允许的运行参数，并提出了 HCCI 这一描述此种燃烧过程的名词。

美国西南研究院最先在柴油机上开展“预混稀燃”研究。由于意识到 HCCI 在解决 NO_x 和微粒排放方面的巨大潜力，国内外研究人员都做了大量的相关研究。2001 年，我国决定把“新一代发动机燃烧理论及石油燃料替代途径的基础研究”列为国家重点基础研究发展计划（973 计划）项目之一。

1. HCCI 原理简介

一般来说，HCCI 采用稀薄均匀混合气多点同时着火及分布燃烧的方式，燃烧持续时间短。由于该方式是在多处同时开始燃烧，因此没有明显的火焰前锋面，避免了局部高温区域。在 HCCI 中，燃料和空气的混合物在着火前已经在缸内充分混合，它的燃烧速率依赖于化学反应速率。

传统柴油机传统燃烧与 HCCI 的比较如图 5-14 所示。从图中可以看出，HCCI 并没有传统燃烧那样的明显火焰传播，其燃烧是多点同时进行，火焰颜色较暗。

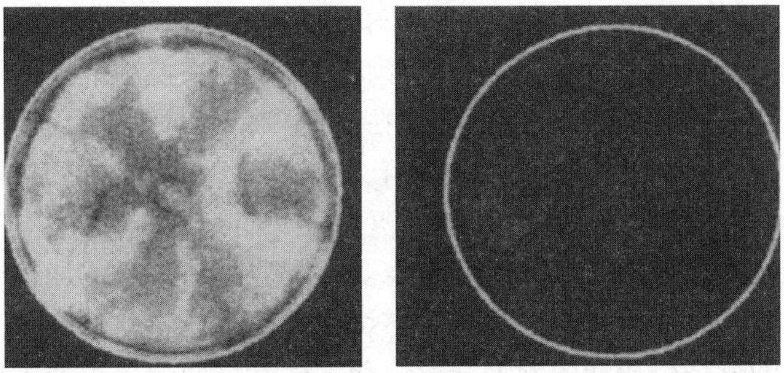

（a）　　　　　　　　（b）

图 5-14　柴油机传统燃烧和 HCCI 的比较

（a）传统燃烧；（b）HCCI

近年来，通过大量对 HCCI 的燃烧机理的研究，人们发现 HCCI 燃烧过程是被局部的化学反应速率所控制的。在 HCCI 燃烧中，迅速形成多点自燃点火而不是传统的单点火焰扩散燃烧。因为化学反应动力学对温度十分敏感，所以气缸内很小的温度差异也会对燃烧产生巨大影响，这使点火之前的热传递和混合很重要。

在某种程度上，HCCI 综合了汽油机的火花塞点火和柴油机压缩点火的两大优势。既可以像火花塞点火发动机一样，使油气混合得很好、微粒排放减到最少，又可以像柴油机采用压燃方式一样，避免节流损失并提高机械效率。

如何在较大的速度和负荷范围内实现发动机 HCCI 的燃烧方式，是当前所面临的最大障碍。虽然 HCCI 发动机在中低负荷下运行得很好，但在高负荷时会遇到一些困难，如燃烧过程变得异常迅速并引起强烈的噪声，对发动机产生潜在性损害，排放恶化等。比较理想的状况是发动机应该采用双模燃烧的 HCCI 系统。发动机冷起动时，采用传统燃烧模式；在怠速或中低负荷下运行时时，采用 HCCI 燃烧模式；在高负荷下工作时，再次转变到传统燃烧模式下工作。研究结果表明，HCCI 技术具有广阔的发展前景，可以被广泛应用于运输领域中，小到摩托车发动机，大到船舶推进发动机都可以使用。HCCI 能够在有限范围内使速度和负荷达到最佳化，而传统的燃烧模式则不能。因此，HCCI 可以很好地应用于无级变速汽车，这对将来汽车工业的发展方向具有指导意义。

2. HCCI 应用现状

虽然 HCCI 技术已被提出很多年，全世界范围都将其作为热点研究，但仍然有许多技术问题需要解决，离商业化还有一定的距离。

1）MK 燃烧系统

MK（Modulated Kinetics）燃烧系统是 NISSAN 公司提出来的，该系统以低温、预混合燃烧为特征，是可以同时降低柴油机 NO_x 和微粒排放的燃烧系统，主要特点如下。

（1）通过 EGR 降低缸内氧气浓度和混合气温度，实现低温燃烧。

（2）通过推迟燃油喷射时刻延长滞燃期，使燃料和空气有足够的时间充分混合。

（3）燃烧室采用了无挤流口的 W 形状，改善了燃料的空间分布，使燃料和空气可以快速混合形成均质混合气。

（4）采用大的涡流比抑制了 HC 和可溶性有机物成分（SOF）排放的增加。

与稀薄预混合不同，HCCI 的目标是直至开始着火前，尽可能使燃料分布在氧分子周围。因此，这种预混合燃烧要依靠燃烧室的形状和涡流比来控制气体的流动，以此来促进燃料的分散，而且要在滞燃期中结束喷油。在实现 MK 燃烧时，因为大幅度延迟喷油定时，所以燃烧开始时间通常比较晚，燃烧率上升极低，故气缸内压力升高率低，燃烧噪声低。

另外，初期燃烧虽然缓慢，但其后期燃烧变得剧烈起来，在燃烧持续期内和通常的直喷柴油机燃烧大致相同。而且，MK 燃烧的燃烧率曲线形状与通常的直喷式柴油机不同。通常直喷式柴油机的燃烧由初期的预混合燃烧和扩散燃烧两部分组成，而 MK 燃烧全部是预混合燃烧。

2）UNIBUS 燃烧系统

UNIBUS 是丰田公司开发的燃烧系统，该系统使燃料和空气在燃烧室中充分混合，在着火前，混合气部分被氧化，发生冷焰反应（不是发生热裂解），形成支链状中间产物，随后的主燃烧过程能被合理地控制，这样可以同时减少 NO_x 和碳烟排放。

UNIBUS 燃烧系统采取了如下的技术措施。

（1）增大喷油提前角，以改善燃油的空间分布。

（2）采用蓄压式喷油器，喷油压力维持在可以雾化的最低值，燃油经由大直径的喷嘴喷入压力很低的缸内空间。

（3）使用中空锥形喷雾以缩短喷雾贯穿距离。由于射流的贯穿度小，因此完全避免了燃油撞击到缸壁上。为降低射流速度，喷嘴的末端有一射流导向凸缘，如图 5-15 所示。燃油得到了一定的雾化，并在最短的持续期内喷入气缸，以便快速形成混合气，防止压缩过程中燃油分解。

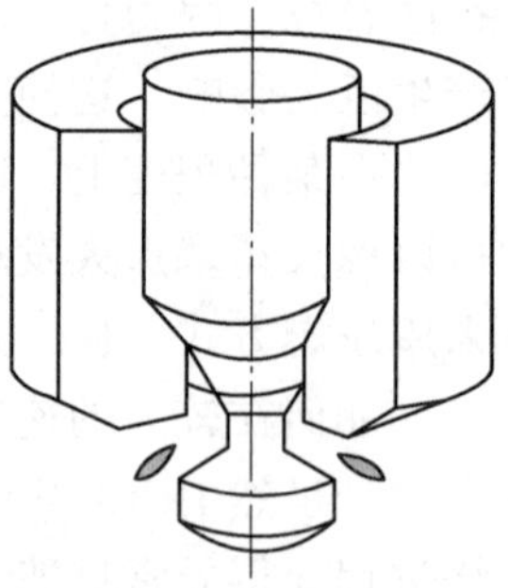

图 5-15　喷嘴结构

（4）为控制着火时刻和燃烧速度，使主燃时刻发生在 TDC（Top Dead Center，上止点）附近，使用了大 EGR（Exhaust Gas Recycle，废气再循环）率技术。

3）PREDIC 和 MULDIC 燃烧系统

PREDIC 燃烧系统是日本 NEWACE 研究所提出的。该系统采用早的燃油喷射定时，具有很低的 NO_x 排放，但由于过早的燃油喷射，使许多的燃油撞击到缸壁上，导致 HC 排放和燃油消耗率上升，同时很难对压燃着火时刻进行控制。

PREDIC 燃烧系统采用了两个呈对角布置喷油器的射流碰撞系统，如图 5-16（a）所示。两个喷油器的射流在气缸中央相互碰撞，形成可燃混合物，通过控制每个喷油器的喷射定时来控制可燃混合气形成的空间位置。

由于 PREDIC 燃烧受到运行工况的限制，具有局限性，因此 NEWACE 研究所在 PREDIC 燃烧系统的基础上，又提出了 MULDIC 燃烧系统。该系统加装了一个中央喷油器，如图 5-16（b）所示，燃料分 2 个阶段喷入气缸。第一阶段是由位于气缸两侧的 2 个喷油器在 150°BTDC（Before Top Dead Center，上止点前）时将燃料喷入燃烧室的中央区域，形成均质预混合气，进行预混合燃烧；第二阶段是在压缩过程后期的预混合燃烧过程中，由中央喷油器将燃料喷入，进行扩散燃烧。第一阶段喷射压力是 120 MPa，第二阶段喷射压力是 250 MPa。为了降低 HC 和 CO 排放，MULDIC 燃烧系统改进了喷嘴，缩短了喷油束最大贯穿距离以避免油束撞壁现象，且在第一道活塞环上增加了一道顶环以减少环岸狭缝容积。此外，MULDIC 燃烧系统还采用了废气再循环技术，以控制燃烧速度。

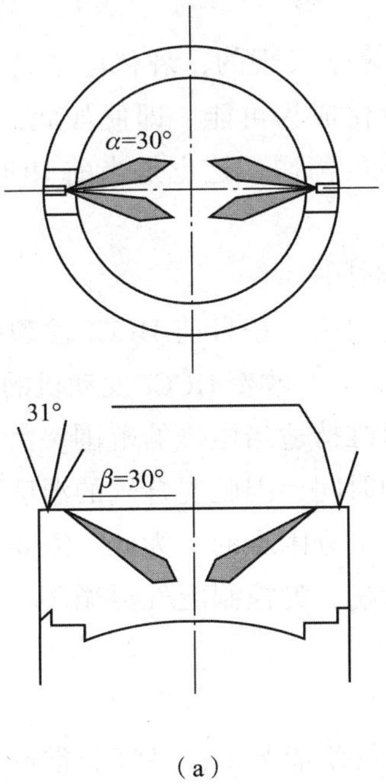

图 5-16 PREDIC 和 MULDIC 的油束位置

4）PCI 燃烧系统

PCI 燃烧系统由日本三菱发动机公司提出，可以实现高效、低排放的稀薄燃烧。该系统的主要技术特点是使用了射流碰撞式喷嘴，如图 5-17 所示，这种喷嘴能降低燃油喷射的贯穿度，防止油束附在气缸壁和燃烧室壁上，改善了燃油的空间分布，提高了喷油速率，使 NO_x 和碳烟排放明显降低。

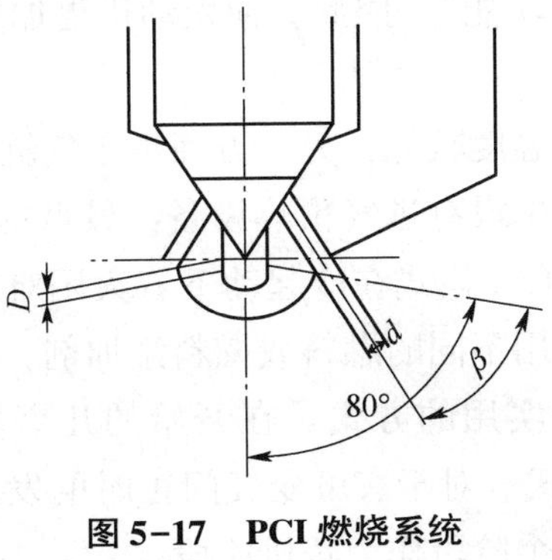

图 5-17 PCI 燃烧系统

PCI 燃烧系统采用了降低柴油机压缩比的措施，再加上着火时刻发生在 BTDC，因而使柴油机燃油经济性有轻微的恶化；同时由于气缸壁面、燃烧室壁面冷激效应和缝隙的狭隙效应，使 HC 排放有所增加。为此，该系统使用后期催化氧化处理的措施，来减少 HC 排放。为使 PCI 燃烧区域扩大到全负荷的工况，该系统还使用了进气增压和废气再循环技术。PCI 燃烧是一种稀混合气燃烧，在整个燃烧室中都不伴随有辉焰产生，可以实现很低的 NO_x 和碳烟排放。

3. HCCI 技术面临的挑战

HCCI 是通过控制温度、压力和油气混合程度来实现的，现代电子技术的发展为实现这些控制提供了保证，从而使 HCCI 发动机商业化成为可能。即便如此，要将 HCCI 技术广泛用于大型交通工具上，仍需克服一些技术上的障碍，这也是当前 HCCI 技术所面临的最大挑战，主要表现在以下四方面。

1）控制速度和负荷在大范围内变化的点火时间

减小 HCCI 发动机受速度和负荷工作范围的约束，是目前 HCCI 发动机所面临的最大的障碍。HCCI 点火是由混合气浓度和温度所决定的。改变 HCCI 发动机的输出功率需要改变混合气中的油气比，同时温度要被调整到可以维持适当燃烧的范围。由于改变发动机转速就等于改变与活塞运动相关的自燃化学反应的时间，因此混合气的温度要随之得到补偿性调整，而要在瞬态情况下解决这些控制问题是十分困难的。为此，需要采用一些新的控制方法来降低由于速度和负荷的改变所带来的影响，如控制废气再循环、可变压缩比、可变气门正时等。

2）扩大高负荷工作范围

虽然 HCCI 在中低负荷下运行良好，但在高负荷情况下，燃烧非常迅速和强烈，从而会引起较大的燃烧噪声，同时使排放急剧恶化。初步研究表明，若要实现高负荷下的正常工作，则必须采用燃料的分层吸入以延长热量释放过程。目前，通过采用一些技术可以实现分层效应，如改变气缸内燃料喷射形式、向缸内喷射水、改变缸内混合气形成过程来获得非均匀的燃料等。

因为高负荷下实现 HCCI 比较困难，所以在高负荷下通常要转换到传统的 SI（Spark Ignition，点燃）或 CI（Compress Ignition，压燃）燃烧模式。双模式燃烧虽然发挥了 HCCI 的优势，但由于引入了“转换功能”，因此会使发动机更加复杂。

3）提高冷起动能力

在冷起动时，一方面缸内温度较低，另一方面由于气缸壁的快速传热作用，使缸内压缩终了时混合气温度较低。如果没有进气预热设备，较低的压缩气体温度会使 HCCI 发动机起动困难。因此，为解决 HCCI 模式在冷起动下着火困难的问题，人们采用了各种技术措施。例如，使用预热塞，采用不同的燃料或燃料添加剂，使用可变压缩比或可变气门正时来增加压缩比等。其中，最实用的方式是在开始的几个循环中用火花塞点火，进行暖机，而后转变为 HCCI 工作模式。对于有可变气门正时的发动机，同样可以在开始的几个循环中用火花塞点火，并把这个阶段作为暖机阶段。

4）控制碳氢化合物和一氧化碳排放

采用 HCCI 燃烧模式的发动机的 NO_x 和微粒的排放较低，但 HC 和 CO 的排放相对较高。通过采用燃料缸内直喷方式，使进入气缸内的燃料部分层化，可以减少中低负荷下 HC 和 CO 的排放。虽然控制 HC 和 CO 排放的催化转换技术已被广泛应用于汽车之上，且已成为汽车的标准配置，但 HCCI 发动机较低的排气温度使催化剂起燃困难。为此，需要开发出能在低温排气情况下起燃的氧化催化剂。

5.6.2　分层燃烧和汽油直喷（GDI）技术

1. 分层燃烧

一般来说，汽油机采用的工质是较浓、空燃比变化在非常狭窄的范围内（12.6～17）的均质混合气。这样的燃烧系统具有以下缺点。

（1）汽油机功率变化时，混合气浓度必须在着火界限内，使空燃比不可能变化很大，这就导致汽油机功率不可能用变质调节，而只能用进气管节流的变量调节。由于节流引起较大的泵吸损失，因此会造成汽油机低负荷的经济性较差。

（2）较浓的混合气要比较稀的混合气容易引起爆震。

（3）汽油机始终以着火界限内的混合比工作，使热效率低，如果能以稀混合气工作，可提高循环的热效率。与化学计量比 14.8 比较，如分别采用空燃比 20 和 27 工作，发动机的热效率将相应提高 8% 和 12%。

（4）排气污染严重。汽油机排气中的有害成分（CO、HC、NO_x）的质量与混合气的浓度有密切关系。一般汽油机所使用的混合比范围正是排放高的范围。如果汽油机能以稀的混合气工作，特别是空燃比超过 23 时能正常工作，就可以达到很低的排放水平。

燃用已进入一般汽油机失火范围的过稀混合气的主要困难是难以形成火核。虽然采用大能量点火，可以点燃较稀的混合气，但混合气也不能过稀。当混合气过稀时，大能量的电火花虽可点火，出现火核，但在微小体积内的燃料量太小，产生热量过少，不足以聚集来形成火焰而传播，从而会导致失火。但是，只要一旦形成火焰，在火焰传播过程中，即使是相当稀的混合气，还是能够正常燃烧。

所谓的分层燃烧系统是为了合理组织燃烧室内的混合气分布，即在火花间隙周围局部形成具有良好着火条件的较浓混合气，而在燃烧室的大部分区域是较稀的混合气，且为了有利于火焰传播，混合气浓度从火花塞开始由浓到稀逐步过渡。实现汽油机分层燃烧可分成两大类，即进气道喷射的分层燃烧方式和缸内直喷分层燃烧方式。

1）进气道喷射的分层燃烧方式

（1）轴向分层燃烧系统。轴向分层燃烧系统利用强烈的进气涡流和进气过程后期进气道喷射，使利于火花点火的较浓混合气留在气缸上部靠近火花塞处，气缸下部为稀混合气，形成轴向分层，如图 5-18 所示，它可以在空燃比为 22 的条件下工作，燃油消耗率可比均燃降低 12%。

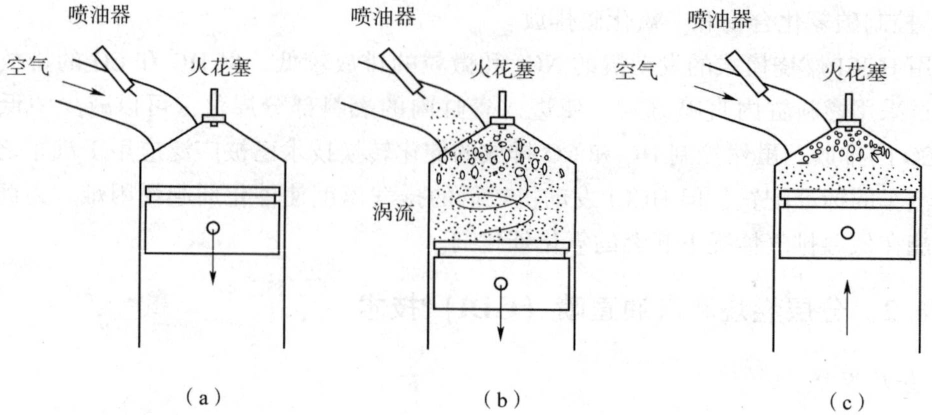

图 5-18　轴向分层燃烧系统

（a）轴向分层燃烧进气阶段；（b）轴向分层燃烧混合阶段；（c）轴向分层燃烧压缩阶段

（2）横向分层燃烧系统。横向分层燃烧系统是利用滚流来实现的，如图 5-19 所示。一个进气道喷射的汽油生产浓混合气，浓混合气在滚流的引导下经过设置在汽缸中央的火花塞，这部分浓混合气两侧为纯空气，活塞顶作出有助于生成滚流的曲面。此燃烧系统经济性比常规汽油机的燃烧系统提高 6% ~8%，NO_x 排放量（体积分数）下降 80%。

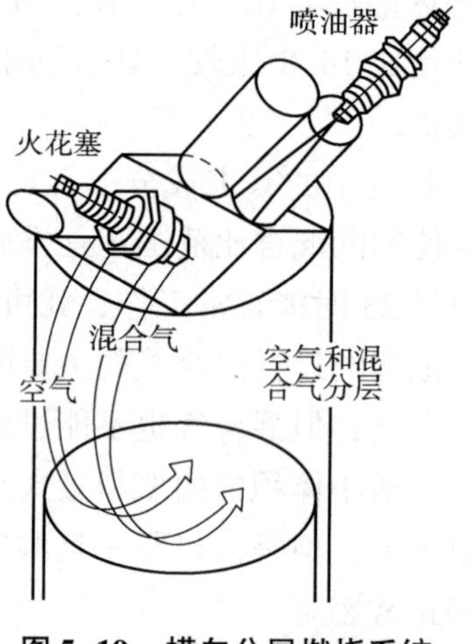

图 5-19　横向分层燃烧系统

2）缸内直喷分层燃烧方式

缸内直喷燃烧系统采用汽油直喷（GDI）技术，可实现均质混合气燃烧、分层混合气燃烧以及均质混合气压燃燃烧。下面主要介绍缸内直喷分层混合气燃烧系统。

缸内直喷分层混合气燃烧系统主要依靠由火花塞处向外扩展的由浓到稀的混合气，目前实现方法有 3 种，即借助于燃烧室形状的壁面引导方式、依靠气流运动的气流引导方式和依靠燃油喷雾的喷雾控制方式。

GDI 发动机具有以下优点：

（1）燃油经济性提高，部分负荷经济性改善可达 30% ~50%（一般为 20%），并可相应降低 CO_2 排放；

（2）由于燃油直接喷射到缸内，因此可改善发动机瞬态响应；

(3) 起动时间短;

(4) 改善冷起动 HC 排放。

GDI 发动机燃油经济性能够得到改善的主要原因如下:

(1) 混合气采用变质调节，无节气门装置，泵气损失降低;

(2) 部分负荷使用稀混合气，混合气等熵指数 K 增加;

(3) 燃油缸内早期喷射，燃油蒸发吸热使进气温度下降，充量系数提高;

(4) 燃油蒸发使末端混合气浓度降低，许用压缩比提高;

(5) 分层混合气燃烧，外围空气起到隔热层作用，壁面传热损失降低。

然而，GDI 发动机存在以下问题和困难，需要进一步改进。

(1) 难以在所要求的转速范围内使燃烧室内混合气实现理想的分层。分层燃烧对燃油蒸气在缸内的分布要求很高，喷油时刻、点火时刻、空气运动、喷雾特性和燃烧室形状配合必须控制得十分严格，否则很容易发生燃烧不稳定和失火。

(2) 喷油器内置于气缸内，喷孔自洁能力差，容易结垢，影响喷雾特性和喷油量。

(3) 低负荷时 HC 排放高，高负荷时 NO_x 排放高，有碳烟生成。

(4) 部分负荷时，混合气稀于理论空燃比，三元催化转化器转化效率下降，需采用选择性催化转化 NO_x。

(5) 气缸和燃油系统磨损增加。

2. 典型缸内直喷燃烧系统简介

(1) 缸内直喷轴向分层燃烧系统

在这种燃烧系统中，由进气形成较强的进气涡流，燃油是在进气行程的后期通过喷油器直接喷入气缸，从而在气缸上部形成易于点燃的浓混合气，由上至下形成由浓到稀的分层混合气。研究表明这种分层状态可一直维持到压缩行程的末期。

(2) 三菱缸内直喷分层充量燃烧系统

三菱缸内直喷分层充量燃烧系统（见图 5-20）是采用纵向直进气道在缸内形成强烈的滚流，其滚流旋转方向为顺时针，与通常的缸内滚流方向正好相反，故称之为反向滚流。燃烧室为半球屋顶形，借助于滚流运动在火花塞周围形成浓混合气，火花塞至燃烧室空间形成由浓至稀的混合气分层现象。采用电磁式旋流喷油器，喷雾呈中空的伞状，喷雾

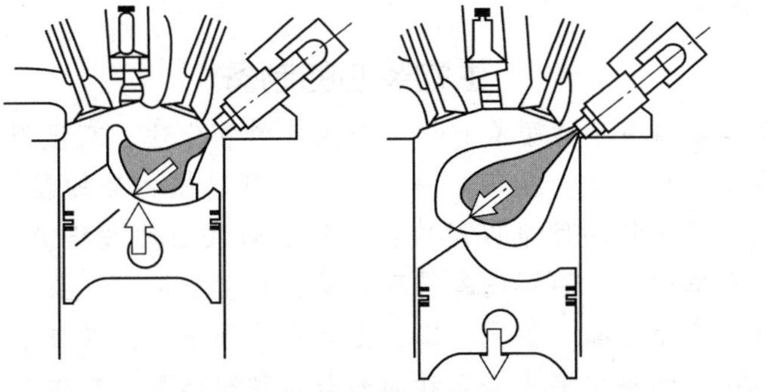

(a)　　　　(b)

图 5-20　三菱缸内直喷分层充量燃烧系统

(a) 晚喷; (b) 早喷

锥角大（70°～80°）以保证充分的空间分布和油束扩散，贯穿距离短以减少燃油碰撞活塞顶面，喷射压力 5 MPa 保证良好的燃油雾化。此燃烧系统在部分负荷时采用分层混合气燃烧以提高燃油经济性，全负荷时采用均质混合气以保证功率输出。

在部分负荷时，燃油在进气行程后期喷向半球形的活塞凹坑。喷到凹坑的燃油向火花塞方向运动，在缸内滚流的帮助下，在火花塞附近形成浓混合气。燃烧室内整体为较稀的分层混合气，稳定运转时的空燃比可达 40，燃油消耗率大幅度降低。

在高负荷时，燃油在进气行程的早期喷入气缸，形成化学计量比或稍浓的均质混合气。油束不接触活塞顶面，燃油的蒸发将使缸内充量温度下降，充量系数提高，所需辛烷值下降，压缩比可达 12∶1，同时采用 EGR 降低 NO_x 排放。

3. 丰田缸内直喷分层充量燃烧系统

丰田汽车公司开发的 D-4 缸内直喷汽油机（见图 5-21）通过涡流、燃油喷雾和活塞顶面燃烧室凹坑的共同作用形成分层混合气。

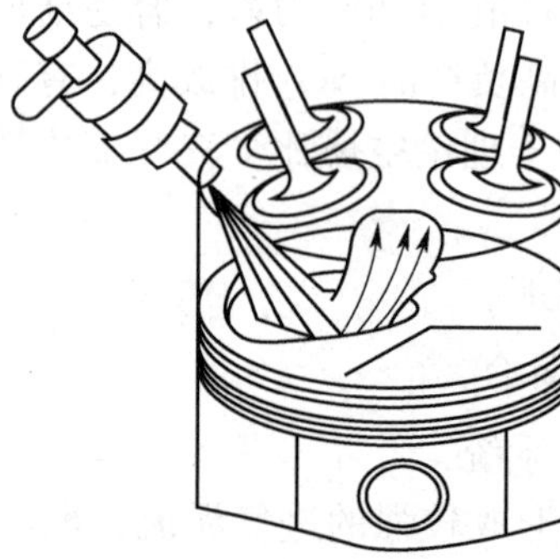

图 5-21　丰田汽油直喷燃烧系统

早期的喷油器也采用旋流式喷油器，后来采用斜巢喷孔式的喷油器，这种喷油器利用其特有的喷雾特性，巧妙地控制了混合气的形成。在进气侧安装的喷油器面向活塞顶面凹坑喷射出贯穿力强、形状扁平的高压喷雾，利用喷雾自身具备的强的动量完成燃料的输运。喷雾呈扇形，与空气接触面积大，能充分保证均质混合气燃烧时燃料与空气的混合。

知识链接

生物柴油的制备

目前，生物柴油制备方法主要有直接混合法、微乳化法、高温裂解法和酯交换法。其中，前两种方法属于物理方法，虽简单易行，能降低动植物油的黏度，但十六烷值不高，燃烧中积炭及润滑油污染等问题难以解决；高温裂解法虽然过程简单，没有污染物产生，但在高温下进行需要催化剂，裂解设备昂贵，反应程度难控制，且高温裂解法主要产品是生物汽油，生物柴油产量不高。因此，工业上生产生物柴油主要方法是酯交换法。

在酯交换反应中，油料主要成分三甘油酯与各种短链醇，在催化剂作用下发生酯交换反应得到脂肪酸甲酯和甘油。可用于酯交换的醇包括甲醇、乙醇、丙醇、丁醇和戊醇，其中最常用的是甲醇，因为其价格较低，碳链短，极性强，能够很快与脂肪酸甘油酯发生反应，且碱性催化剂易溶于甲醇。酯交换反应是可逆反应，过量的醇可使平衡向生成产物的方向移动，所以醇的实际用量远大于其化学计量比。

酯交换反应所使用的催化剂可以是碱、酸或酶催化剂等，这些催化剂可加快反应速率以提高产率。酯交换反应由一系列串联反应组成，三甘油酯分步转变成二甘油酯、单甘油酯，最后转变成甘油，每一步反应均产生一个酯。酯交换法包括酸催化、碱催化、生物酶催化和超临界酯交换法等。

1. 酸催化法

酸催化法用到的催化剂为酸性催化剂，主要有硫酸、盐酸和磷酸等。在酸催化法条件下，游离脂肪酸会发生酯化反应，且酯化反应速率要远快于酯交换速率，因此该法适用于游离脂肪酸和水分含量高的油脂制备生物柴油，其产率高，但反应温度和压力高，甲醇用量大，反应速度慢，反应设备需要不锈钢材料。工业上酸催化法受到的关注程度远小于碱催化法。

2. 碱催化法

碱催化法采用的催化剂为碱性催化剂，一般为NaOH、KOH、NaOMe、KOMe、有机胺等。在无水情况下，碱性催化剂的酯交换活性通常比酸性催化剂高。传统的生产过程是采用在甲醇中溶解度较大的碱金属氢氧化物作为均相催化剂，它们的催化活性与其碱度相关。

3. 生物酶催化法

近年来，人们开始关注酶催化法制备生物柴油的技术，即用脂肪酶催化动植物油脂与低碳醇间的酯化反应，生成相应的脂肪酸酯。脂肪酶来源广泛，具有选择性、底物与功能团专一性，在非水相中能发生催化水解、酯合成、转酯化等多种反应，且反应条件温和，不需要辅助因子。利用脂肪酶还能进一步合成其他一些高价值的产品，包括可生物降解的润滑剂以及用于燃料和润滑剂的添加剂，这些优点使脂肪酶成为生物柴油生产中一种适宜催化剂。用于合成生物柴油的脂肪酶主要有酵母脂肪酶、根霉脂肪酶、毛霉脂肪酶、猪胰脂肪酶等。酶催化法合成生物柴油的工艺包括间歇式酶催化酯交换和连续式酶催化酯交换。

4. 超临界酯交换法

超临界酯交换法是近年来才发展起来的生物柴油制备方法，是指在超临界流体参与下进行酯交换反应。在反应中，超临界流体既可作为反应介质，也可直接参加反应。超临界效应能影响反应混合物在超临界流体中的溶解度、传质和反应动力学，从而提供了一种控制产率、选择性和反应产物回收的方法。若把超临界流体用作反应介质时，它的物理化学性质，如密度、黏度、扩散系数、介电常数以及化学平衡和反应速率常数等，常能通过改变操作条件进行调节。充分运用超临界流体的特点，可使传统的气相或液相反应转变成一种全新的化学过程，而大大提高其效率。

小 结

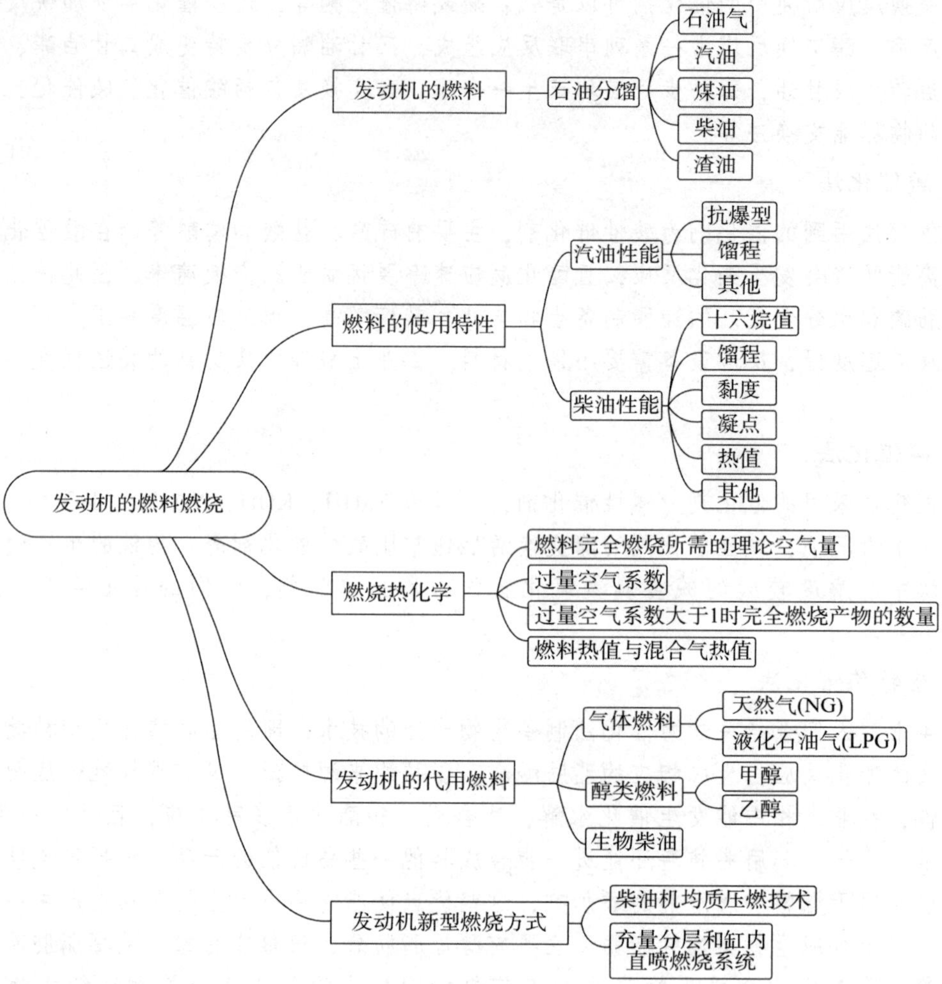

复习题

一、名词解释

1. 着火延迟
2. 过量空气系数
3. 空燃比
4. 着火方式

二、填空题

1. 汽油和柴油的牌号分别根据________和________来确定。

2. 表示汽油抗爆性的指标是________。

3. 对于缸外形成混合气的汽油机，其负荷调节方式是通过改变节气门开度大小来控制进入气缸内的混合气质量，这种负荷调节方式称为______。

4. 柴油机负荷调节方式是通过改变进入气缸的燃油质量来控制混合气的浓度，这种负荷调节方式称为________。

5. 实现汽油机分层燃烧分为两类，分别是__________和__________。

三、选择题

1. 以下燃料中，已经作为汽车燃料得到实际使用的是（　　）。

A. 二甲醚　　B. 乙醇　　C. 氢气　　D. 水煤浆

2. 汽油的辛烷值反映其（　　）。

A. 着火性能　　B. 抗爆性能　　C. 安全性能　　D. 点火性能

3. 评价柴油自燃性的指标是（　　）。

A. 十六烷值　　B. 黏度　　C. 馏程　　D. 凝点

4. −20 号柴油适用的最低温度是（　　）。

A. 20 ℃　　B. 15 ℃　　C. −20 ℃　　D. −15 ℃

5. 1 kg 燃料完全燃烧所放出的热量称为燃料的（　　）。

A. 放热率　　B. 高热值　　C. 低热值　　D. 热值

四、简答题

1. 燃料的燃烧热值与混合气热值有何不同？

2. 简述燃料的着火机理。

3. 为什么说柴油机的着火过程是低温多阶段着火？汽油机的着火过程是高温单阶段着火？

4. 往复式发动机中，有几种燃烧的运行方式？各有什么优缺点？

第 6 章 燃烧过程及混合气形成

知识目标

通过对本章的学习，学生应能分析正常燃烧的各个过程，掌握火焰传播速度及其影响因素，掌握不同工况下燃烧过程的特点。

情景导入

2020 年 11 月 2 日，“中国心”2020 年度十佳发动机获奖名单公布。其中，DFMC15 TDR 发动机包括动力版和高效版两款机型，搭载高效抗爆震快速燃烧系统、深度降摩擦技术和智能高效热管理系统，三大技术集群包含多达 150 项核心技术。据国家汽车质量监督检测中心认证，DFMC15 TDR 动力版最大功率为 150 kW、峰值扭矩为 320 N · m。经中汽研认证，DFMC15TDR 高效版的热效率高达 41.07%，是目前国内首款热效率超过 41% 的涡轮增压机型。

问题 1：什么是爆震？有什么危害？

回答：爆震是汽油机最主要的一种不正常燃烧现象，常在压缩比较高时出现。爆震时，发动机会产生一种高频金属敲击声，因此也称爆震为敲缸。轻微爆震时，发动机功率上升；严重爆震时，发动机功率下降，转速下降，工作不稳定，机体有较大振动，同时会造成冷却液过热，润滑油温度明显上升。

问题 2：什么是汽油机的缸内直接喷射？

回答：汽油机的缸内直接喷射是指直接往气缸内喷射汽油。这样，在空燃比很稀时，可在接近点火时刻才开始喷油，即压缩过程后期喷油，使火花塞周围的浓混合气来不及变稀就被点燃。

关键点一：正常燃烧过程

汽油机的正常燃烧过程是由定时的火花点火开始，且火焰前锋面以一定的正常速度传遍整个燃烧室的过程。

关键点二：不正常燃烧过程

汽油机的不正常燃烧过程是指因设计或控制不当，汽油机偏离正常点火的时间及地点，由此引起燃烧速率急剧上升，压力急剧增大等异常燃烧过程。不正常燃烧可分为爆震和表面点火两类。

6.1 实际发动机的燃烧过程及放热规律

燃烧过程对发动机动力性、经济性和排放特性等主要特性有重大影响。本节基于示功图和燃烧放热规律，对汽油机和柴油机的燃烧过程进行介绍和分析，并对两者的燃烧过程特征进行对比分析。

6.1.1 汽油机燃烧过程

研究燃烧过程的方法很多，但简单易行且经常使用的方法是测取示功图，它反映了燃烧过程的综合效应。汽油机典型的示功图如图 6-1 所示，图中实线表示点火后气缸压力变化的情况，虚线表示不点火时的情况。为分析方便，按其压力变化特点，一般将汽油机燃烧过程分为 3 个阶段，分别为着火落后期、明显燃烧期、后燃期。

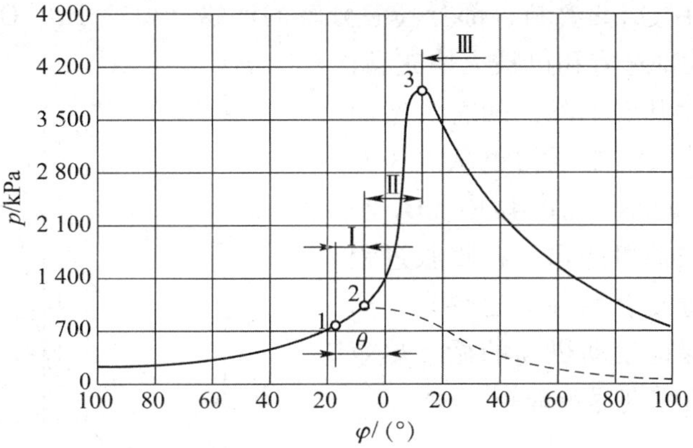

图 6-1 汽油机典型的示功图

1） 着火落后期

着火落后期是指从火花塞点火到火焰核心形成的阶段（图 6-1 中Ⅰ段），即从火花塞点火的点 1 到气缸压力线脱离压缩线（虚线）的点 2 的时间或曲轴转角，这段时间约占整个燃烧时间的 15%。

若能保证汽油机正常工作，则着火落后期的长短对汽油机性能影响不大。这一点与柴油机不同，因为汽油机性能主要取决于何时着火而不是何时点火。影响着火落后期长短的因素有过量空气系数（φ_a =0.8～0.9 时最短）、开始点火时气缸内温度和压力（取决于压缩比）、火花能量大小、残余废气量、气缸内混合气的运动等。着火延迟期的长短，每一循环都有变动。显然，为了提高发动机效率，着火落后期须尽量缩短；为了发动机能运转稳定，着火落后期应保持稳定。

2） 明显燃烧期

明显燃烧期是指火焰核心形成开始到出现最高爆发压力为止的阶段（图 6-1 中Ⅱ

段），即气缸压力线脱离纯压缩线开始急剧上升（图 6-1 中点 2），到压力最高点（图 6-1 中点 3）为止。明显燃烧期是汽油机内燃料燃烧的主要时期。在此阶段内，火焰前锋面从火焰核心开始层层向未燃混合气传播，燃遍整个燃烧室。由于绝大部分混合气（约 90%）在这一阶段燃烧完毕，且此时活塞又靠近上止点，因此常用压力升高率代表发动机工作粗暴度和等容度，即

$$\frac{\Delta p}{\Delta \varphi}=\frac{p_3-p_2}{\varphi_3-\varphi_2} \tag{6-1}$$

式中：p_2、p_3——明显燃烧期终点与起点的气体压力，MPa；

φ_2、φ_3——明显燃烧期终点与起点的曲轴转角，°。

压力升高率是表征发动机燃烧等容度和粗暴度的指标。压力升高率越高，则燃烧等容度越高，这对动力性和经济性是有益的，但会使燃烧噪声及振动增加，同时也是 NO_x 排放增高的重要原因。

3）后燃期

后燃期是指从最高爆发压力出现开始到燃料基本完全燃烧为止（图 6-1 中 3 点以后）。在此阶段，参加燃烧的燃料主要有明显燃烧期火焰前锋面过后未来得及燃烧的燃料、吸附在气缸壁上未燃混合气层的燃料、部分高温分解的产物（CO、H_2、O_2 等）。图 6-1 中的点 3 表示燃烧室绝大部分容积已被火焰充满，混合气燃烧速度自此开始下降；随着活塞向下止点加速运动，使气缸中压力也从点 3 开始下降。此外，汽油机燃烧产物中 CO_2 和 H_2O 的离解现象比柴油机严重，在膨胀过程中温度下降后又部分复合而释放出热量，通常也看作后燃。为保证发动机高的循环热效率和循环功，应使后燃期尽可能短。

6.1.2 柴油机燃烧过程

柴油机的燃烧过程要比汽油机复杂得多，往往要同时借助于实测的示功图和燃烧放热率曲线进行分析。

如图 6-2 所示，柴油机的燃烧过程可分为 4 个时期，即着火落后期、速燃期、缓燃期和后燃期（分别对应图 6-2 中 1、2、3、4 阶段）。

1）着火落后期

着火落后期又称滞燃期（图 6-2 中的 1 段），即从燃油开始喷入燃烧室内（点 A）至由于开始燃烧而引起压力升高，使压力线明显脱离压缩线开始急剧上升（点 B）的时期。

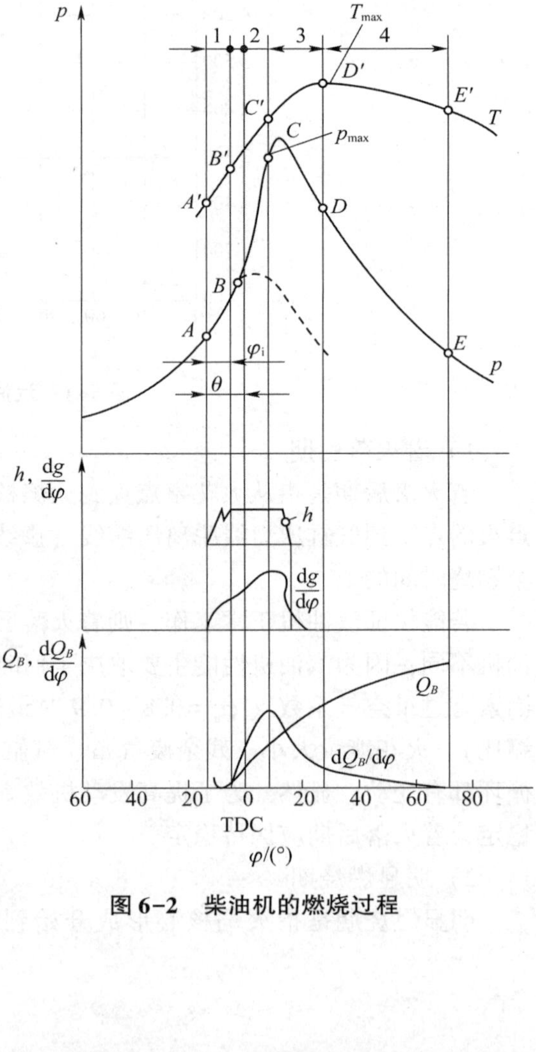

图 6-2 柴油机的燃烧过程

随压缩过程的进行，缸内空气压力和温度不断升高，在上止点附近气体温度高达600 ℃以上，高于燃料在当时压力下的自燃温度。在点 A 被喷入气缸的柴油，经历一系列复杂的物理化学准备阶段，在空燃比、压力、温度以及流速等条件合适处，多点同时着火；随着着火区域的扩展，缸内压力和温度升高，并脱离压缩线。虽然对于局部而言，物理过程和化学过程是相继进行的，但对于整体而言，物理过程和化学过程是重叠在一起的。

与汽油机相同，实际着火点应该在点 B 之前，用燃烧放热速率曲线或高速摄影等方法可以更精确地判定着火点。如图6-2所示，由于柴油汽化吸热，因此在着火前 $dQ_B/d\varphi$ 曲线出现负值，而一旦开始燃烧放热，$dQ_B/d\varphi$ 曲线很快由负变正。因此，可以取 $dQ_B/d\varphi$ 曲线明显上升前第一个极小值点，或将 $dQ_B/d\varphi=0$ 点作为着火点，这在曲线上比示功图的点 B 更容易判定。

以秒和曲轴转角为单位的着火延迟期，分别用 τ_i 和和 φ_i 表示。一般 τ_i 和 $=0.73$ ms，$\varphi_i=8°\sim12°$。与汽油机不同的是，柴油机着火落后期长短会明显影响滞燃期内喷油量和预制混合气量的多少，从而影响柴油机的燃烧特性、动力经济性、排改特性以及噪声振动，必须精确控制。

2）速燃期

速燃期为图6-2中的2段，即从压力脱离压缩线开始急剧上升（点 B）至达到最大压力（点 C）的时期。由于在着火落后期内做好燃前准备的非均质预混合气多点大面积同时着火，而且是在活塞靠近上止点时气缸容积较小的情况下发生，因此本时期内气体的温度、压力和 $dp/d\varphi$ 都急剧升高，燃烧放热速率 $dp/d\varphi$ 很快达到最高值。

$dp/d\varphi$ 的大小对柴油机性能有至关重要的影响，对于一般柴油机，$dp/d\varphi=0.2\sim0.6$ MPa/(°)；对于直喷式柴油机，$dp/d\varphi=0.4\sim0.6$ MPa/(°)。从提高柴油机动力性和经济性的角度来看，$dp/d\varphi$ 大一些为好，但 $dp/d\varphi$ 过大会使柴油机工作粗暴，噪声明显增加，运动零部件受到过大冲击载荷，寿命缩短；同时，过急的压力升高会导致温度明显升高，使 NO_x 生成量明显增加。为兼顾柴油机运转平稳性，$dp/d\varphi$ 不宜超过0.4 MPa/(°)，而为了抑制 NO_x 的生成，$dp/d\varphi$ 还应更低。

为控制压力升高率，应减少在着火落后期内的可燃混合气的量。可燃混合气的生成量受着火落后期内喷射燃料量、着火落后期的长短、燃料的蒸发速度、空气运动、燃烧室形状和燃料物化特性等多种因素的影响。一般来说，可以从两个方面来考虑：一是缩短着火落后期的时间；二是减少着火落后期内喷入的燃油或可能形成可燃混合气的燃油。

3）缓燃期

缓燃期为图6-2中的3段，即最大压力点（点 C）至最高温度点（点 D）这一时期。一般喷射过程在缓燃期都已结束，随着燃烧过程的进行，空气逐渐减少而燃烧产物不断增多，燃烧的过程也渐趋缓慢。缓燃期的燃烧具有扩散燃烧的特征，混合气形成的速度和质量起着十分重要的作用。在这一时期，采取相应措施使后期喷入的燃油能及时得到足够的空气，尽可能地加速混合气的形成，才能保证迅速而完全的燃烧，从而提高柴油机的经济性和动力性。缓燃期结束时，柴油机燃烧室内的最高温度可达2 000 ℃左右。

一般要求缓燃期不要过长，否则会使放热时间加长，循环热效率下降，即缓燃期不要缓燃，反应越快越好。加快缓燃期燃烧速度的关键是加快混合气的形成速率。由于不可能形成完全均匀的混合气，因此使柴油机必须在过量空气系数大于 1 的条件下工作，保证基本上完全燃烧的最小过量空气系数的大小随燃烧室的不同而异，在分隔室燃烧室中最小可达 1.2 左右。与汽油机相比，柴油机的空气利用率较低，这也是其升功率和比质量的指标较汽油机差的主要原因之一。

4）补燃期

补燃期为图 6-2 中的 4 段，即从最高温度点（点 D）至燃油基本燃烧完（点 E）这一时期。补燃期的终点很难准确地确定，一般当放热量达到循环总放热量的 95% ~99% 时，就可以认为补燃期结束，也是整个燃烧过程的结束。由于燃烧时间短促，混合气又不均匀，因此总有少量燃油拖延到膨胀过程中继续燃烧。特别是在高负荷时，过量空气少，补燃现象比较严重。由于补燃期内的燃烧放热在远离上止点处进行，因此热量不能有效利用，并增加了散热损失，使柴油机经济性下降。此外，补燃还增加了活塞组的热负荷以及使排气温度升高。

因此，应尽量缩短补燃期，减少补燃所占的百分比。由于柴油机燃烧时，总体空气是过量的，只是混合不匀造成局部缺氧，因此加强缸内气体运动，可以加速补燃期的混合气形成和燃烧速度，而且会使碳烟及不完全燃烧成分加速氧化。

6.1.3 合理的燃烧放热规律

柴油机和汽油机均可实测出放热规律，但汽油机放热规律变化不大，对性能的影响也不如柴油机那样多样和明显，所以一般文献资料中讨论柴油机放热规律居多。

1）放热规律三要素

放热规律三要素指的是燃烧放热始点（相位）、放热持续期和放热率曲线的形状。放热始点决定了放热率曲线距压缩上止点的位置，在持续期和放热率曲线形状不变的前提下，也就决定了放热率中心（指放热率曲线包围的面心）距上止点的位置。如前所述，这一因素对循环热效率、压力升高率和燃烧最大压力都有重大影响。

放热持续期的长短，一定程度上是理论循环等压放热预膨胀比 ρ 值大小的反映。显然，这是决定循环热效率的一个极为关键的因素，对有害排放量也有较大的影响。

放热率曲线形状决定了前后放热量的比例，对噪声（$\mathrm{d}p/\mathrm{d}\varphi$）、振动和排放量都有很大的影响。在放热始点和循环喷油量不变的条件下，放热率曲线形状的变化，既影响放热曲线面心的位置，也影响放热持续期的长短，还间接对循环热效率等性能指标产生影响。

放热规律三要素既有各自的特点，又相互关联，对其进行合理选择与控制是极为重要的。

2）理想的燃烧放热规律及其控制

（1）放热始点的要求及控制。

无论汽油机还是柴油机，都希望放热始点的位置能保证最大燃烧压力 $p_{\max}$ 出现在上止点后 10°~15°。为此，汽油机通过改变点火提前角的延迟期长短加以调控。由于各工况的着火落后期不相同，因此每个工况都有其最佳的喷油提前角。

（2）放热持续期的要求及控制。

放热持续期原则上是越短越好。汽油机的放热持续期一般为40°~50°，柴油机的放热持续期一般小于50°~60°。对于汽油机，放热持续期主要取决于火焰传播速度和火花塞到燃烧室最远点的燃烧距离两大因素。其中，火焰传播速度取决于燃料及可燃混合气特性、燃烧室中层流或湍流的气流特性以及残余废气系数等影响燃烧速度的因素；后者则主要取决于燃烧室几何形状、火花塞位置等结构因素。

对于柴油机，放热持续期首先取决于喷油持续角的大小，这是显而易见的，且喷油时间愈长则扩散燃烧期愈长；其次，取决于扩散燃烧期内混合气形成的快慢和完善程度。喷油再快，混合气形成跟不上也不能缩短燃烧时间，混合气形成不完善就会拖延后燃时间。

（3）放热规律曲线形状的影响及控制。

影响放热规律曲线形状的因素比较复杂。为便于定性分析，一般假定4种柴油机简单的放热率图形，如图6-3所示，并据此计算出各自的示功图 a、b、c 和 d 曲线。图中，假定4种放热规律都在上止点开始放热，放热总量相同，持续期均为40°。曲线 a 先快后慢的放热形状初放热多，$\mathrm{d}p/\mathrm{d}\varphi$ 值最大，p_{max} 达8 MPa，指示效率 η_{it} 为52.9%，是4种方案中的最高值。曲线 d 先慢后快的放热形状则相反，放热速率前缓后急，$\mathrm{d}p/\mathrm{d}\varphi$ 和 p_{max} 都最低，η_{it} 也最小，为45.4%，这种形状对降低噪声、振动和 NO_x 排放有明显效果。曲线 b 和 c 则介于二者之间。实际发动机的放热率曲线形状取决于不同的机型、不同的燃烧和混合气形成方式以及对性能的具体要求，在一定条件下，可采取一定措施加以调控。

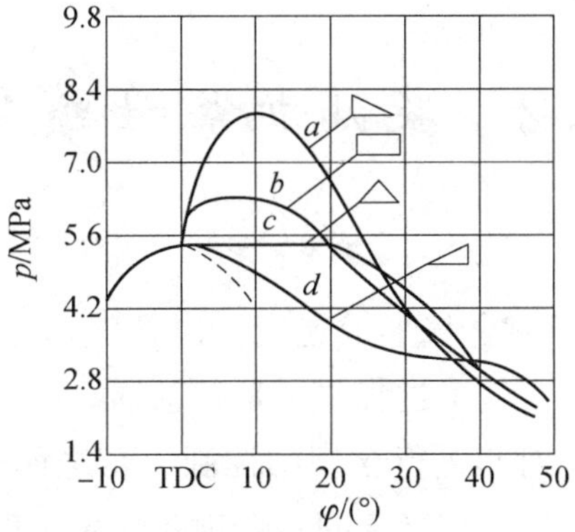

图6-3 放热规律曲线形状对压力变化的影响

汽油机一般具有类似图6-3曲线 d 先慢后快的放热率曲线形状，这是由球状的火焰传播特点所决定的。燃烧初期，燃烧速度、范围、压力、温度都较小，放热率低；燃烧中、后期，火焰前锋面面积扩大，温度和压力也逐渐增高，故放热率加大。汽油机放热率的这一特点决定了它的噪声、振动小，燃烧最大压力低等一系列特性。

直喷式柴油机两阶段燃烧的特点，决定了它的放热率曲线更接近图6-3中曲线 a 的形状，因而噪声、振动大，爆发压力高，同时对 η_{it} 也较有利。为了改进直喷式柴油机放热率曲线所引起的不利影响，应通过喷油、气流、燃烧室的相互协调来加以改变和控制。例如，对喷油系统进行若干改进，在不增长喷油持续期的前提下尽可能降低初期喷油率。由于初期喷油率的减少，使放热率的第一个峰值下降，$dp/d\varphi$ 和 p_{max} 都相应降低。

总之，为了兼顾发动机的各种性能，合理的燃烧过程应做到：对于汽油机，着火点位置要适宜，燃烧持续期不过长，放热率曲线宜先缓后急；对于柴油机，滞燃期要缩短，速燃期不过急，缓燃期要加快，后燃期不过长。

6.1.4 柴油机与汽油机燃烧过程的对比

柴油机与汽油机燃烧过程主要特点对比如表 6-1 所示，这些差别导致了它们在动力性、经济性、排放特性等各种性能方面的差别。

表 6-1 柴油机与汽油机燃烧过程主要特点对比

对比项目	汽油机	柴油机
着火	点燃，高温单阶段着火，单点着火	压燃，低温多阶段着火，多点同时着火
燃烧	火焰在均质预混合气中有序传播，燃烧柔和	两阶段燃烧，即无序的非均质预混合燃烧和扩散燃烧，燃烧较粗暴
后燃	混合均匀，因而后燃期较短	混合不均匀，因而后燃期较长
放热规律	燃烧放热先缓后急，燃烧持续期较短	燃烧放热先急后缓，燃烧持续期较长

6.2 柴油机燃油喷射

柴油机的燃烧速度取决于混合气形成速度。混合气形成要经历燃料喷射—雾化—汽化—混合这样一个复杂的过程。这个过程并不是越急越好，而是应根据动力、经济、排放以及噪声振动等性能的要求，对其进行合理的控制。而这种控制是通过对燃油喷射系统、进气系统、燃烧室的合理设计以及三者之间的合理匹配来实现的。

6.2.1 喷油系统

典型的柴油机供油系统如图 6-4 所示，其核心部分是由燃油箱、输油泵、柴油滤清器、喷油泵、喷油器和用于连接的高压油管组成的高压油路，又称为泵-管-嘴喷油系统。对喷油系统的要求如下：

(1) 能产生足够高的喷油压力，以保证燃料能够良好地雾化混合燃烧，这包括雾化质量（喷雾粒度及均匀性）和空间分布；

（2）能实现所要求的喷油规律，以保证合理的燃烧放热规律和良好的综合性能；

（3）能精确控制每个循环的喷油蚩，且各缸间的喷油量和喷油时间相同，即达到均量、均时的要求；

（4）能在各种工况下避免出现不利的异常喷射现象。

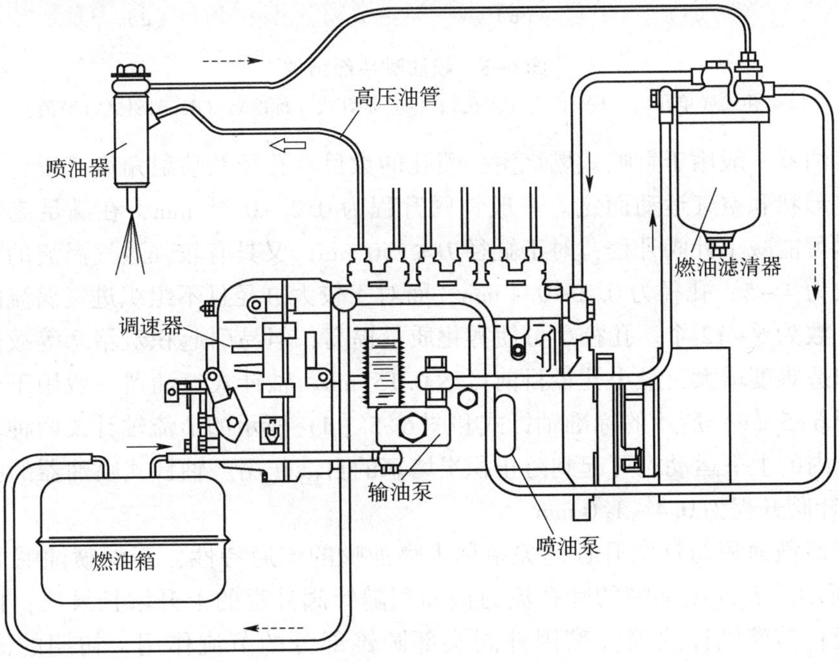

图 6-4　典型的柴油机供油系统

1. 喷油泵

喷油泵的作用是定时、定量地经高压油管向各缸的喷油器周期性地供给高压燃油，常见的柴油机喷油泵可以分为柱塞式直列泵和转子分配泵两类。柱塞式直列泵包括直列多缸泵、单体泵和泵喷嘴系统，多用于大、中型车用柴油机上。转子分配泵包括端面凸轮驱动的 VE 泵系统和内凸轮驱动的径向对置柱塞系统，多用于轿车和轻型车用柴油机。

与柱塞式直列泵相比，转子分配泵具有结构紧凑、体积小、质量轻、能在高转速下工作的优点，但难以达到较高的喷油压力，并且对燃油质量要求较高。

2. 喷油器

喷油器的作用是将喷油泵供给的高压燃油喷入柴油机燃烧室内，使燃油雾化成微细的颗粒，并按一定的要求适当地分布在燃烧室内。喷油器可分为孔式喷油器和轴针式喷油器两类，如图 6-5 所示。

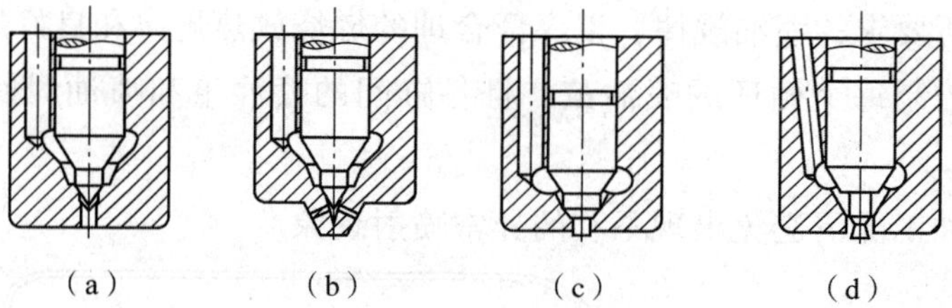

图 6-5　喷油嘴头部结构

(a) 孔式（单孔）；(b) 孔式（多孔）；(c) 轴针式（标准）；(d) 轴针式（节流）

孔式喷油器一般用于直喷式燃烧室，喷孔的数目、孔径及喷射角度等设计参数要视具体的燃烧室形状和空气运动而定。一般针阀升程为 0.2 ~ 0.45 mm，在满足流通面积的前提下，应尽可能减小针阀升程；对于缸径 $D \leqslant 150$ mm，又具有较强进气涡流的直喷式燃烧室，喷孔数为 4 ~ 5，孔径为 0.2 ~ 0.4 mm；而对于较大缸径且不组织进气涡流的直喷式燃烧室，喷孔数为 6 ~ 12 个。孔径小可使雾化质量提高，但易引起积炭堵塞等故障，且加工要求高，制造难度增大，最小孔径目前可达 0.15 mm。轴针式喷油器一般用于非直喷式燃烧室，有图 6-5（c）所示的标准轴针式和图 6-5（d）所示的节流轴针式两种。通过针阀头部在喷孔内的上下运动，可起到防止积炭堵塞的自洁作用。轴针式喷油器的孔径一般为 1 ~ 3 mm，针阀升程为 0.4 ~ 1.0 mm。

喷孔流通截面积与针阀升程的关系称为喷油嘴的流通特性，不同喷油嘴的流通特性如图 6-6 所示。孔式喷油嘴的喷孔流通截面积随针阀升程的上升增长最快；标准轴针式喷油嘴较慢；节流轴针式喷油嘴因针阀头部圆锥部分的节流作用，初期的流通面积最小，这意味着在喷射初期特别是着火延迟期中喷油量会较小，从而对柴油机工作的平稳性有利。

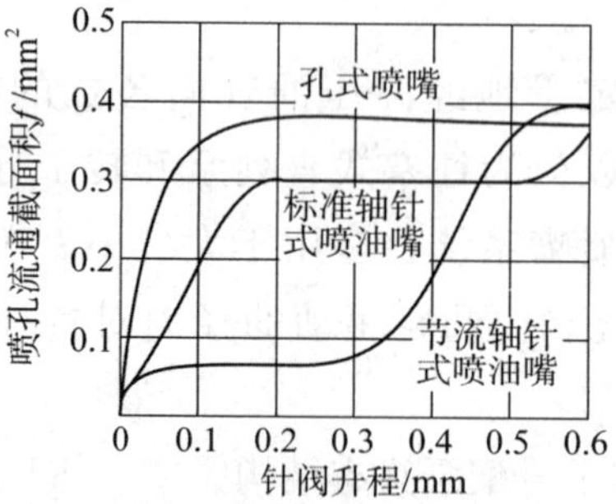

图 6-6　不同喷油嘴的流通特性

6.2.2　喷油特性

1）喷射过程

喷射过程是指从喷油泵开始供油直至喷油器停止喷油的过程，整个喷射过程在全负荷工况下约占 15° ~ 40°曲轴转角。燃油喷射过程中喷油泵端压力 p_H、喷油器端压力 p_n 以及针阀升程 h_n 的变化过程。整个过程一般分为 3 个阶段，即喷射延迟阶段、主喷射阶段和喷射结束阶段，如图 6-7 所示。

（1）喷射延迟阶段。喷射延迟阶段从喷油泵的柱塞顶封闭进回油孔的理论供油始点起到喷油器的针阀开始升起（喷油始点）为止。在这阶段中，出油阀开启后，受压缩的燃油进入高压油管，产生压力波并以1 200～1 300 m/s的速度沿高压油管向喷油器端传播。当喷油器端的压力超过针阀开启压力时，针阀升起，喷油开始。供油始点和喷油始点一般用供油提前角和喷油提前角来表示，两者之差称为喷油延迟角。发动机转速越高以及高压油管越长，则喷油延迟角越大。

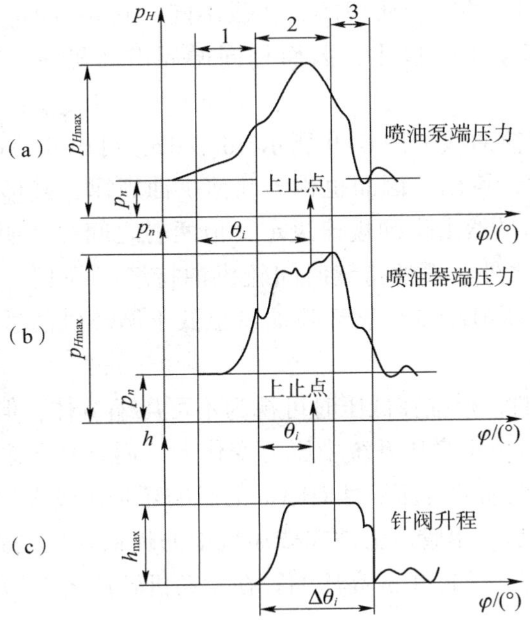

图6-7 喷射过程

（2）主喷射阶段。主喷射阶段从喷油始点到喷油器端压力开始急剧下降为止。由于喷油泵柱塞持续供油，因此喷油泵端压力和喷油器端压力都保持高的水平而不下降，绝大部分燃油在这一阶段以高的喷射压力和良好的雾化质量喷入燃烧室，其持续时间取决于循环供油量和喷油速率。

（3）喷射结束阶段。喷射结束阶段从喷油器端压力开始急剧下降到针阀落座停止喷油为止。由于喷油泵的回油孔打开和出油阀储压容积的卸载作用，泵端压力带动喷油器端压力急剧下降。当喷油器端压力低于针阀开启压力时，针阀开始下降。由于喷油压力下降，燃油雾化变差，因而应尽可能缩短这一阶段，减少这一阶段的喷油量，即喷油结束阶段应干脆、迅速。

2）供油规律与喷油规律的比较

单位凸轮轴转角（或单位时间）由喷油泵供入高压油路中的燃油量称为角供油速率（或供油速率）$dq_p/d\varphi_{pA}$（或dq_p/dt）；同理，单位凸轮轴转角（或单位时间）由喷油器喷入燃烧室内的燃油量称为角喷油速率（或喷油速率）$dq_n/d\varphi_{pA}$（或dq/dt）。此处，φ_{pA}表示喷油泵凸轮轴转角，q_p、q_n分别表示到某一时刻为止的供油量或喷油量。

供油规律是指供油速率随凸轮轴转角φ_{pA}（或时间t）的变化关系；同理，喷油规律是指喷油速率随凸轮轴转角 φ_{pA}（或时间 t）的变化关系。

若喷油泵柱塞直径为 d_p，柱塞位移为 h_p，单位凸轮转角时的柱塞位移量为 $dh_p/d\varphi_{pA}$，则角供油速率可由下式计算

$$\frac{dq_p}{d\varphi_{pA}}=\frac{\pi}{4}d_p^2\frac{dh_p}{d\varphi_{pA}} \tag{6-2}$$

上式中，$dh_p/d\varphi_{pA}$ 取决于喷油泵凸轮型线和所用工作段。柱塞的位移 h_p 和 $dh_p/d\varphi_{pA}$ 随 φ_{pA} 的变化关系。即使同一凸轮，所用的工作段不同，其 $dh_p/d\varphi_{pA}$ 也不同。显然，图 6-8 中工作段Ⅱ平均值要高于工作段Ⅰ，因而相同循环供油量时，前者的供油持续期比后者短。

喷油规律和供油规律曲线如图 6-9 所示。$dq_p/d\varphi_{pA}$ 可由 $dh_p/d\varphi_{pA}$ 和 dp 计算出，即由凸轮和柱塞的几何尺寸计算出，因而也称为几何供油规律，其形状与曲线 $dh_p/d\varphi_{pA}$ 相似（见图 6-8）。喷油规律虽然由供油规律决定，但两者之间存在明显不同：除了始点一般差别 8°～12°曲轴转角之外，喷油持续时间较供油持续时间长，最大喷油速率较最大供油速率低，且其形状有明显畸变，循环喷油量也低于循环供油量。两者存在差别的主要原因如下。

（1）燃油的可压缩性。燃油在低压时可视为不可压缩流体，但在高压（30～200 MPa）时必须考虑其可压缩性。由于高压系统中压力变化大，而且高压系统的体积比每循环供油量的体积大得多，因此燃油的可压缩性对喷油的影响还是比较大的。

（2）压力波传播滞后。尽管压力波在柴油机中的传播速度高达 1 200～1 300 m/s，但仍会造成明显的相位差。例如，1 m 高压油管在发动机转速为 3 000 r/min 时的相位差可达 10°曲轴转角以上。

（3）压力波动的高压系统中压力波的往复反射和叠加会造成喷油规律与供油规律在形状上的显著差异。

（4）高压容积变化，指高压油管的弹性变形以及出油阀和针阀两个弹性系统的影响。一般来说，高压系统压力变化越大，管子内径越大，管路越长，则容积变化越大。

（5）燃油受到节流作用。由于喷油规律对燃烧放热规律有直接的影响，因而喷油规律一直是柴油机燃烧和性能优化中的重要内容。

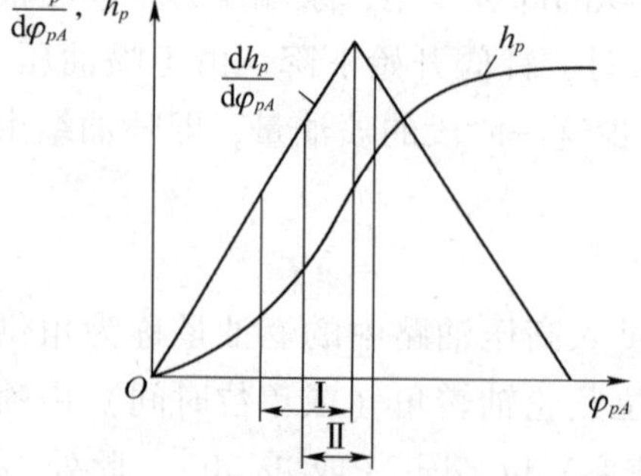

图 6-8　喷油泵柱塞运动规律

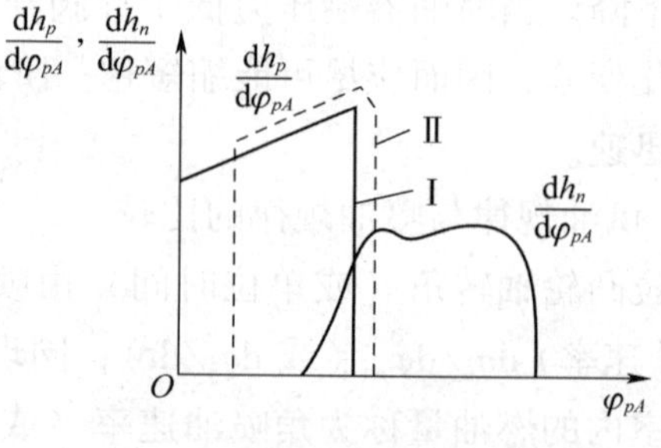

图 6-9　喷油规律与供油规律曲线

3）异常喷射现象

喷油系统内的压力高、变化快，喷油峰值压力往往在数十甚至一百兆帕以上，现代柴油机高压喷射系统的喷油峰值压力甚至达 200 MPa，而谷值压力由于出油阀减压容积的作用往往接近 0 以至出现真空，由此容易造成二次喷射、断续喷射、隔次喷射以及气穴等异常喷射现象。正常喷射及各种异常喷射时的针阀升程变化如图 6-10 所示。

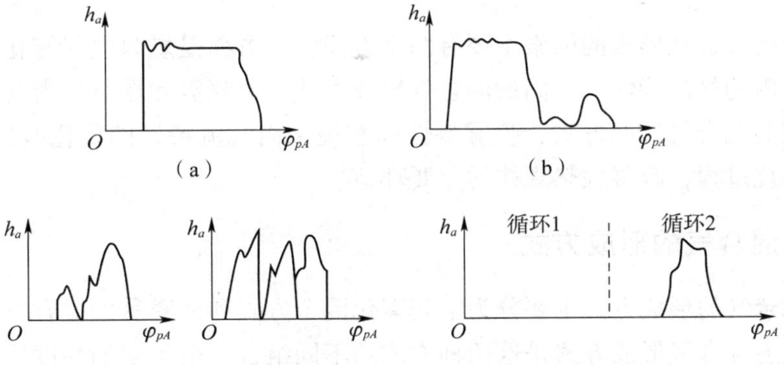

图 6-10　正常喷射及各种异常喷射时的针阀升程变化

（a）正常喷射；（b）二次喷射；（c）断续喷射；（d）隔次喷射

（1）二次喷射：喷射终了针阀落座以后，在压力波动的影响下，针阀再次升起，产生喷射的现象。由于二次喷射是在燃油压力较低的情况下进行的，因此喷射的燃油严重雾化不良，会使燃烧恶化，易产生碳烟。此外，二次喷射由于时间严重滞后，因此对柴油机的燃油经济性也有不利影响。

（2）滴油现象：喷射终了，由于高压系统内的压力下降过慢使针阀不能迅速落座，仍有燃油缓慢流出的现象，也称后滴。这时，由于燃油的流速及压力极低，难以雾化，因此易生成积炭并使喷孔堵塞。

（3）断续喷射：主要发生在低速低负荷工况，由于喷油压力较低，针阀往往不能完全升起而处于浮动状态。此时，在主喷射段内，针阀周期性地往复跳动，从而导致磨损加速。

（4）不规则喷射和隔次喷射：低速低负荷条件下，由于压力波传播导致的一种丧失喷油静力稳定性的现象，表现为循环喷油量不断变动的不规则喷射，以及极端条件下的一次喷、一次不喷的隔次喷射。这种现象会造成柴油机低速和怠速时的转速波动过大，工作粗暴，并限制其最低稳定转速。

（5）气穴与穴蚀：当高压油路中的压力接近 0 时，产生的油和空气的气泡，称为气穴；气泡在随后的高压下爆裂而产生冲击波，对金属表面形成冲击，这种现象多次出现会导致疲劳破坏，称为穴蚀。穴蚀会影响喷油系统的工作可靠性和寿命。

为避免异常喷射现象，应尽可能缩短高压油管长度，减小高压容积以减缓压力波动；同时，应合理选择喷油系统的参数，如喷油泵柱塞直径、凸轮型线、出油阀结构及尺寸、出油阀减压容积、高压油管内径、喷油器喷孔尺寸、喷油器开启压力等。

6.3 混合气的形成与燃烧室

影响柴油机混合气形成的因素主要有两个方面，一方面是燃料喷射雾化的特性，另一方面是燃烧室内的气流特性。不同的混合气形成方式，对喷雾和燃烧室内气流的特性要求不同。对确定的混合气形成方式，喷雾特性和燃烧室内气流特性的优化匹配是很重要的，这也是控制燃烧过程，改善放热规律的重要环节。

6.3.1 混合气的形成方式

柴油机混合气的形成方式主要分为空间雾化混合方式和油膜蒸发混合方式两种，而实际车用发动机上混合气形成方式是这两种方式的不同组合。由于柴油黏度比较大，不易挥发，而且柴油机的混合气形成时间相对汽油机更短。因此，混合气形成的条件和方式对柴油机燃烧过程至关重要。

1. 空间雾化混合方式

空间雾化混合方式是通过多孔式喷油器将燃料向燃烧室空间喷射强制雾化，并利用燃油相对空气的运动方式形成混合气的方式。所以，燃油与空气之间的相对运动速度是混合气形成的主要因素。相对运动速度越高，油滴与空气之间的摩擦和碰撞越激烈，分散后的油滴也越细小，混合气越均匀。影响燃油与空气的相对速度的主要因素有喷雾特性和燃烧室内的空气密度、湿度以及气流特性。提高喷射压力，组织适当的燃烧室内的气流，是提高燃油与空气之间相对速度的有效途径。同时，提高空气的密度和温度，不仅可改善燃油与空气的相对速度，而且可缩短喷注贯穿距离，增大喷雾嘴角，使油束更稀疏，加之温度的提高，有利于燃油的蒸发，促进混合气的形成。为了有效地利用燃烧室内的空气，这种空间雾化混合方式需要喷注与燃烧室空间的良好配合。

2. 油膜蒸发混合方式

油膜蒸发混合方式是指在燃烧室内喷射的燃油首先在燃烧室壁面形成油膜后，再通过燃烧室壁的加热蒸发，配合燃烧室内定向流动的空气（涡流）形成混合气的方式。在这种方式中，影响混合气形成的主要因素是油膜的蒸发速度和燃烧室内空气相对油膜的运动速度以及油膜厚度。油膜的蒸发速度取决于燃烧室壁面的温度，油膜的厚度取决于喷注特性及油束对燃烧室壁面的着壁程度。一般来说，喷注的贯穿距离越大着壁现象越严重。而相对油膜的空气运动一般都是专门组织的涡流，这种涡流强度随发动机转速的提高而增强。因此，这种方式的混合气形成速度对转速变化的适应性好。

6.3.2 柴油机燃烧室

传统的分隔式燃烧室有涡流室式和预燃室式，如图 6-11 所示，其混合气形成方式的主要特点是一部分燃料直接雾化形成可燃混合气，而大部分燃料则以油膜蒸发的形式配合空气流动而形成混合气。这种分隔式燃烧室分为设在活塞顶上的主燃烧室和设在气缸盖上的副燃烧室。

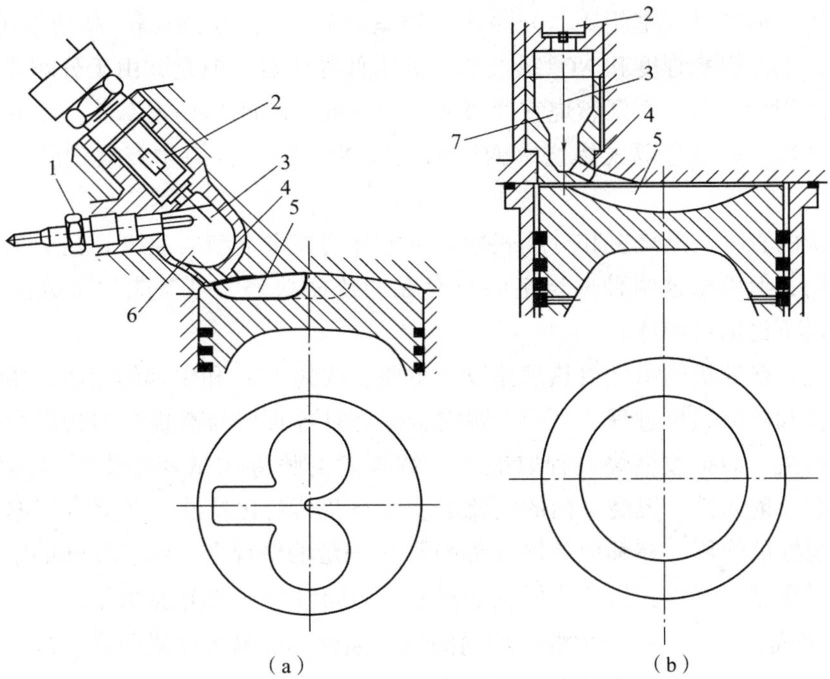

1—电热塞；2—喷油器；3—燃油喷注；4—通道；5—主燃烧室；6—涡流室；7—预燃室。

图 6-11 传统的分隔式燃烧室

(a) 涡流室式；(b) 预燃室式

对于涡流室式，将副燃烧室设计成近似球或半球的形状，并用基本与涡流室相切的通道与主燃烧室连通，喷油器采用轴针式布置在涡流室上，向涡流室壁面顺着气流方向喷射形成油膜。

在压缩过程中，缸内的空气经通道进入涡流室，在通道的导向作用下，随压缩行程在涡流室内形成强烈的压缩涡流，不断将空气送往油膜处，与油膜表面蒸发的燃料形成混合气。为了可靠着火，喷油器喷射时使小部分燃料空间雾化，使得涡流室内的局部地方结合油膜蒸发雾化易形成可燃混合气而首先着火。着火燃烧后，涡流室内的压力和温度迅速升高，使得燃气带着未燃的燃油和空气一起经通道高速喷入主燃烧室内，形成强烈的二次涡流，促进混合气的形成和燃烧。这种涡流室式燃烧室，在涡流室内混合气的形成方式是以油膜蒸发为主，部分在空间直接雾化，而在主燃烧室内通过二次涡流以扩散方式混合燃烧；当发动机转速增加时，涡流室内的压缩涡流随之加强，改善了混合条件，所以其混合气形成方式对转速的适应性强。

对于预燃室式，是通过单孔或多孔通道与主燃烧室连接的，在压缩过程中，缸内的气流经通孔进入到预燃室形成强烈的湍流。喷油器采用轴针式沿预燃室中心向底部喷射，此时部分燃油在空间雾化混合，而喷注的大部分燃油喷向预燃室底部形成油膜。在预燃室空间形成的可燃混合气首先着火燃烧后，将预燃室内的燃气和未燃燃油以及空气一起喷入主燃室，形成强烈的燃烧涡流，促进主燃烧室内未燃燃油迅速混合燃烧。当发动机转速增加时，预燃室内的湍流强度随之增强，更容易形成混合气，所以其混合气形成对转速的适应性也好。

与传统的直喷式燃烧室相比，分隔式燃烧室具有空气利用率高、高速性能得到保证、喷雾要求低、工作粗暴程度和 NO_x 排放低、成本低等优点。但是，由于分隔式燃烧室结构复杂，散热面积大，而且主副燃烧室通道节流损失大，因此其热效率低，冷起动性差。为了保证冷起动性，这种分隔式燃烧室的压缩比为 20 ~ 24，普遍比直喷式燃烧室的压缩比（14 ~ 18）大。

尽管传统的直喷式燃烧室和分隔式燃烧室曾分别在中重型柴油机和轻型高速柴油机上得到广泛应用，但由于这两种燃烧室各自存在的致命缺陷，且节能和排放法规的日趋严格，因此不得不逐渐被淘汰。

如前所述，柴油机的燃烧放热规律以及主要排放物 NO_x 和碳烟的生成，主要取决于预混合燃烧过程和扩散燃烧过程。其中，预混合燃烧过程直接与燃烧室内的混合气形成条件和喷雾质量有关，而扩散燃烧过程取决于后续喷射的喷雾质量和燃烧室内的气流运动状态。对一定的喷射条件，燃烧室内的气流运动状态及其变化特性，对混合气的形成及其燃烧过程起决定性的作用。在其他条件（如喷雾）一定的情况下，组织较强的空气流动，由此向喷雾提供更多的氧气，虽能降低碳烟排放，但同时会使 NO_x 排放量增多；反之，为了抑制 NO_x 的生成，若适当减弱预混合期内的气流强度，则易形成局部高温缺氧条件，同时不利于扩散燃烧，使碳烟生成量增加，经济性恶化。所以，从有效抑制 NO_x 及碳烟等排放角度分析，如何控制和组织燃烧室内的气流运动及其分布规律和强度是很重要的。燃烧室内的气流运动状态及其变化规律主要取决于进气系统和燃烧室的结构形状。

传统的直喷式和分隔式燃烧系统均不能满足现在的车用柴油机节能与排放法规的要求。直喷式的主要问题是，其混合气形成过程对发动机转速的适应性差，而且无法控制喷射规律，使发动机粗暴、NO_x 排放量大；而分隔式燃烧系统的主要问题是，虽然具有混合气形成时间对发动机转速的适应性好的优点，但燃烧室的散热面积大（面容比大），热损失多，所以经济性差，同时为了保证冷起动性而提高压缩比，使得缸内压力和温度升高，不易进一步降低 NO_x 的排放量。

6.4 使用因素对燃烧过程的影响

6.4.1 燃油的影响

车用柴油机多采用轻柴油，其化学组成（质量分数）是碳氢化合物，约含碳 87%，含氢 12.6%，含氧 0.4%，热值约为 42 500 kJ/kg。

1. 十六烷值

十六烷值是衡量柴油自燃性的指标，对燃烧过程有一定影响。十六烷值为55的燃油自燃性相对较好，即较易于着火自燃，可使着火延迟期较短。因此，在同样喷油规律的条件下比较，十六烷值为45的燃油的压力升高率和最大爆发压力都明显较低，从而使燃烧噪声和 NO_x 的排放量也都可降低。一般来说，直喷式燃烧室比分隔式燃烧室对燃油的性质更为敏感。

2. 馏程

馏程是评价柴油蒸发性能的重要指标，柴油的馏程为200～365 ℃。对于柴油，“50%回收温度”关系到使用时能否形成良好的雾状液滴被点燃，此温度越低，发动机越容易起动，但柴油中轻质馏分含量过多，会使喷入气缸的柴油蒸发太快，易引起全部柴油迅速燃烧，造成压力剧增，使得柴油机工作粗暴。“90%回收温度”和“95%回收温度”低，说明柴油中重质馏分含量低，这就使得柴油的燃烧更加充分，不仅可以提高柴油机的动力性，减少机械磨损，避免发动机产生过热现象，而且可使油耗降低。因此，柴油的馏分过轻、过重都是不适宜的。

6.4.2 使用方面的因素

1. 喷油提前角的影响

喷油提前角直接影响燃烧性能，但是测量它比较困难，一般产品说明书上给出的都是供油提前角。供油提前角与喷油提前角之间相差喷油延迟角。供油提前角可用油溢法近似测出，即在柴油机处于停机状态，缓慢转动曲轴，凭目力观察出油管是否冒出燃油，以此确定供油始点。供油始点至上止点之间的曲轴转角即为供油提前角。

喷油提前角对柴油机燃烧过程影响很大。喷油提前角 θ_{fi}，对着火延迟角 θ_i、压力升高率 $\frac{\Delta p}{\Delta \theta}$ 及燃烧最高压力 p_{max} 的影响如图6-12所示。喷油提前角偏大，会使燃油喷入气缸时空气的压力和温度较低，着火延迟期较长，压力升高率和最高燃烧压力增大，从而导致柴油机工作粗暴。喷油提前角过大，会使柴油机冷起动和怠速时空气温度更低，从而导致起动困难，怠速不良还会使压缩负功增大，功率下降，油耗增加。喷油提前角过小，则燃油不能在上止点附近燃烧完毕，从而导致补燃量增加，虽然 $\frac{\Delta p}{\Delta \theta}$、$p_{max}$ 较低，但排气温度升高，废气带走的热量增加，散给冷却系统的热量也增加，热效率明显下降。

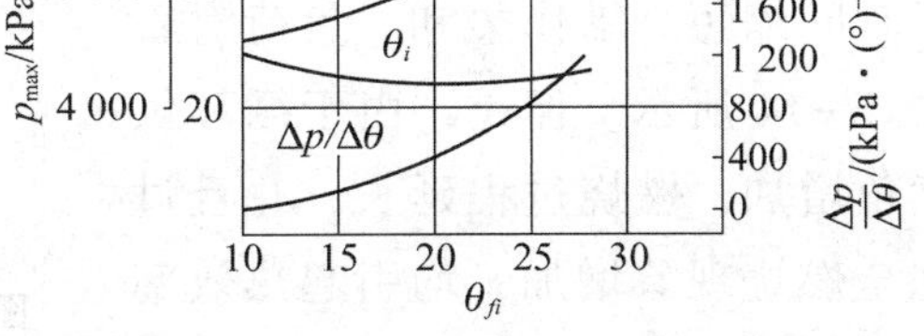

图6-12 喷油提前角对燃烧过程参数的影响

对于每一种运行情况，均有一个最佳喷油提前角，此时柴油机功率最大，燃油消耗率最小。正确选择柴油机的喷油提前角，要根据柴油机的型式、转速、燃油消耗率、排放及噪声等由试验确定。柴油机喷油提前角的大致范围是 15°～35°曲轴转角。

2. 转速的影响

转速升高时，由于散热损失和活塞环的漏气损失减小，使压缩终点的温度、压力增高；转速升高也会使喷油压力提高，改善燃油的雾化。这些都使以时间（s）计的着火延迟期 T_i 缩短；如果以曲轴转角计，则着火延迟角

$$\theta_i = 6\,nT_i \tag{6-3}$$

式中：n——转速，r/min；

T_i——着火延迟期，s。

θ_i 值视 T_i 减少的程度，随转速的升高可能增加，也可能减小，须根据具体结构而定，如图 6-13 所示。

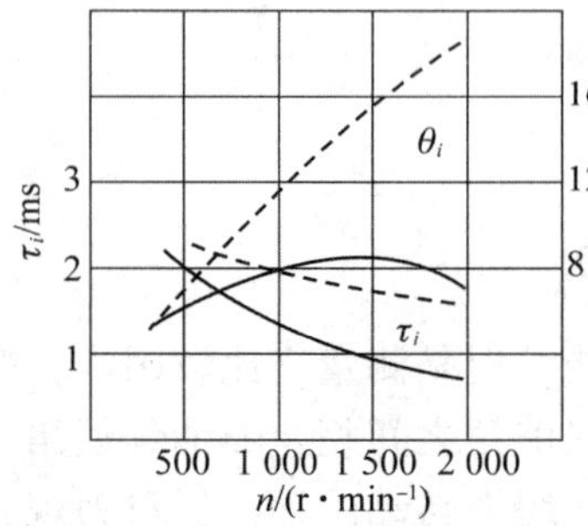

虚线—直接喷射式燃烧室；实线—涡流室式燃烧室。

图 6-13　转速对着火落后期 T_i 和 θ_i 的影响

一般来说，转速增加使空气的涡流运动加强，有利于燃料蒸发、雾化和与空气混合。但转速高，由于充量系数 φ_c 的下降和循环供油量增加，φ_a 减小，且燃烧过程所占曲轴转角可能加大，因此热效率下降。转速过低也会由于空气涡流减弱，导致热效率降低。

3. 负荷的影响

当负荷增加时，循环供油量增加。由于转速不变，因此进入气缸的空气量基本不变，这使过量空气系数 φ_a 值减小，而气缸单位容积的混合气燃烧放出的热量增加，引起缸内温度上升，着火延迟时间缩短，工作柔和。负荷对着火延迟角 θ_i 的影响，如图 6-14 所示。但是，由于循环供油量增加，因此喷油持续角增加，燃烧过程延长；并且过量空气系数值减少，不完全燃烧现象增加，均引起热效率降低。

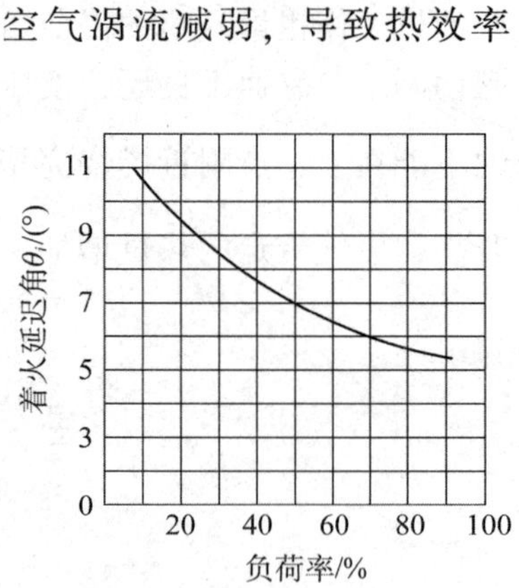

图 6-14　负荷对着火延迟角 θ_i 的影响

负荷过大，过量空气系数 φ_a 值过小时，因空气不足，会使燃烧恶化，排气冒黑烟，柴油机经济性进一步下降。负荷对指示燃油消耗率 b_i 的影响如图 6-15 所示。

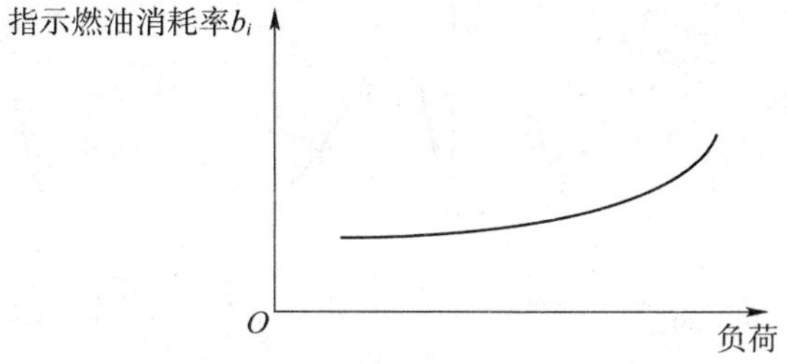

图 6-15　负荷对指示燃油消耗率 b_i 的影响

当冷起动或怠速运转时，缸内温度低，润滑油黏度较大，尽管无负荷，但循环供油量却不能太小；而且因缸内温度低，着火延迟时间增长，致使平均压力升高率 $\frac{\Delta p}{\Delta \theta}$ 较大，产生强烈振动声，即所谓“惰转噪声”。惰转噪声是在怠速或低速小负荷运转条件下产生的特殊现象，随着负荷加大，柴油机热状态正常后，惰转噪声会自行消失。

6.5　特殊燃烧问题的机理与对策

6.5.1　汽油机的不正常燃烧

由火花点火引燃并以火核为中心的火焰传播燃烧过程称为汽油机的正常燃烧。若设计或控制不当，汽油机偏离正常点火的时间及地点，由此引起燃烧速率急剧上升，压力急剧增大，从而导致如爆燃、表面点火和激爆等异常现象，都属于不正常燃烧。

1. 爆燃

1）爆燃的现象

爆燃（爆震）是汽油机最常见的一种不正常燃烧，常在压缩比较高时出现。如图 6-16 所示，爆燃时，缸内压力曲线出现高频大幅度波动（锯齿波），同时发动机会产生一种高频金属敲击声，因此也称爆燃为敲缸。图中，单缸机，排量为 381 cm^3，$n = 4\ 000$ r/min，节气门全开，喷油提前角由图 6-16（a）到图 6-16（c）依次加大。

汽油机爆燃时一般出现以下外部特征：

（1）发出频率为 3 000 ~ 7 000 Hz 的金属振音；

（2）轻微爆燃时，发动机功率略有增加；强烈爆燃时，发动机功率下降，转速下降，工作不稳定，机身有较大振动；

（3）冷却系统过热，气缸盖温度、冷却水温度和润滑油温度均明显上升；

(4) 爆燃严重时，汽油机甚至冒黑烟。

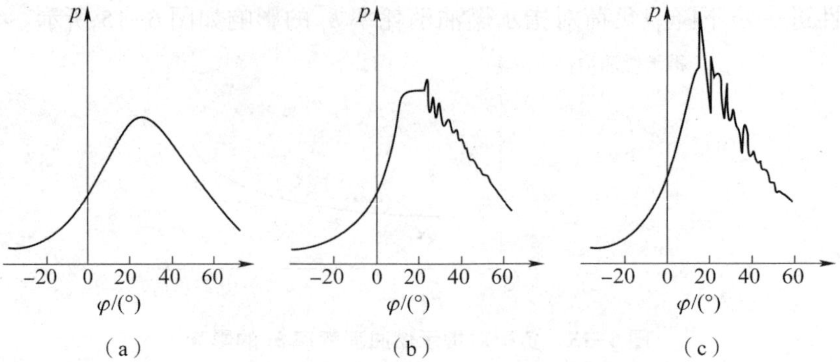

图 6-16 汽油机爆燃时的示功图

(a) 正常燃烧；(b) 轻微爆燃；(c) 严重爆燃

2) 爆燃的机理

如图 6-17 所示，火花塞点火后，火焰前锋面呈球面波形状以正常的传播速度（30 ~ 70 m/s）向周围传播，缸内压力和温度急剧升高。混合气产生的压力波以音速向周围传播，远在火焰前锋面之前到达燃烧室边缘区域，该区域的可燃混合气（即末端混合气）在压缩终点温度的基础上进一步受到压缩和热辐射，其压力和温度进一步上升，燃烧前化学反应加速。一般来说，这些都是正常现象，但如果这一反应过于迅速，会导致在火焰锋面到达之前末端混合气即以低温多阶段方式开始自燃。由于这种着火方式类似柴油机，即在较大面积上多点并同时着火，因而放热速率极快，使局部区域的温度压力陡增。这种类似阶跃的压力变化，会形成燃烧室内往复传播的激波，猛烈撞击燃烧室壁面，使壁面产生振动，发出高频振音（即敲缸声），这就是爆燃。爆燃发生时，火焰传播速度可陡然高达 100 ~ 300 m/s（轻微爆燃）或 800 ~ 1 000 m/s（强烈爆燃）。

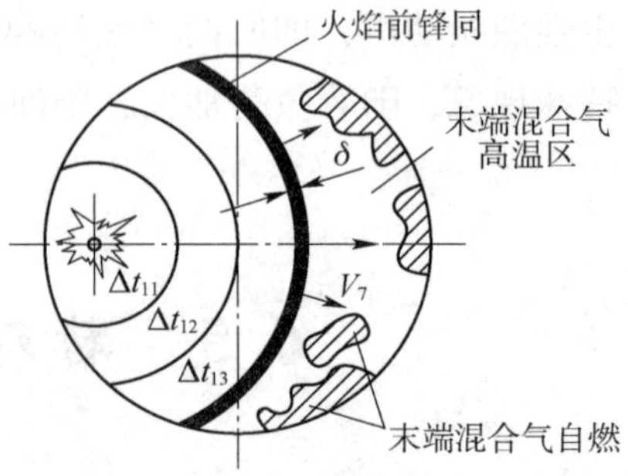

图 6-17 汽油机爆燃的机理

3) 爆燃的危害

(1) 热负荷及散热损失增加。爆燃发生时，剧烈无序的放热使缸内温度明显升高，加之压力波的反复冲击破坏了燃烧室壁面的层流边界层和油膜，从而使燃气与燃烧室壁面之间的传热速率大大增加，散热损失增大，气缸盖及活塞顶部等处的热负荷上升，甚至造成铝合金活塞表而发生烧损及熔化（烧顶）。

(2) 机械负荷增大。发生爆燃时，最高燃烧压力和压力升高率都急剧增高，$(\mathrm{d}p/\mathrm{d}\varphi)_{max}$ 可高达 65 MPa/(°)，受压力波的剧烈冲击，相关零部件所受应力大幅度增加，严重时会造成连杆、轴瓦破损。

(3) 动力性和经济性恶化。燃烧极不正常，以及散热损失大大增加，会使循环热效率下降，导致功率和燃油消耗率恶化。

(4) 磨损加剧。压力波冲击缸壁破坏油膜层，会导致活塞、气缸和活塞环磨损加剧。

(5) 排气异常。爆燃时产生的高温会引起燃烧产物的热裂解加速，严重时析出炭粒，排气产生黑烟，燃烧室壁面形成积炭，而这又成了表面点火的起因。

总之，爆燃会给汽油机带来极大危害。为防止爆燃，汽油机的压缩比一般不超过 8 ~ 10，这是汽油机经济性始终低于柴油机的一个主要原因。

2. 表面点火

在汽油机中，不是靠电火花点燃，而是由燃烧室内炽热表面点燃引起的着火称为表面点火。表面点火会使汽油机燃烧过程变得不可控制，进而引发一系列不良后果。

1）表面点火的起因及危害

容易形成炽热表面的部位有排气门头部、火花塞裙部（温度可高达 800 ~ 900 ℃）、燃烧室内壁凸出部位等；另外，燃烧室壁面积炭的导热性差难以冷却，也易形成炽热表面。有资料表明，含有铅化合物的积炭更容易引燃混合气，因为铅化合物的催化作用可使积炭着火温度由 600 ℃降低到 340 ℃。

发生在火花塞点火之前的表面点火也称早火（早燃），反之则称为后火（后燃）。早火对发动机的危害最大，由于早火使实际着火时间提前，并且这种炽热表面点火的面积远比火花塞点火时的大，因此一旦着火，火核面积和燃烧速度都较正常燃烧大得多，这会使气缸压力和温度急剧增高，发动机工作粗暴。如图 6-18 所示，早火使发动机压缩行程的负功增大，动力性和经济性恶化。燃烧室热负荷和机械负荷增加时，由于活塞和连杆等零部件在压缩行程末期受到较大的冲击载荷产生振动，因而发出一种沉闷的低频敲缸声（600 ~ 1 200 Hz），可与爆燃时的高频敲击声相区分。推迟点火提前角可以减轻和消除爆燃，但无法消除表面点火引起的不正常燃烧。

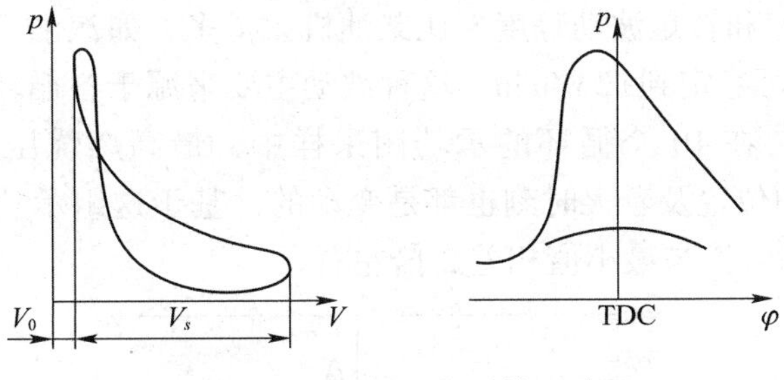

图 6-18　汽油机早火时的示功图

后火若不引发爆燃，一般危害不大，甚至对循环热效率稍有改善，但会使燃烧温度逐渐升高，有演化为早火的可能。另外，有后火的发动机在停车以后，有时出现仍像有火花塞点火一样继续运转的现象，因此也被称为续走。

2）爆燃性表面点火

程度严重或长时间的早火，往往会引起爆燃性表面点火，也称激爆，其危害程度比普通爆燃更甚。表面点火的产生，会使发动机实际着火时间提前，进而导致爆燃产生，而爆燃又会明显提高燃烧室的温度，使表面点火愈发严重，两者相互促进，导致激爆产生。此时，压力升高率为正常值的 5 倍，最高燃烧压力为正常燃烧时的 1.5 倍。此外，表面点火的时间随温度上升逐渐前移，有时会造成单缸机停车和多缸机破损。

3）影响表面点火的因素和防止措施

凡是能促使燃烧室温度和压力升高以及积炭形成的因素，都能促成表面点火。例如，表面点火多发生在高压缩比（$\varepsilon>9$）的强化汽油机上。此外，点火能量小的燃料也容易产生表面点火。苯、芳香烃、醇类燃料抗表火性较差；而异辛烷抗表火性好，抗爆性也好，所以是很优良的燃料成分。

防止表面点火的主要措施如下：

（1）防止燃烧室温度过高，降低爆震的方法同样适用，如降低压缩比和减小点火提前角等。

（2）合理设计燃烧室形状，使排气门和火花塞等处得到合理冷却，避免尖角和凸出部。

（3）选用低沸点汽油，以减少重馏分形成积炭。

（4）控制润滑油消耗率，因为润滑油容易在燃烧室内形成积炭；同时，应选用成焦性较小的润滑油。

（5）使用有消除或防止积炭作用的汽油和润滑油添加剂。

（6）提高燃料中抗表火性好的成分，如异辛烷等。

6.5.2 汽油机的不规则燃烧

汽油机的不规则燃烧是指各循环之间的燃烧变动和各缸之间的燃烧差异，前者称为循环波动，后者称为各缸工作不均匀。不规则燃烧现象是汽油机相对柴油机的一大特征，是由两者工作方式不同所决定的。

1. 汽油机的循环波动

1）循环波动的现象及危害

实际汽油机的转速和转矩波动程度要比柴油机大得多，如汽油机的转速波动一般大于±10 r/min，而柴油机可稳定到±2 r/min。这种波动主要来源于各循环之间的燃烧过程的波动。如图 6-19 所示，在 10 个循环的示功图采样中，最高燃烧压力 $p_{\max}$ 的波动范围是 2.5～3.5 MPa，$p_{\max}$ 的位置及着火时刻也都是变动的，基于这组示功图算出的最大放热速率（$\mathrm{d}Q_b/\mathrm{d}\varphi$）$_{\max}$ 的最大值与最小值相差 2 倍左右。

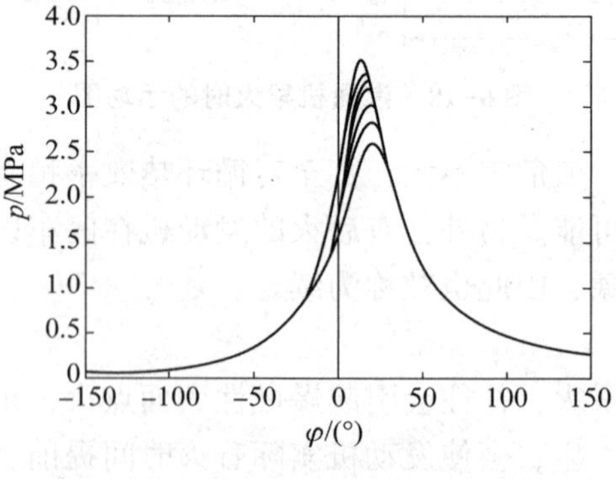

（n=1 500 r/min，φ_{1g} = 25°，φ_a = 1.0）

图 6-19 汽油机的循环波动现象

由于存在循环波动，且对于每一循环，点火提前角和空燃比等参数都不可能调整到最佳值，因此发动机的性能指标不可能得到充分优化。随着循环波动的加剧，燃烧不正常甚至失火的循环数逐渐增多，碳氢化合物等不完全燃烧产物增多，发动机动力经济性会下降。同时，燃烧过程不稳定，也会使发动机振动及噪声增大，零部件寿命下降。

2）产生循环波动的原因

示功图分析结果表明，循环波动开始于燃烧初期，即主要是由各循环中火核形成前后到火焰前锋面充分发展之前的着火燃烧过程的差别引起的。其中，有两个因素目前被认为是最重要的，即火花塞附近混合气成分波动和气体运动状态波动。

（1）混合气成分波动。汽油机的燃烧方式被称为预制均匀混合气燃烧只是相对于柴油机的燃烧方式来说的，其在宏观上虽是均匀的，但在微观上并不均匀，空气、燃料、废气不可能在短时间内完全混合均匀，这就会使火花塞附近的混合气成分是随时间不断变化的，因而着火落后期的长短和火核初始生长过程随循环产生变动。

（2）气体运动状态波动。燃烧室内气体的流场，特别是湍流强度分布是极不均匀的，火花塞附近微元气体的运动速度和方向，将对火核的形成和初始生长速率有重要影响。流速过低，不利于火核的初始生长；而流速过高，散热加快，会使已生成的火核被吹灭。此外，火核位置不同，也会使此后的火焰发展有差异。

尽管柴油机的混合气浓度和流速分布比汽油机更不均匀，但柴油机的着火可以出现在任何一个适于着火的点上，而且是多点同时自发着火，着火概率极高。而汽油机只可能在火花塞处的一点着火，一旦受到某种因素的影响使这一点的着火不完全成功甚至完全不成功，则整个燃烧过程的性能指标会明显下降。

3）循环波动的影响因素及改善措施

（1）过量空气系数 φ_a 的影响最大，一般 $\varphi_a=0.8\sim1.0$（最易点燃和燃烧的范围）时的循环波动率最小，过大或过小都会使循环波动率增大，这也是稀薄燃烧汽油机须解决的主要问题。

（2）油气混合均匀程度有重要影响，而适当提高气流运动速度和湍流程度可改善混合气的均匀性。

（3）残余废气系数 φ_r 过大，则循环波动率增大，除合理控制残余废气量之外，通过合理设计燃烧室和组织扫气以防止火花塞周围废气过浓也很重要。

（4）发动机工况不同则循环波动率不同，一般低负荷（φ_r 会增大）和低转速（湍流程度会降低）时循环波动率增加。

（5）提高点火能量或采用多点点火可降低循环搅动率。

2. 汽油机的各缸工作不均匀性

多缸汽机油工作时，各缸之间的燃烧差异要比柴油机大得多，除了循环波动的影响外，各缸间的混合气充量不均匀、混合气成分不均匀等也是主要原因。进气系统设计不当、进气管动态效应，以及各缸进气重叠干涉等原因，使得各缸的实际充气系数不均匀，由于汽油机进的是油气混合气，因此进入各缸的燃料绝对量不同；由于汽油机是外部混合，进气管内存在空气、油蒸气、各种浓度的混合气、大小不一的油滴以及沉积在进气管壁上厚度不均的油膜，即进气管内的油气分布是多相和极不均匀的，因此进入各缸的混合气实际浓度（即 φ_a）是不同的；燃料中重馏分以及四乙基铅等密度较大的添加剂不易到达边缘气缸，加重了各缸混合气成分的差异；当采用废气再循环时，各缸的废气进入量也会有差异。这些原因造成了进入各缸的混合气的量和质都会产生差别，并进一步造成各缸工作不均匀。

柴油机也会出现各缸进气不均匀，但由于进入气缸的只是空气，而各缸喷油量易调整均匀，并且空气比较富裕，因此对工作不均匀性的影响较小。

6.5.3 柴油机的燃烧噪声

发动机的噪声有 3 个主要来源，即进、排气口和风扇等引起的气体噪声，由于往复运动和零部件间隙等引起的机械噪声，由燃烧过程中压力等参数的急剧变动引起的燃烧噪声。由于柴油机燃烧的冲击性和运动件惯性质量明显大于汽油机，因此其噪声也高于汽油机，这使柴油机的用途受到限制。

1. 燃烧噪声的产生机理

关于燃烧噪声产生的机理，一般认为有 2 个，即燃烧气体的动力载荷与高频振动。

1）燃烧气体的动力载荷

各种研究表明，燃烧噪声主要是在速燃期内产生的。当气缸压力急剧增加时，燃烧室壁面及活塞、曲轴等相关零部件受到强烈的动力载荷，其性质相当于敲击。柴油机结构是一个相当复杂的多体振动系统，各零件的自振频率不同，大多处于中高频范围（800 ~4 000 Hz），经此系统传播并向外辐射的燃烧噪声的频率也就处于中高频范围内，这是人感觉最不愉快的范围。

2）燃烧气体的高频振动

燃烧引起缸内压力的急剧变化，这种压力波动会在燃烧室内造成以当地音速往复传播的气体的高频振动，其频率取决于燃烧室尺寸和当地音速。柴油机中尖锐的高声调噪声，就是由气体的高频振动产生的。

燃烧噪声的强弱用声压级 Lp（单位为分贝，dB）来表示。为分析噪声的性质和来源，频谱曲线也是常用的一种评价方法。

2. 影响因素

柴油机燃烧噪声的大小主要与压力升高率、最高燃烧压力、压力升高比（最高燃烧压力与压缩终点压力之比），以及零部件自振频率有关，其中压力升高率的影响最大。为保证柴油机稳定运转，应控制 $dp/d\varphi<0.4$ MPa/(°)。当 $dp/d\varphi>0.5$ MPa/(°) 时，会出现强烈的噪声甚至敲缸声，运动零部件会受到严重冲击载荷而导致其寿命下降。在示功图上可观察到如图 6-20 曲线 1 所示的“锯齿波”，这种现象称为柴油机粗爆燃烧（或称柴油机敲缸）。图 6-20 中还给出了柴油机粗暴燃烧与汽油机爆震（曲线 2）的对比。

喷油提前角对燃烧噪声有明显影响。如图 6-21 所示，随喷油提前角增大，着火落后期因压缩温度下降而变长，加上燃烧始点提前，使得 $dp/d\varphi$、p_{max} 以及压力升高比 λ 都随之上升，导致噪声增大。

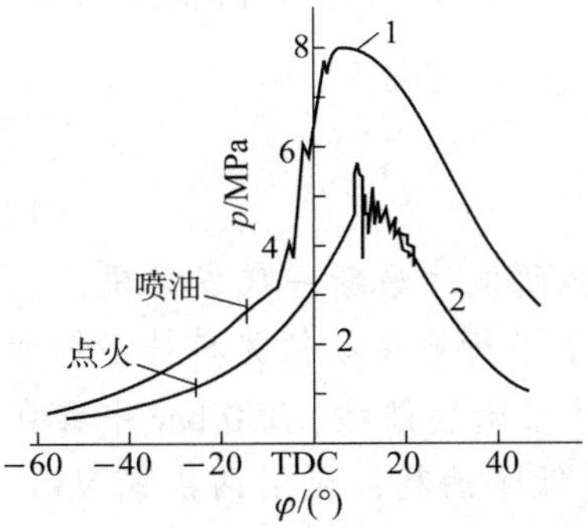

图 6-20 柴油机的粗暴燃烧

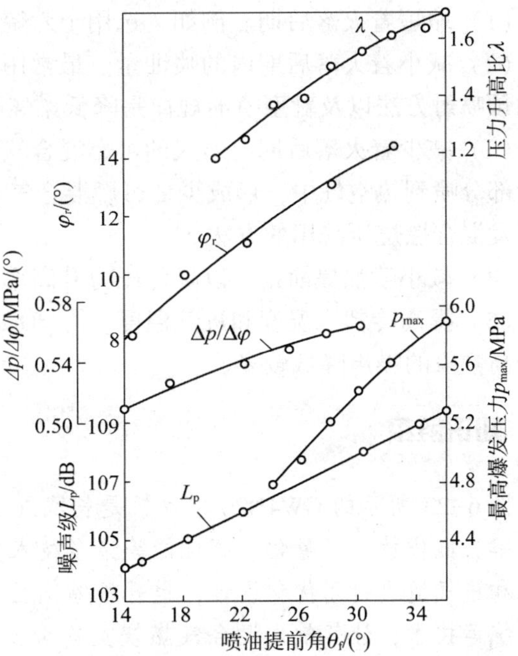

图 6-21 柴油机噪声与喷油提前角的关系

燃烧方式不同，也会使燃烧噪声的强弱和音频特性不同。一般球形（包括斜置圆桶形）燃烧室最低，直喷式燃烧室最高，分隔式燃烧室显著低于后者而略高于前者。不同燃烧室的柴油机噪声频谱如图 6-22 所示，由于球形燃烧室的初期燃烧放热速率较低，压力升高率明显低于直喷式燃烧室，因此噪声可以显著降低，而且在中高频段的噪声降低得较多。

冷起动和怠速时，缸内温度较低，着火落后期延长，会导致压力升高率增大，进而使燃烧噪声增大，一般称为怠速敲缸。

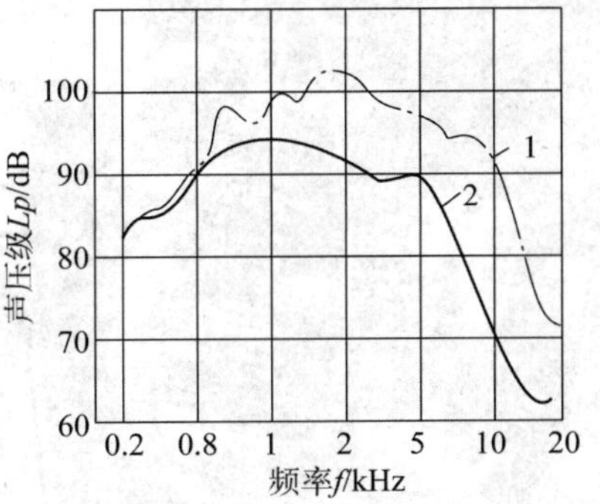

1—深坑直喷式燃烧室；2—球形燃烧室。

图 6-22 不同燃烧室的柴油机噪声频谱

3. 降低燃烧噪声的措施

由于燃烧噪声的主要原因是压力升高率过大，而压力升高率又主要取决于着火落后期内形成的可燃混合气数量，因此降低燃烧噪声的主要途径如下。

（1）缩短着火落后期。例如，选用十六烷值高的燃料，在燃烧室内造成着火热区等。

（2）减小着火落后期内的喷油量。最常用的方法是降低初期喷油速率，近年来开发成功的预喷射方法以及靴型喷油规律是降低燃烧噪声的有效措施。

（3）减少着火落后期内形成的可燃混合气数量。将大部分燃料喷到燃烧室壁上，只有很少部分喷到热空气中，形成少量可燃混合气首先着火，以使初期放热率较小，这就是油膜蒸发混合燃烧所采用的方法。

（4）减小喷油提前角。以降低压力升高率，其机理如前所述。

（5）提高冷却水温度和进气温度。冷却水温升高 30 ~ 50 ℃，噪声可降低 1 ~ 2 dB，特别是高频段的噪声降低较多。

知识链接

图 6-23 所示的 GW4N20 发动机是长城汽车完全自主研发的最新一代发动机，它具有高效率、低排放、轻量化、高性能等诸多技术优势，应用了行业多项领先科技。例如，燃烧室和进气道进行了优化设计，提升压缩比至 12 : 1；运用米勒循环、350 bar 中置直喷燃油系统等技术，让气缸内混合气燃烧更充分，进一步降低了油耗；应用两段式 VVL 气门升程，让低速燃油经济性和高速动力性更进一步；应用电子水泵和电子节温器，对发动机进行更科学的热管理；应用缸盖集成排气歧管，采用组合中空式凸轮轴替换实心凸轮轴、中空充钠气门以及使用塑料缸盖罩等，使发动机整体质量下降了 10%，从而实现高效、节油的目标。长城汽车 GW4N20 发动机的热效率不仅达到了全球领先的 38.3%，更拥有最大功率 180 kW/[（5 500 ~ 6 000）r/mm]，最大扭矩 385 N · m/[（1 750 ~ 4 000）r/min] 的卓越参数，还可满足国六 b、欧六 d 等排放法规要求，无论效率、动力还是环保等技术指标，不仅在国内汽车行业名列前茅，更可比肩国际一线发动机。

图 6-23　GW4N20 发动机

小 结

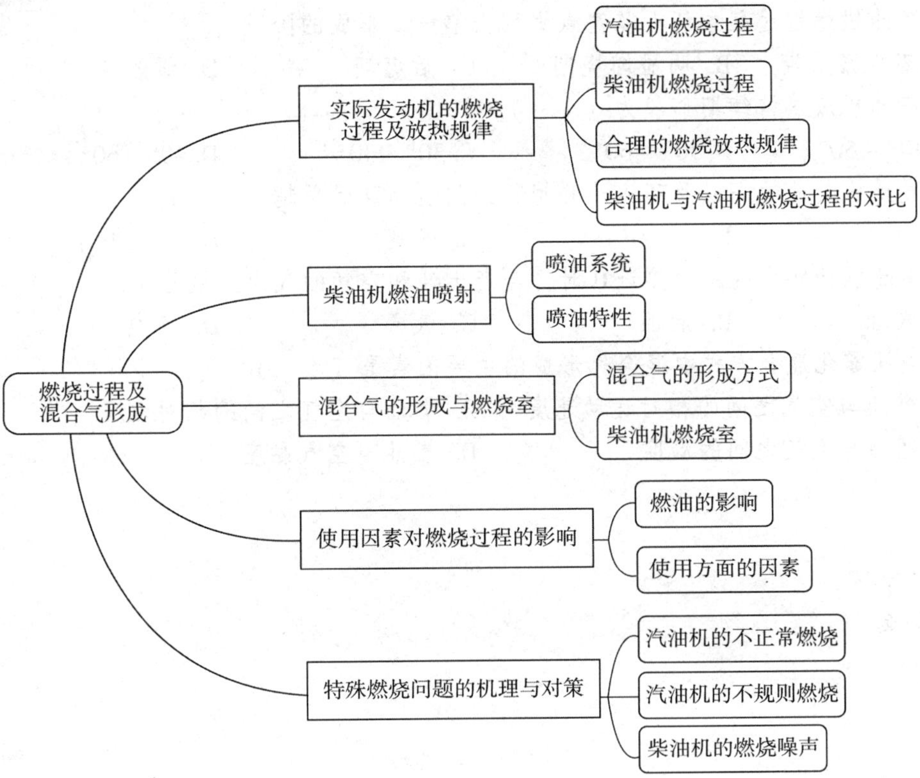

复习题

一、填空题

1. 柴油机混合气的形成方式包括________和__________。
2. 汽油机正常燃烧过程分成______、________和________3个阶段。
3. 放热规律三要素包括________、________和________。
4. 柴油机的燃烧过程分成________、__________、__________和________。
5. 压力升高率是表征________和________的指标。

二、判断题

1. 为了提高发动机效率，应尽量缩短着火落后期；为了发动机能运转稳定，应使着火落后期保持稳定。（ ）
2. 放热持续期原则上是越短越好。（ ）
3. 馏程是评价柴油蒸发性能的重要指标。（ ）
4. 直列泵包括直列多缸泵、单体泵和泵喷嘴系统，多用于轿车和轻型车用柴油机。（ ）
5. 柴油黏度比较大，不易挥发，而且柴油机的混合气形成时间相对汽油机的长。（ ）

三、选择题

1. 汽油机燃烧过程中从火花塞点火到火焰核心形成的阶段（　　）。

A. 着火落后期　B. 明显燃烧期　C. 后燃期　D. 缓燃期

2. 汽油机放热持续期一般为（　　）。

A. 40°～50°　B. 50°～60°　C. 30°～40°　D. 40°～60°

3. 发动机转速越高以及高压油管越长，则喷油延迟角越（　　）。

A. 小　B. 大　C. 不变　D. 时大时小

4. 当高压油路中的压力接近0时，会产生油和空气的气泡，这称为（　　）。

A. 穴蚀　B. 油蚀　C. 气穴　D. 气泡

5. 空间雾化混合方式中混合气形成的主要因素是（　　）。

A. 燃油与空气之间的相对运动速度　B. 燃油与空气之间的相对湿度

C. 燃油与空气之间的温度　D. 燃油与空气黏度

第7章 发动机的特性

知识目标

通过对本章的学习，学生应掌握发动机的三种典型工况，掌握汽油机和柴油机负荷特性、速度特性和万有特性的定义，掌握发动机特性的关系式，能根据发动机特性曲线进行发动机性能分析，掌握万有特性曲线制取方法。

情景导入

在4S店购车时，在配置表里通常会看这样几项参数：最高输出功率、最高功率转速、最高输出扭矩、最高扭矩转速、燃油消耗率等，这些指标能全面反映发动机的动力性和经济性吗？为什么发动机的中等转速最经济？为什么柴油机比汽油机省油？柴油机与汽油机在性能上有哪些不同？如何通过发动机特性曲线图判断发动机性能？

以上问题涉及的知识点包括汽油机和柴油机性能指标、性能指标随发动机工况变化的关系以及发动机特性曲线分析。

关键点1：发动机特性

发动机特性是指发动机的主要性能指标（动力性能与经济性能等）随工况变化而变化的关系。发动机主要特性包括：负荷特性、速度特性、万有特性等。

关键点2：发动机特性曲线

发动机特性曲线是用来表示发动机特性的曲线，是评价发动机性能的一种简单、方便、必不可少的形式。根据各种特性曲线，可以分析不同适用工况下，发动机特性的变化规律及影响因素，评价发动机性能，从而提出改善发动机性能的途径。

7.1 发动机的工况

7.1.1 工况定义

发动机工况是指发动机在某一时刻实际运行的工作状况，简称工况。表征发动机运行

工况的参数可由下式给出

$$P_e \propto T_{tq}n$$

式中：P_e——发动机输出的有效功率；

T_{tq}——发动机输出扭矩；

n——曲轴转速，即发动机转速。

常用该时刻 P_e 与 n 或是 T_{eq} 与 n 表征发动机稳定运行的工况点。发动机输出的有效功率、转速需与发动机所带动的工作机械要求的功率、转速相适应，只有当发动机输出的扭矩与工作机械消耗的扭矩等同时，两者才能在一定转速下按照一定功率稳定工作。

7.1.2 发动机典型工况

典型工况是指在汽车运行过程中，具有代表性的工况。根据发动机的用途或是实际使用情况，其一般可分为以下 3 类。

1. 恒速工况

恒速工况的特点是发动机功率发生变化时，转速几乎保持不变。例如，发电用发动机，其负荷从 0 直接变到最大，呈阶跃式突变，没有一定的规律，但发动机的转速必须保持稳定，以确保输出电压和频率稳定，属于此类工况称为固定式工况，反映在工况图上是一条垂直直线，因此也称为线工况，如图 7-1 中曲线 1 所示。灌溉用发动机，除起动和过渡工况外，在运行过程中负荷与转速基本不变，因此也称为点工况，如图 7-1 中的点 K 所示。

2. 螺旋桨工况

螺旋桨工况的特点是发动机功率与转速成一定规律的变化，接近三次幂函数关系，即 $P_e \approx Kn^3$，K 为比例常数。当发动机作为船用主动驱动螺旋桨时，发动机输出的功率须与螺旋桨吸收的功率相等，而吸收功率又取决于螺旋桨转速的高低，且与转速成幂函数关系。因此，发动机功率就呈现一种十分有规律的变化。因它是带动螺旋桨工作，故称螺旋桨工况或推进工况，也属于线工况，如图 7-1 中曲线 2 所示。

3. 面工况

面工况的特点是转速、功率都独立地在很大范围内变化，它们之间没有特定的函数关系。驱动汽车等陆上运输车辆时，都属于此类。其运行情况是：发动机正常工作时，将在 n_{min} 与 n_{max} 之间运行，转速的连续变化使得车速从最低车速到最高车速连续变化；在某一转速下，有效功率或转矩可以由 0 变到可能发出的最大值。当汽车需要制动时，如下长坡，发动机是由底盘传动系统倒拖而做负功。运行工况由图 7-1 中的阴影面积表示。阴影面的上边界限 A 是发动机在各种转速下所能发出的功率最大值（图 7-1 中的曲线 3）；下边界线 D 对应于制动时倒拖发动机所需的功率，即倒拖功率；左边界限 C 对应于发动机最低稳定工作的转速 n_{min}；右边界限 B 对应于发动机最高转速 n_{max}。车用发动机在行驶过程中常在图 7-1 所示的阴影区域内工作。

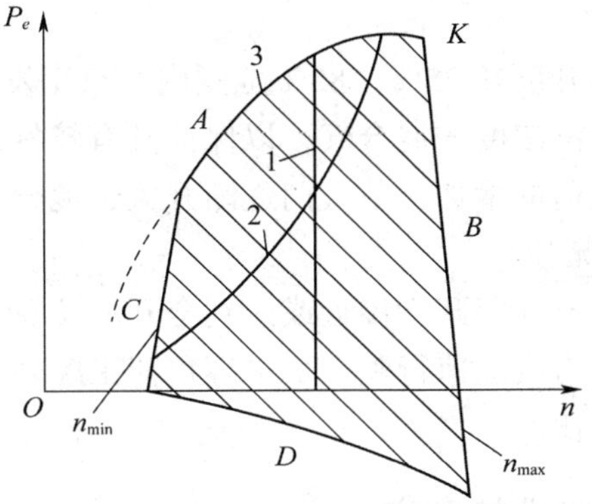

1—恒速工作；2—螺旋桨工作；3—陆上运输。

图 7-1 发动机典型工况与工作范围

7.1.3 发动机不稳定工况

1. 发动机起动工况

在起动机辅助下，将发动机由静止状态转变为靠燃料燃烧做功的惯性力维持运转的过程称为发动机起动工况，简称起动。过量空气系数值一般为 0.5 ~ 0.8。

2. 发动机暖机工况

发动机在冷车情况下，起动后保持转速在某一转速，待工作温度正常后转速回到标准转速的过程为暖机工况，简称暖机。

3. 发动机加速工况

发动机加速工况主要表现为汽车在短时间内提升行驶速度，这个过程中发动机的输出功率增加，混合气浓度变化较快。

4. 发动机减速工况

汽车在行驶过程中，有时需减慢车速或紧急停车，这就是发动机的减速工况。此时，不希望发动机提供动力，不希望燃料供给系统提供燃料，以达到节能和环保目的。

5. 发动机怠速工况

发动机怠速工况是指发动机无负载运转状态，无动力输出，燃料燃烧可以驱动其自身附件，维持自身运转的工况，简称怠速。此工况下，离合器处于结合位置，变速箱处于空挡位置（对于自动变速箱的车应处于“停车”或“P”挡位）。在发动机运转时，如果完全放松油门踏板，这时发动机就处于怠速状态。发动机怠速运转时的转速较低，四缸汽油机为 750 ~ 1 000 r/min。

6. 发动机变负荷不稳定工况

1）小负荷工况

小负荷工况的节气门开度在 25% 以内。燃料燃烧除能驱动自身附件维持自身运转外，对外有较低的输出转矩。

2）中等负荷工况

中等负荷工况的节气门开度在25%～85%范围内。汽车发动机大部分时间在中等负荷下工作，这时供给发动机经济浓度的混合气，以保证其有较好的燃油经济性。从小负荷工况到中等负荷工况，随着负荷的增加，节气门逐渐开大，混合气逐渐变稀。

3）大负荷及全负荷工况

大负荷及全负荷工况的节气门开度接近或达到全开的位置。这时，需要发动机发出最大功率以克服较大的外界阻力或加速行驶。从中等负荷工况转入大负荷工况时，混合气由经济混合比加浓到功率混合比。

7.1.4 研究发动机特性的意义

为了评价发动机在不同工况下运行的动力性指标（如功率、转矩、平均有效压力等）、经济性指标（燃油消耗率）、排放指标以及反映工作过程进行的完善程度指标（如指示热效率、充量系数以及机械效率）等，就必须研究发动机特性。

7.2 发动机的负荷特性

发动机的负荷特性是指发动机转速恒定时，其性能指标参数（可用有效功率 P_e、有效转矩 T_{tq}、平均有效压力 P_{me} 表示）随负荷变化的规律。若以曲线表示，则称为负荷特性曲线。当汽车以一定车速沿阻力变化的路面行驶时，须通过改变油门来调整发动机的有效转矩，以适应外界阻力矩的变化。

7.2.1 汽油机负荷特性

1. 定义

汽油机负荷特性是指当汽油机在恒定转速下工作，逐渐改变节气门开度，燃油经济性指标如发动机每小时耗油量 B、燃油消耗率 be 以及其他参数随发动机负荷（功率 P_e、转矩 T_{tq} 或平均有效压力 P_{me}）而变化的关系。

汽油机的负荷调节是靠改变节气门开度来直接改变进入气缸的混合气量而实现的，过量空气系数 α 变化不大时，这种负荷调节方法称为“量调节”。研究负荷特性，可以了解在各种负荷条件下发动机的经济性，从而确定在何种负荷率下发动机的经济性最好。所谓负荷率，是指发动机在一定转速下实际发出的功率与节气门全开时的最大功率之比的百分数，简称负荷，可近似地看成节气门的开度。

2. 特性曲线

当发动机转速 n 不变时，有效功率 P_e 与有效转矩 T_{tq}、平均有效压力 P_{me} 互为正比，因此负荷特性中的横坐标负荷可用 P_e、T_{tq} 或 P_{me} 表示，纵坐标可用每小时燃料消耗量 B

或燃料消耗率 b_e 表示。某型汽油机负荷特性曲线如图 7-2 所示。

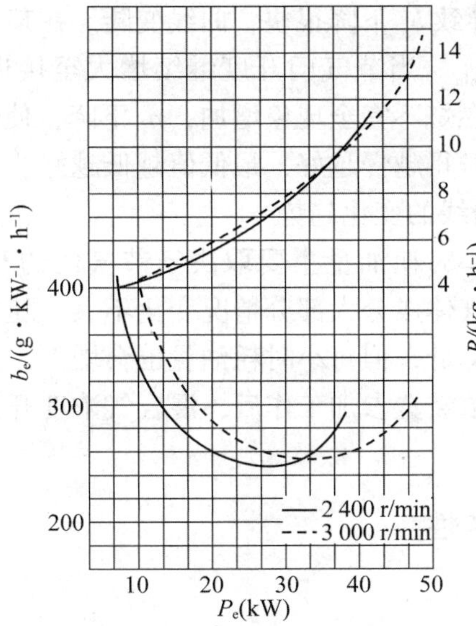

图 7-2 某型汽油机负荷特性曲线

1）燃油消耗率曲线的变化趋势

燃油消耗率曲线如图 7-3 所示。由公式 $b_e = k_4 \dfrac{1}{\eta_i \eta_m}$ 可知，燃油消耗率 b_e 的变化取决于 η_i、η_m 的变化。η_i、η_m 随负荷的变化情况如图 7-4 所示。

（1）指示热效率 η_i 曲线。

指示热效率是指实际循环指示功与所消耗的燃料热量之比值。

发动机转速一定时，若负荷增加，则节气门开度加大，气缸内残余废气相对减少，热负荷增加，从而改善了燃油雾化、混合条件，使得可燃混合气燃烧速度加快，散热损失相对减少，η_i 增加。负荷增大至大负荷时，加浓装置工作，η_i 下降。

（2）机械效率 η_m 曲线。

机械效率是指有效功率 P_e 与指示功率 P_i 之比值。当发动机转速为一常数时，机械损失功率 p_m 变化不大，随节气门开度的增加，指示功率 p_i 成正比增加，根据公式 $\eta_m = 1-P_m/P_i$ 可知，机械效率 η_m 随负荷的增加而提高。

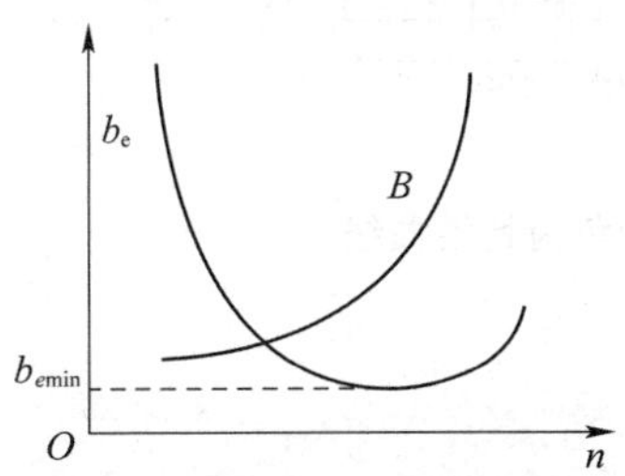

图 7-3 燃油消耗率曲线

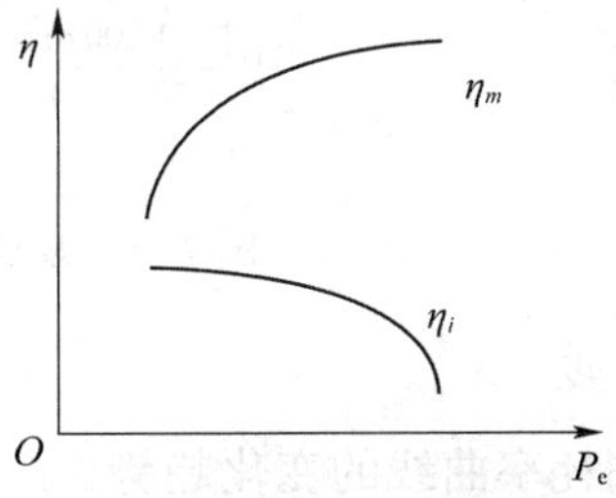

图 7-4 指示功率和机械功率曲线

综上所述，当发动机空转（$P_e=0$）时，指示功率完全用于克服机械损失，即 $P_i = P_m$，

则 $\eta_i\eta_m=0$，燃油消耗率 b_e 趋于无穷大。随着节气门开度的加大，负荷增加，指示热效率 η_i 和机械效率 η_m 均提高，导致 b_e 下降很快，曲线变陡。在某一开度时，η_i、η_m 达到最大值，出现最低燃油消耗率 b_{emin}。当节气门开度继续增大至接近全开时，加浓装置参加工作，供给最大功率混合气，燃烧不完全现象增加，η_i 下降，使燃油消耗率又有所增加。总体来说，燃油消耗率曲线上升得越慢越好，最低值越低越好。

2）每小时燃油消耗量曲线的变化趋势

汽油机转速一定时，每小时耗油量主要取决于节气门的开度和混合气的成分，除怠速、全负荷时较浓外，混合气体成分大部分情况变化不大。随着节气门开度的加大，进气量增加，虽然混合气浓度会降低，但每小时耗油量也会增大，几乎随节气门开度呈线性变化；当节气门开度增大至加浓装置参加工作后，混合气浓度开始增加，耗油量上升的趋势更快。

7.2.2 柴油机负荷特性

1. 定义

当柴油机保持某一转速不变，而移动喷油泵齿条或拉杆位置，改变每循环供油量 Δb 时，B、b_e 随 P_e（或 T_{tq}、P_{me}）变化的关系即柴油机负荷特性。测取时，应将柴油机的供油提前角、冷却水温度、润滑油温度等调整到最佳状态进行。由于柴油机只是改变循环供油量（空气量变化不大）来调节负荷，因此改变了缸内混合气的浓度，即过量空气系数 φ_a，这种负荷调节方法称为“质调节”。某型柴油机的负荷特性曲线如图 7-5 所示。

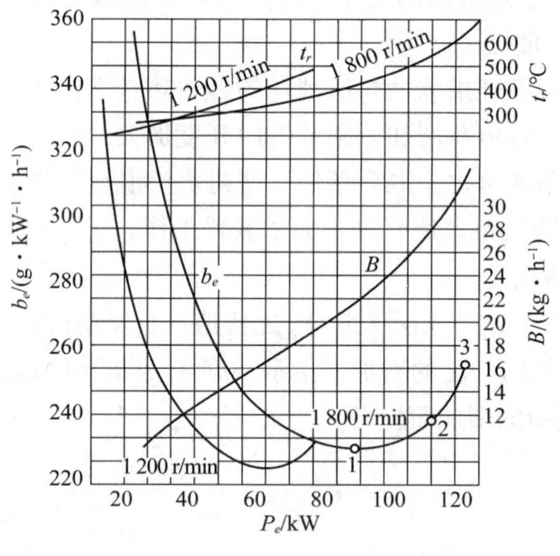

图 7-5 某型柴油机的负荷特性曲线

2. 特性曲线

1）燃油消耗率曲线的变化趋势

由公式 $b_e=k_3\dfrac{1}{\eta_i\eta_m}$ 可知，柴油机燃油消耗率 b_e 随负荷的变化取决于 η_i、η_m。η_i、η_m 随负荷的变化情况如图 7-6 所示。随负荷增加，每循环供油量增加，过量空气系数减小，燃烧不完全程度增大，使 η_i 减小；大负荷时，混合气过浓，燃烧恶化，不完全燃烧及补燃增多，使 η_i 下降更快。η_m 随负荷增加而上升。

综上所述，当 $p_e=0$，$\eta_m=0$ 时，b_e 趋于无穷大。随着负荷增加，η_m 迅速增加，且远大于 η_i 的减少，使 b_e 下降很快。燃油消耗率曲线如图 7-7 所示，当 Δb_e 增加到点 1 位置时，b_e 最小。此后再增加负荷，由于 η_i 下降较 η_m 上升的多，使 b_e 又有所增加。当 Δb_e 增加到点 2 位置时，排气冒黑烟，达到国标规定限值。当 Δb_e 超过点 2 位置时，燃油消耗量增大，排放污染严重，影响发动机寿命。所以，柴油机最大循环供油量应在标定转速下调整，使烟度不超过允许值。

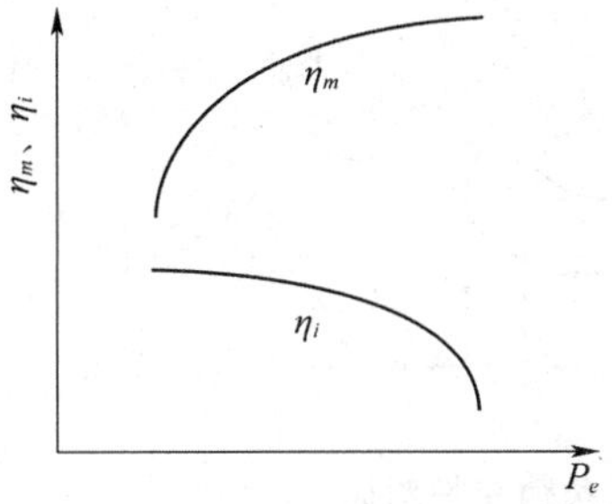

图 7-6　指示功率 η_i 和机械功率 η_m 曲线

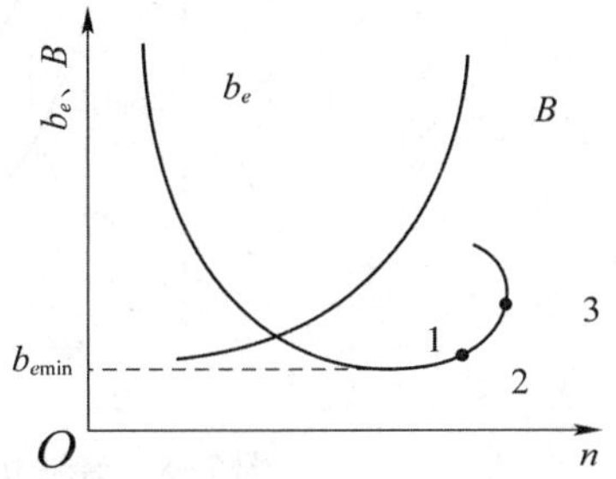

图 7-7　燃油消耗率曲线

b_e 曲线上的特征点：

（1）点 1——最低燃油消耗点。

（2）点 2——排黑烟，冒烟界限点。标定功率的选择：车用柴油机定在冒烟界限处，即点 2；拖拉机柴油机定在冒烟界限点 2 以内。

（3）点 3——最大转速点。超过点 3 时，B、b_e 迅速增加，导致 n 下降。

2）每小时燃油消耗量曲线的变化趋势

每小时燃油消耗量曲线如图 7-7 曲线 B 所示。当柴油机转速一定时，其每小时耗油量 B 主要取决于 Δb_e。随着负荷增加，每循环供油量 Δb_e 增加，B 随之增加。当负荷接近冒烟界限后，由于燃烧恶化，B 上升更快一些。

7.2.3　负荷特性曲线分析

负荷特性是发动机的基本特性，主要用于评价发动机工作的经济性。

（1）同一转速 n 下的最低耗油率 b_{emin} 愈小，曲线变化愈平坦，经济性愈好。曲线平缓，负荷变化较广时，能保持较好的经济性。

（2）柴油机和汽油机负荷特性对比如图 7-8 所示。从图可知，柴油机经济性更好，柴油机 b_{emin} 比汽油机 b_{emin} 低。

①柴油机燃油消耗率曲线比汽油机曲线平坦，相比之下，柴油机部分负荷时低耗油率区比汽油机宽。

②中、低负荷处 b_e 的差值明显比最低油耗点和标定功率处大，$\Delta b_{e1}>\Delta b_{e2}>\Delta b_{emin}$。这是因为汽油机 b_e 线过于陡尖，而柴油机有较宽的平坦段的缘故。

③汽油机有效燃油消耗率 b_e 都比同负荷的柴油机高，这是两种机型的混合气形成、

着火燃烧以及负荷调节方式的不同造成的。

④汽油机 B 曲线弯曲较大，柴油机 B 曲线在中小负荷接近直线。

⑤统计资料表明，汽、柴油机 b_{emin} 的差值约 15% ~30%，而综合使用油耗的差值可达 25% ~45%。

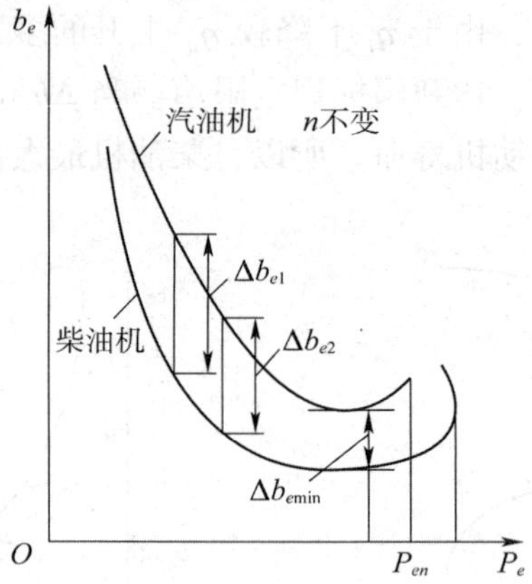

图 7-8　柴油机和汽油机负荷特性对比

（3）因为在低负荷区耗油率高，所以在功力性满足的前提下，不宜装功率过大的发动机，以求降低 b_e，避免大马拉小车。

（4）燃油耗油率 b_e 随负荷的增加而降低，在接近全负荷（通常在 80% 负荷率左右）时，b_e 达到最小。在低负荷区曲线变化得更快一些，汽油机曲线变化比柴油机陡。

（5）全面评价经济性，应作出不同转速 n 下的许多负荷特性曲线，即万有特性曲线。

7.3　发动机的速度特性

发动机速度特性是指发动机在油量调整机构（节气门开度或齿条）保持不变，其各性能指标参数（P_e、T_{tq}、b_e 等）随发动机转速 n 变化的规律。汽车爬坡或阻力变化时，节气门（或油门）开度不变，车速随外界负荷的变化而变化。外界负荷大，车速降低；外界负荷小，车速增加，这时发动机沿速度特性工作。

7.3.1　汽油机的速度特性

1. 定义

汽油机速度特性是指在发动机点火系统和燃油供给系统调整到最佳的条件下，在节气门开度不变时，发动机的有效功率、有效扭矩、有效燃油消耗率随发动机转速而变化的关系。

外特性是指节气门在最大开度时的速度特性。

部分速度特性是指节气门部分开度时的速度特性。

2. 外特性曲线

若以发动机转速为横坐标，其他参数（P_e、T_{tq}、b_e、B 等）为纵坐标，得到的特性曲线，称为汽油机速度特性曲线。在发动机全负荷（节气门全开）时所测得的功率 P_e 或转矩 T_{tq} 随发动机转速 n 变化的曲线称为发动机外特性曲线。图 7-9 为某型汽油机外特性曲线。

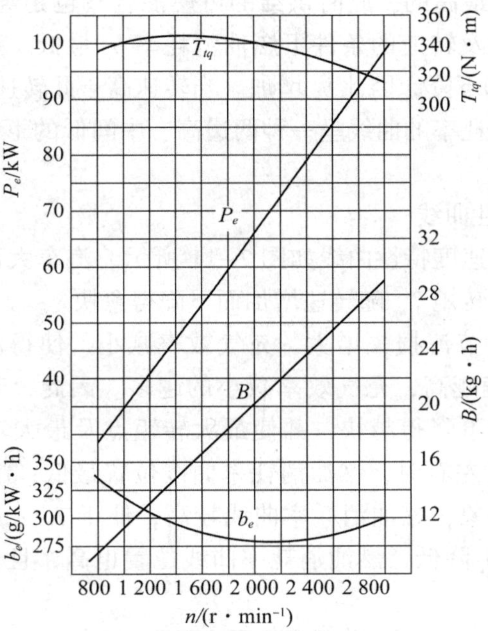

图 7-9 某型汽油机外特性曲线

1）扭矩曲线的变化趋势

发动机外特性曲线如图 7-10 所示。随着发动机转速 n 的增加，有效扭矩逐渐增大，当出现最大扭矩 T_{tqmax} 后逐渐下降，且下降程度越来越大，整个曲线呈中间高、两边低的中凸形状。

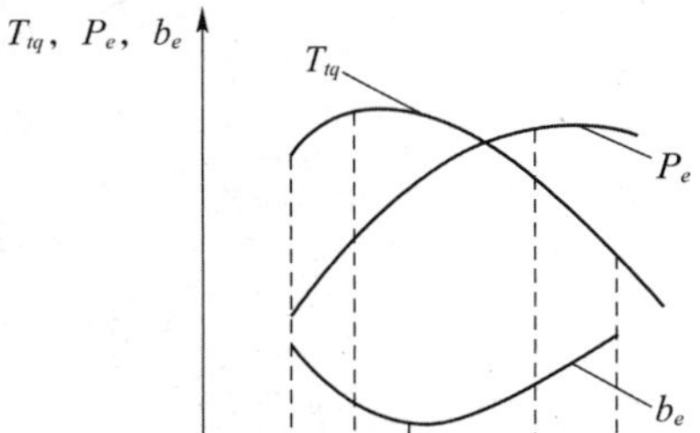

图 7-10 发动机外特性曲线

根据公式 $T_{tq}=K_2\dfrac{\eta_v}{\alpha}\eta_i\eta_m$，$T_{tq}$ 随 n 的变化取决于指示热效率 η_i、机械效率 η_m、充气效率 η_v 与过量空气系数 φ_a 随转速 n 的变化。当转速由低开始上升时，η_v、η_i 同时增加的影响大于 η_m 下降的影响，使 T_{tq} 增加，在某一转速时，T_{tq} 达到最大值。当转速继续增加时，由于 η_v、η_i、η_m 均下降，因此 T_{tq} 随转速升高而较快的下降，即 T_{tq} 曲线变化较陡。

2）功率曲线的变化趋势

功率曲线如图 7-10 曲线 P_e 所示。根据公式 $P_e=T_{tq}n/9550$，当转速 n 由低逐渐升高时，由于 T_{tq}、n 同时增加，所以有效功率 P_e 增加很快。在达到最大扭矩对应的转速 n_{tq}

后，再提高转速，有效扭矩 T_{tq} 有所下降，使 P_e 上升缓慢。随着转速的继续增加，在某一转速时，有效功率达到最大值，此后再增加转速，由于有效扭矩 T_{tq} 下降的影响超过了转速 n 上升的影响，有效功率 P_e 随之下降。因此，发动机的有效功率曲线是一条较为陡峭的上升曲线，只是在末端略有下降。

3）燃油消耗率曲线的变化趋势

燃油消耗率曲线如图 7-10 曲线 b_e 所示。根据公式 $b_e = k_3/\eta_i\eta_m$，发动机在中等负荷及转速的条件下，$\eta_i\eta_m$ 是最高的，此时供给的可燃混合气也是经济型的，燃烧效率最高。因此，发动机在中等负荷及转速的条件下燃油消耗率 b_e 最低。当转速低于此转速时，由于 η_i 上升弥补不了 η_m 的下降，因此 b_e 增加。当转速高于此转速时，η_i、η_m 均较低，b_e 也增加。因此，有效燃油消耗率的曲线呈一种两边高、中间低的下凹形状。这就是汽车以中等速度行驶最省油的原因。

4）部分负荷速度特性曲线

某型汽油机部分负荷速度特性曲线如图 7-11 所示。汽车大部分时间是在部分负荷下工作，节气门开度愈小，转矩 T_{tq} 随转速增加而下降得愈快。

节气门开度变小时，节流损失增大，充气效率减小，使得部分负荷速度特性的 P_e、T_{tq} 低于外特性值，且转速越高，充气效率减小的越多。因此，节气门开度越小，随着转速增加，扭矩、功率曲线下降得越快，并使最大转矩点及最大功率点均向低转速方向移动。当节气门开度在 75% 左右时，燃油消耗率曲线位置最低；超过 75% 开度时，混合气较浓，存在燃烧不完全现象，燃油消耗率曲线较高；低于 75% 开度时，残余废气相对增多，燃烧速率下降，使 η_i 降低，燃油消耗率曲线位置也高，且开度越小，燃油消耗率曲线位置越高。

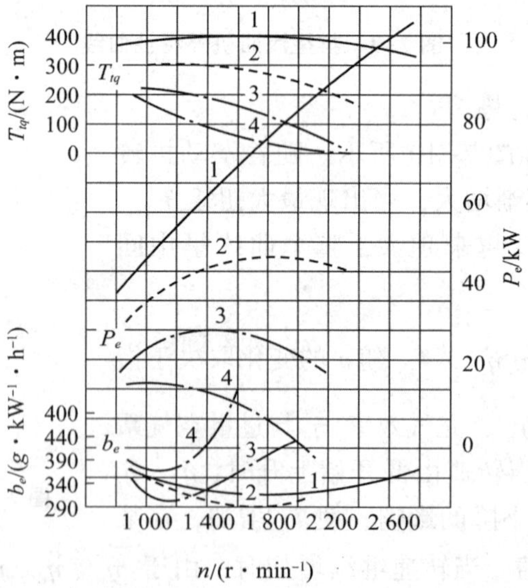

1—全负荷；2—75% 负荷；3—50% 负荷；4—25% 负荷。

图 7-11　某型汽油机部分负荷速度特性曲线

7.3.2　柴油机的速度特性

1. 定义

柴油机速度特性是指喷油泵的油量调节机构（油门拉杆或齿条）位置一定时，柴油机性能指标（P_e、T_{tq}、B、b_e）随转速 n 变化的关系。

外特性（全负荷的速度特性）是指当油量调节机构固定在标定（或称额定）功率循环供油量位置时，测得的标定功率速度特性。

部分速度特性是指当油量调节机构固定在标定功率以下位置所测得的速度特性。

2. 标定功率

标定功率也称额定功率，为使用中允许的最大功率，是根据用途、使用负荷的情况等确定的。对一具体使用的柴油机标定功率速度特性（或称外特性）亦只有一条，它代表该机在使用中允许达到的最高性能，所有柴油机均须做标定功率速度特性测定。

对于非增压发动机来说，最大功率要受到平均有效压力和转速两方面的限制。一台发动机的功率究竟标定多大才适合，要根据发动机特性和具体用途、使用特点及寿命和可靠性要求而人为确定，根据我国情况，国家标准规定了发动机标定功率分为下列 4 个等级。

（1）15 min 功率：允许发动机连续运转 15 min 的最大有效功率。适用于需要较大功率储备或瞬时需发出最大功率的轿车、中小型载货汽车、军用车辆等。

（2）1 h 功率：允许发动机连续运转 1 h 的最大有效功率。适用于需要一定功率储备以克服突增负荷的工程机械、船舶主机、大型载货汽车和机车等。

（3）12 h 功率：允许发动机连续运转 12 h 的最大有效功率。适用于需在 12 h 内连续运转而又需要充分发挥功率的拖拉机、移动式发电机组、铁道牵引等。

（4）持续功率：允许发动机长期连续运转的最大有效功率。适用于需长期连续运转的固定动力装置、排灌装置、电站、船舶等。

每台发动机都应按用途在铭牌上标明上述 4 种功率的 2 种及相应的转速。

汽车常用 15 min，1 h 或 12 h 作为功率中的铭牌功率。进行特性实验时，应把两种标定功率的外特性全做出来。某柴油机的 1 h 和 12 h 功率的速度特性如图 7-12 所示。

国家规定：车用柴油机，除做外特性实验外，还应做标定功率的 90%、75%、50%、25% 的部分速度特性实验。一般柴油机只做外特性实验就可以了。时间越短，功率值应越大，如 15 min 功率比 12 h 功率大。

3. 外特性曲线

1）扭矩曲线

从如图 7-12 所示的外特性曲线可知，柴油机的扭矩曲线比汽油机平坦。柴油机扭矩曲线变化趋势很大程度上取决于每循环供油量随转速变化的情况。

2）功率曲线

扭矩曲线变化平坦，在一定转速范围内，功率几乎与转速成正比增加。

3）燃油消耗率曲线

柴油机压缩比高，曲线比汽油机平坦，最低耗油率值比汽油机相应值低。当负荷达到最大值时，出现 b_{emin} 值。当负荷为75%左右时，曲线位置最低。

4）部分负荷速度特性

对于经常在部分负荷下工作的汽车发动机，还应作负荷为90%、75%、50%、25%的部分负荷速度特性或作万有特性。某柴油机部分负荷速度特性如图7-13所示。

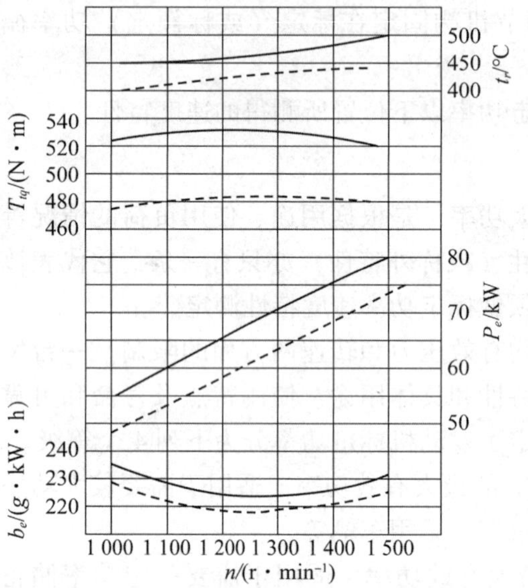

实线—1 h速度特性；虚线—12 h速度特性。

图7-12　某型柴油机速度特性

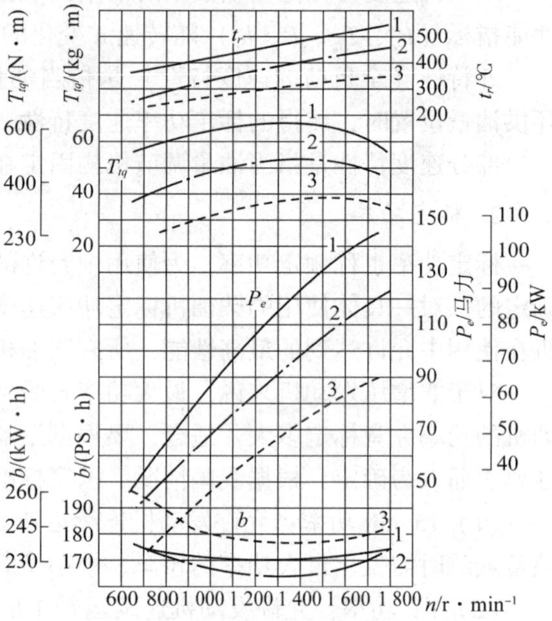

1—90%负荷；2—75%负荷；3—55%负荷。

图7-13　某柴油机部分负荷速度特性

随着油量调节机构向减少供油量方向移动时，循环供油量减小，使部分负荷速度特性值低于外特性值。但随着负荷减小，循环供油量随转速的变化趋势基本不变，使部分负荷速度特性的变化趋势同外特性相似，所以柴油机的部分负荷速度的 P_e、T_{tq} 曲线是随负荷的减小，大致平行下降。

4. 转矩特性

汽车、拖拉机经常会遇到像爬坡这样阻力突然增大的情况，为减少换挡次数，要求发动机的转矩随转速的降低而增加。例如，当汽车上坡时，若油量调节拉杆已达最大位置，但输出的转矩仍感不足，车速就要降低，此时需要发动机随车速降低而能发出更大转矩，以克服爬坡阻力。拖拉机负荷变化更大，任何土壤表面的起伏以及土壤组织的不均，都可能引起短期超负荷的情况。因此，要求发动机转矩有适应这种变化的能力。

1）转矩储备系数

要充分表明发动机的动力性能，除给出标定功率及其相应的转速外，还要同时考虑发动机的转矩特性，从而引入转矩储备系数 μ 和适应性系数 K 的概念。

$$K = \frac{T_{tq\max}}{T_e}$$

$$\mu = \frac{T_{tq\max} - T_e}{T_e} \times 100\% = K - 1$$

式中：T_{tqmax}——外特性曲线上的最大转矩，N·m；

T_e——标定工况（或最大功率）时的转矩，N·m。

μ 或 K 值大，表明两转矩之差（$T_{tqmax}-T_e$）值大，工作越稳定，即随着转速的降低，转矩 T_{tq} 增加较快，从而保证在不换挡的情况下，爬坡能力、克服短期超载能力强。

汽油机的外特性转矩曲线随转速增加而较快地向下倾斜，其 μ 值在10%～30%范围，K 值1.2～1.4时可以满足汽车的使用要求。

柴油机转矩曲线平坦，若不予以校正，则 μ 值在5%～10%范围，K 值只有1.05左右，难以满足汽车拖拉机的工作需要。

2）转速储备系数

转速储备系数是指标定工况（或最大功率）时的转速 n_b 与最大转矩时的转速 n_{tq} 之比，其大小也影响到克服阻力的潜力。一般地，汽油机转速储备系数为1.15～2.0，柴油机转速储备系数1.5～2.0。

例如，有A、B两台发动机，它们的转矩储备系数 μ 和最大功率时的转速 n_1 相同，但最大转矩时的转速 n_2 不等，如图7-14所示。当外部阻力矩由 T_R 曲线增到 T_{R2} 曲线时，发动机的转速由于外界阻力的增加而下降，这时发动机B可以在转速 n_{2B} 下稳定工作，发动机A则在转速 n_A 下稳定工作。当外界阻力再增至 T_{R3} 曲线时，发动机B就不能适应而须换挡，而发动机A还可稳定在 n_{2A} 下工作，并且转速从 n_1 下降到 n_{2A}，还可更多地利用内部运动零件的动能来克服短期超负荷。所以，发动机A比B克服障碍的潜力大。因此，与最大转矩 $T_{tq\max}$ 相应的转速 n_2 越低，即转速储备系数（n_1/n_2）越大，则在不换挡情况下，发动机克服阻力的潜力越强。

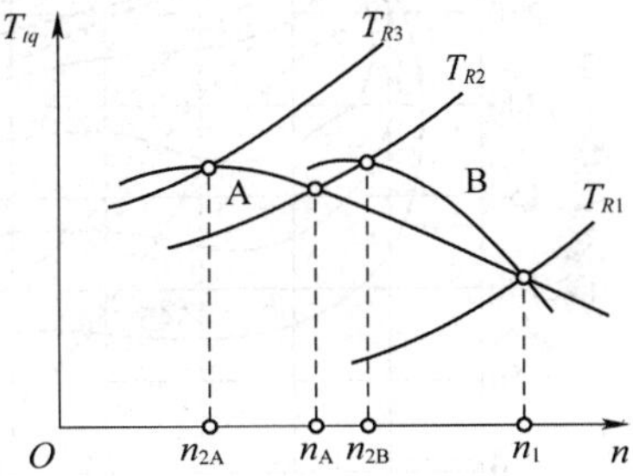

图7-14　最大扭矩时转速对克服阻力的影响

7.4　发动机的万有特性

7.4.1　万有特性曲线

发动机负荷特性和速度特性只能反映某一转速或某一齿条位置（或节气门开度）时发动机参数间的变化规律，但是发动机在汽车实际运行中的工况变化范围非常大。因此，为了综合评价发动机在各种工况下的性能，引入万有特性的概念。为了能在一张图上较全面地表示3个或3个以上参数之间的关系，可采用多参数特性曲线，即万有特性曲线，也叫MAP图。应用最广的万有特性曲线是以发动机转速为横坐标，平均有效压力或输出转矩为纵坐标，在图上画出若干条等耗油率曲线和等功率曲线，组成的曲线族。

万有特性曲线实质上是所有负荷特性和速度特性曲线的合成，它可以表示发动机在整个工作范围内主要参数的变化关系，用于确定发动机最经济的工作区域，也可以用于确定某一排放污染物的最小值区域。发动机参数匹配的重要原则之一是，通过参数匹配，使这些最佳性能区域落在最常用的工况范围内。

如图 7-15 和图 7-16 所示，可以看出全工况范围内及各种负荷和各种转速时，平均有效压力 p_{me}、有效功率 P_e、燃油消耗率 b_e 等参数的变化规律，从而能够全面确定发动机最合理的调整和最有利的使用范围，这对汽车底盘参数的选择和设计是很有意义的。

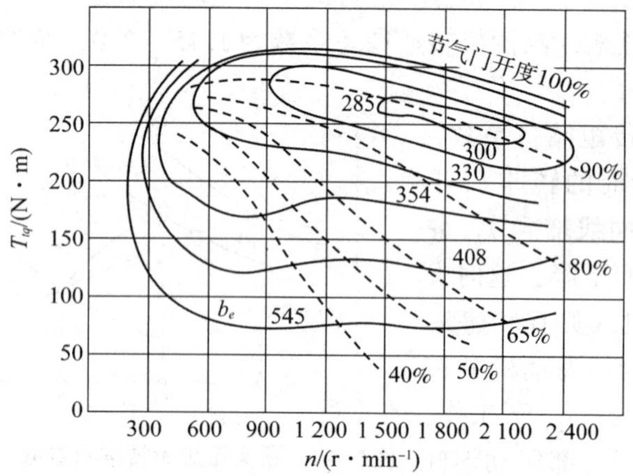

图 7-15　某车用汽油机万有特性曲线

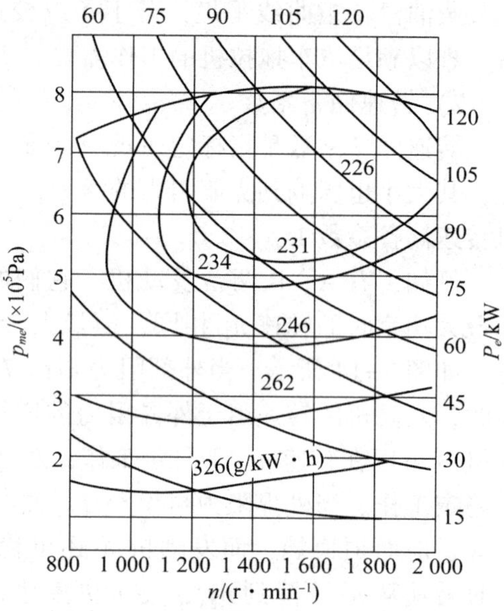

图 7-16　某车用柴油机万有特性曲线

7.4.2　万有特性曲线的绘制

柴油机通常根据各种转速下的负荷特性曲线，用作图法得到其万有特性曲线；而汽油机通常用速度特性法作出其万有特性曲线。等燃油消耗率曲线可以根据各种转速下的负荷特性曲线用作图法得到。具体方法如图 7-17 所示。

（1）将不同转速的负荷特性以 p_{me} 为横坐标，b_e 为纵坐标，用同一比例尺画在一张坐标图上。

（2）在横坐标轴上，以一定比例标出转速数值。纵坐标 p_{me} 的比例应与负荷特性 p_{me} 的比例相同。

（3）将负荷特性曲线横放在万有特性曲线左方，并将与负荷特性曲线上耗油率 b_e 相等的各点移至万有特性曲线中，标上记号，再将 b_e 值相等的各点连成光滑曲线，即得到等耗油率线。各条等耗油率曲线是不能相交的。

等功率曲线根据公式 $P_e=\dfrac{p_{me}V_S n}{120}\times 10^{-3}=Kp_{me}n$ 作出，在 $p_{me}-n$ 中，它是一群双曲线。将发动机全负荷时的速度特性曲线，即外特性（或标定功率速度特性）曲线中的 p_{me}（或 T_{tq}）曲线画在万有特性曲线图上，就构成万有特性曲线图的边界限制线。

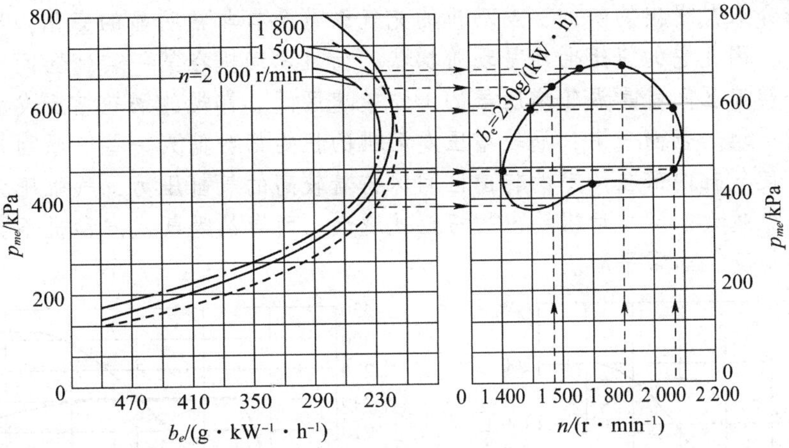

图 7-17　万有特性曲线作法

要想获得光滑的万有特性曲线图，必须在测录各种转速的负荷特性时，保持发动机水温和全损耗系统用油温度的稳定，大气条件尽可能接近。

7.4.3　万有特性曲线分析

通过万有特性曲线可分析发动机的使用经济性。

（1）最内层等燃油消耗率曲线的范围相当于经济性最好区域，曲线越向外，b_e 越大，经济性越差，从中很容易找出最经济的负荷和转速。

（2）若等燃油消耗率曲线沿横向较长，则表示发动机在转速变化较大而负荷相对变化较小的情况下工作，b_e 变化较小。这种情况适用于汽车发动机，其最经济区大约在万有特性曲线的中间偏上位置。常用中等负荷、中等转速工况的车用发动机，希望其最经济区处于万有特性中部，等燃油消耗率曲线横向较长。

（3）若等燃油消耗率曲线沿纵向较长，则表示发动机在负荷变化较大而转速变化较小的情况下工作，b_e 变化较小。这种情况适用于工程机械和拖拉机，其最经济区大约在万有特性曲线的上部。工程机械用发动机，希望最经济区在标定转速附近，等燃油消耗率曲线纵向较长些。

（4）若万有特性不能满足使用要求，则需调机或重新选机。

知识链接

汽车的发动机主要分为 2 种，一种是自然吸气发动机，排量以 L 为单位，也就是升；一种是涡轮增压发动机，涡轮增压发动机的排量以 T（Turbocharger）为单位，代表了这款车采用了涡轮增压的技术。涡轮增压是利用发动机的废气带动涡轮来压缩进气，从而提高发动机的功率和扭矩。那么，自然吸气和涡轮增压发动机的动力性能差异反映在特性曲线上到底有哪些呢？

图 7-18 和图 7-19 分别表示自然吸气发动机和增压发动机的扭矩曲线。可见，自然吸气发动机的负荷曲线是一条光滑的曲线，且只有一个最大扭矩峰值；而对于涡轮增压发动

机，由于涡轮介入与退出的瞬间，发动机的充气系数会有非常明显的变化，导致发动机的扭矩剧烈变化，因此它的扭矩曲线呈现阶梯状，而且发动机在某一转速区间内一直保持着高扭矩，这一转速区间就是涡轮增压器的工作转速区间。常规的涡轮增压发动机，扭矩曲线中段都相当平坦。普遍来讲，涡轮增压发动机的扭矩都会偏大一些。原因是增压器可以增加进气量，使气缸内部在一定的转速区间保持着较高的气缸压力，气缸压力对曲轴中心产生的扭矩也就越大，即发动机输出的扭矩就越大。而自然吸气式发动机不会出现这样的状况，它的扭矩变化非常平顺。

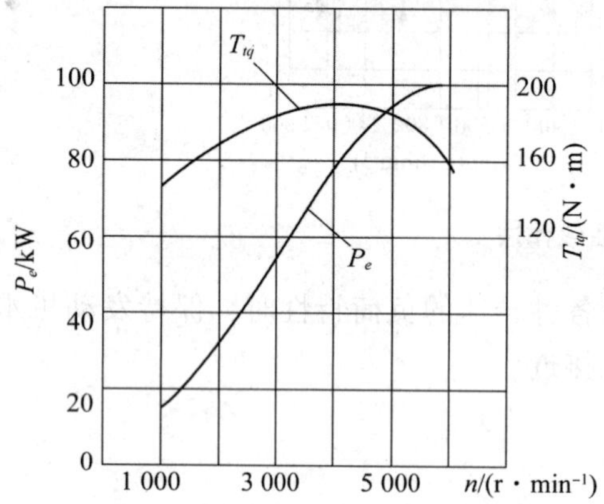

图 7-18　2.2 L 自然吸气式发动机特性曲线

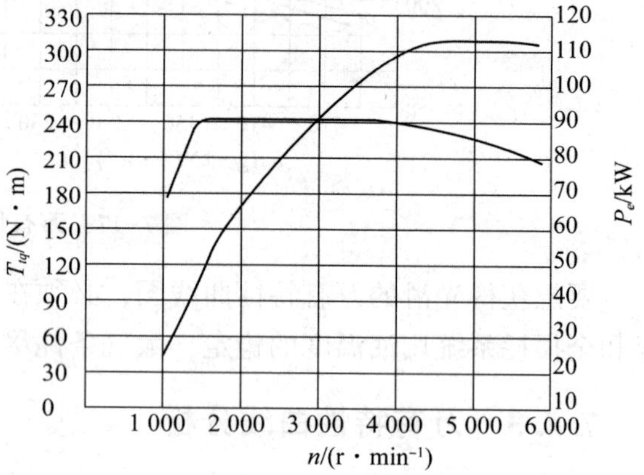

图 7-19　1.5 T 涡轮增压发动机特性曲线

汽车最重要的组成部分是发动机、底盘、变速箱。在很长一段时间内，这三大件都是我国自主品牌的技术痛点，几乎只能外购，随着技术的不断积累，现在我国大部分自主品牌都已经可以自己生产发动机了。下面以 2.0 T 发动机为例，介绍国产品牌中的涡轮增压发动机。

(1) 长安 2.0 T 蓝鲸发动机。这台发动机搭载在 CS95 上，最大功率为 233 匹（1 匹 = 735W），最大扭矩为 360 N·m，具备缸内直喷、高滚流燃烧等技术，最大扭矩对应的转速为 1 750 r/min。

(2) 广汽 2.0 T 发动机。这台发动机搭载在 GS8 上，属于第二代产品，最大功率为 201 匹，最大扭矩为 320 N·m，采用多点直喷方式，最大扭矩对应的转速为 1 750 r/min。

(3) 比亚迪 2.0 T 发动机。比亚迪是国内最早研发出 2.0 T 的厂家，搭载在“唐”上的这台发动机最大功率为 205 匹，最大扭矩为 320 N·m，采用缸内直喷技术，最大扭矩对应的转速为 1 750 r/min，同时缸体及缸盖均采用铝镁合金材质。

(4) 江淮 2.0 T 发动机。论发动机技术，江淮在自主品牌中也是佼佼者了，搭载在瑞风 S7 上的这台 2.0 T 发动机最大功率为 190 匹，最大扭矩为 300 N·m，同时和传祺一样采用多点电喷供油，最大扭矩对应的转速为 1 800 r/min。

(5) 长城 2.0 T 发动机。搭载在 VV7 上的这台发动机最大功率为 234 匹，最大扭矩为 360 N·m，并采用双 VVT 及缸内直喷等技术，最大扭矩对应的转速为 2 200 r/min。

(6) 北汽 2.0 T 发动机。北汽的 2.0 T 发动机属于萨博的产品，技术、账面数据都已经没有优势，但是萨博发动机的可靠性有口皆碑，搭载在 D70 上的这台发动机最大功率为 204 匹，最大扭矩为 290 N·m，最大扭矩对应的转速为 1 800 r/min。

(7) 上汽蓝芯 2.0 T 发动机。蓝芯发动机属于上汽的最新发动机系列，这台搭载在荣威 RX 上的 2.0 T 发动机缸体、缸盖采用全铝材质，打造并具备直喷、双涡管涡轮等技术，最大功率为220匹，峰值扭矩为350 N·m，属于同排量主流水平，最大扭矩对应的转速为2 500 r/min。

（8）沃尔沃Driver-E发动机。沃尔沃最新一代的发动机，采用模块化平台打造，搭载在S60 polestar上的这台Driver-E发动机拥有367匹的最大功率以及470 N·m的最大扭矩，仅次于奔驰AMG系列的2.0 T发动机。

从以上统计数据可以看出，国产的主流品牌的2.0 T发动机就数据表现以及技术来讲，与合资品牌已经不相上下甚至还有超越，这种进步值得骄傲。

小　结

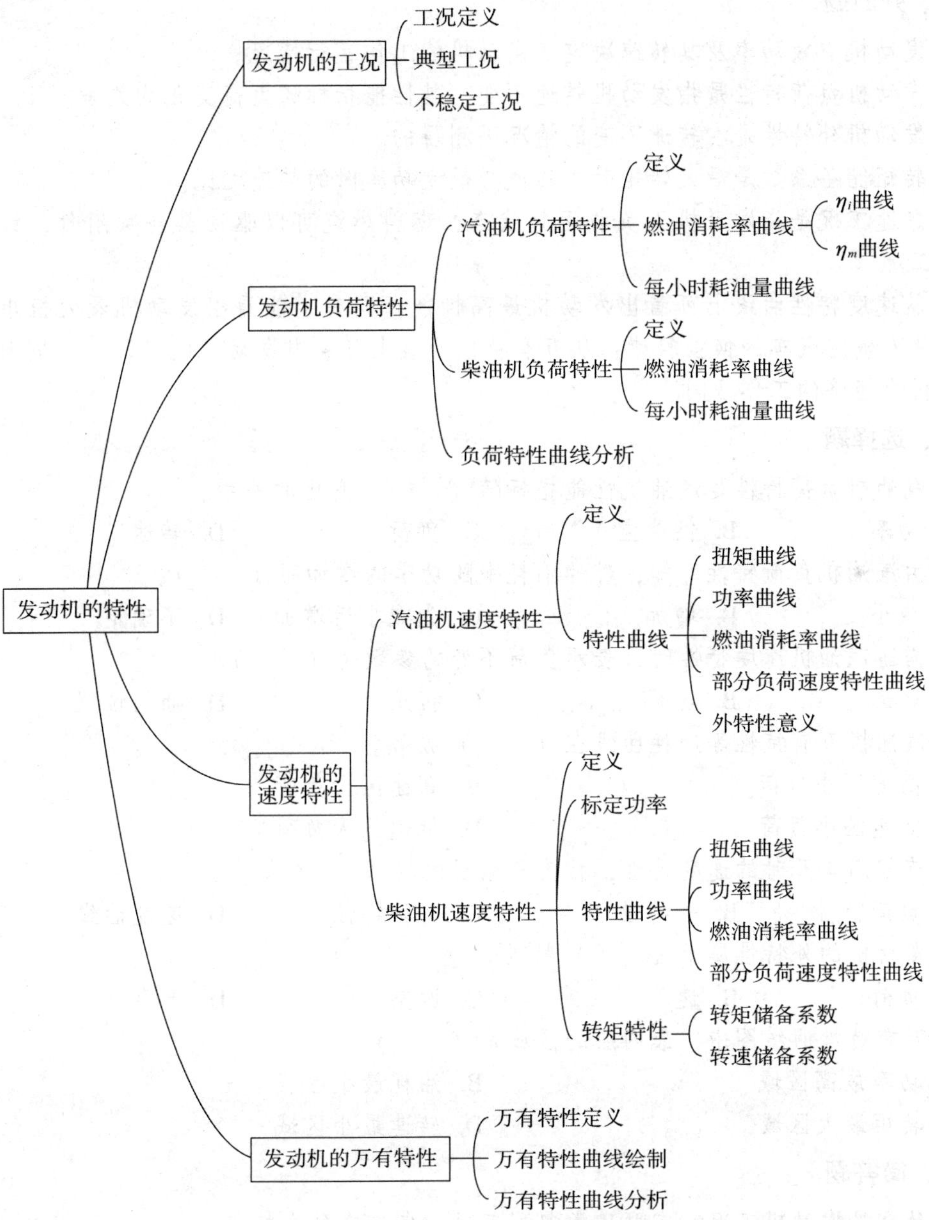

复习题

一、填空题

1. 发动机工况特点是______和负荷都在宽广的范围内独立变化。

2. 柴油机调节负荷，是靠改变缸内混合气的浓度来实现的，这种负荷调节方法称为________。

3. 汽油机调节负荷，是靠改变节气门开度来直接改变进入气缸的混合气量而实现的，这种负荷调节方法称为________。

4. 汽油机节气门部分开启时所测得的速度特性称______。

二、判断题

1. 发动机有效功率及其转速决定了发动机的工作运行情况。（　　）

2. 发动机负荷特性是指发动机转速不变，其性能指标随负荷变化的关系。（　　）

3. 发动机外特性是在转速不变的情况下测得的。（　　）

4. 转矩储备系数是最大转矩时的转速与最大功率时的转速之比。（　　）

5. 怠速工况是指发动机无负载运转状态，燃料燃烧可以驱动其自身附件，维持自身运转的工况。（　　）

6. 从速度特性曲线上可看出发动机最高性能，同时也能看出发动机最大扭矩的工作区间，从而确定汽车的换挡转速；从万有特性曲线上可看出发动机的经济性，同时也能看出发动机最经济的工作区间。（　　）

三、选择题

1. 汽油机负荷特性是汽油机性能指标随（　　）变化的关系。

A. 功率　B. 供油量　C. 负荷　D. 转速

2. 由汽油机负荷特性可知，燃油消耗率随功率的增加而（　　）。

A. 减小　B. 增加　C. 先减小后增加　D. 不确定

3. 描述汽油机速度特性时，表示负荷不变的参数是（　　）。

A. 转速　B. 功率　C. 扭矩　D. 油门位置

4. 汽油机万有特性等油耗曲线在（　　）收敛。

A. 高速区小负荷　B. 高速区大负荷

C. 低速区小负荷　D. 低速区大负荷

5. 节气门全开时的速度特性，称为汽油机的（　　）。

A. 负荷特性　B. 外特性　C. 功率特性　D. 速度曲线

6. 发动机的外特性属于（　　）特性。

A. 负荷　B. 速度　C. 调整　D. 万有

7. 万有特性曲线图中，最内层的区域是（　　）。

A. 功率最高区域　B. 油耗最小区域

C. 转矩最大区域　D. 转速最小区域

四、简答题

1. 什么是发动机工况？有哪3类典型工况，各自有什么特点？

2. 研究发动机特性的意义是什么？
3. 试分析汽油机和柴油机负荷特性的特点。
4. 什么是发动机的万有特性曲线？汽油机和柴油机各有什么特点？
5. 下图为四气门柴油机万有特性曲线，请结合曲线，回答如下问题。

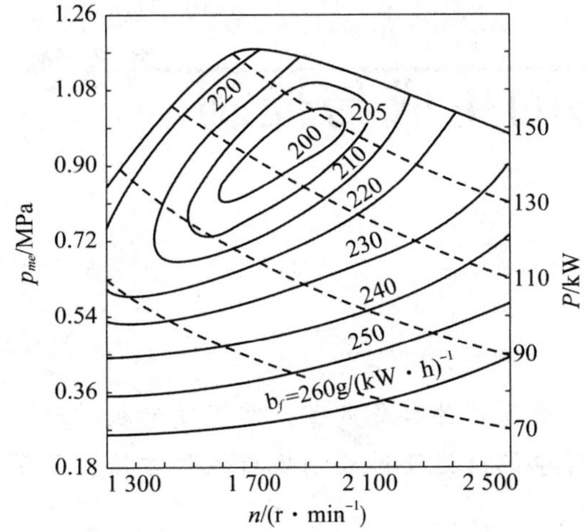

(1) 图中，坐标轴横轴表示________；右侧纵轴表示________。

(2) 图中，虚线代表__________曲线；实线代表__________曲线，其中，最内层曲线说明耗油率最________（高/低）。

第8章 发动机污染物的生成与控制

知识目标

通过对本章的学习，学生应了解发动机排放污染物的种类及危害；掌握发动机排放污染物的生成机理及影响因素；掌握现有的机内、外净化措施及排放法规与试验方法；了解发动机排放控制的最新技术。

情景导入

2020年8月8日—9日，在中国发动机工业协会六届三次理事会（扩大）会议上，中国环境科学研究院研究员倪红发表主题为《移动源排放法规发展状况和趋势》的报告。报告指出，温室气体协同减排是未来监管需要考虑的问题，“国六”标准之后还会有“国七”，排放监管会越来越严。有关专家表示：根据现今政策推算，“国七”可能在2025年之后全面实施；同时，“国七”的实施可能比“国六”持续得更短，主要也是因为现在的相关部门对于车辆的排放监管越来越严格；而且“国七”标准的主要约束目标将会是货车。那么，发动机污染物的生成因素是什么呢？采取什么措施减少排放呢？

8.1 概　述

8.1.1 汽车发动机排放污染物及危害

汽车发动机用燃料主要成分是碳氢化合物，碳氢化合物在燃烧室内完全燃烧时，将只产生二氧化碳（CO_2）和水（H_2O）。但实际上，发动机的转速很高，燃料燃烧占有的时间极短，燃料与空气混合不均匀，会使燃料的氧化反应不完全而产生不完全燃烧产物，如一氧化碳（CO）、碳氢化合物（HC）、氮氧化物（NO_x）、碳烟。

1. 一氧化碳（CO）

生成CO的主要原因是燃料中碳氢化合物的不完全燃烧，除此之外，燃料在燃烧过程中局部高温热分解也是主要原因。

CO 的危害：CO 与血液中血红素（Hb）的亲和力是氧气的 300 倍，能很快和 Hb 结合形成碳氧血红素蛋白（CO-Hb）。因此，当吸入 CO 后，血液吸收和运送氧的能力降低，导致头晕、头痛等中毒症状。当吸入 CO 气体的体积分数达到 0.3% 时，可致人死亡。

2. 碳氢化合物（HC）

HC 主要来源于未燃和未完全燃烧的燃油、润滑油及其裂解产物和部分氧化物、供油系中燃料的蒸发和滴漏。

HC 的危害：HC 是产生光化学烟雾的重要成分。

3. 氮氧化物（NO_x）

NO_x 指的是只由氮、氧两种元素组成的化合物。作为空气污染物的 NO_x 常指 NO 和 NO_2。

氮氧化物的危害：NO_x 与 HC 形成光化学烟雾，对人体及动物有致毒作用。

4. 颗粒物

颗粒物（Particulate Matter，PM）的主要成分是碳烟、有机物质及少量的铅化合物、硫氧化物等。

颗粒物的危害：颗粒物对人体健康的影响，主要取决于微粒的浓度、在空气中暴露的时间及粒径大小。发动机燃料燃烧的过程中，各种各样的不完全燃烧产物可以以多种形式附着在多孔的活性很强的炭粒表面，这些附着在炭粒表面的物质种类繁多，其中有些是致癌物质。

8.1.2 污染物的评定指标

1. 排放物的含量

在一定排气容积中，有害排放物所占的容积（或质量）比例，称为排放物的含量（浓度）。通常，表示其体积分数的单位有%，ppm（10^{-6}）和 ppb（10^{-9}）。含量较大时可用%，含量较小时用 ppm，而含量极小时用 ppb。

常用表示质量浓度的单位有 kg/m^3，kg/L 和 mg/L 或 mg/m^3。质量浓度一般用于表征发动机固态污染物的排放，如柴油机颗粒物的排放，常用的单位为 mg/m^3。

2. 质量排放量

发动机排放物的浓度表示发动机在某工况下排放严重的程度，这种指标为发动机的研究和开发工作者广泛应用。但在环境保护实践中，要求对污染源的环境污染物进行总量控制，以保护环境品质。因此，作为污染源的发动机或装发动机的车辆，要确定运转单位时间的排放量，称为质量排放量（常用单位为 g/h）；或按某标准进行一次测试的排放量，称为循环工况排放质量或工况质量排放量（常用单位为 g/test）；或车辆按规定的工况组合（称为测试循环）行驶后，测试折算到单位里程的污染物排放量。

3. 比排放量

发动机每单位功率小时（kW · h）排放出的污染物的质量（g）称为比排放量，单位用 g/（kW·h）表示。

发动机比排放量可以用来客观地评价不同种类、不同大小发动机的排放性能。比排放量可以根据测得的发动机功率、排气流量、污染物浓度或摩尔分数、污染物密度等数据进行计算。这个指标与燃油消耗率类似，也可以称为污染物排放率。

8.2 排放污染物的生成及影响因素

8.2.1 一氧化碳的生成机理

汽车尾气中的 CO 是燃料燃烧不充分的产物。汽油机排放污染物中的 CO 主要是由可燃混合气过浓造成的，柴油机排放污染物中的 CO 主要是由燃烧室内部缺氧或温度过低造成的。

若能组织良好的燃烧过程，即具备充足的氧气、充分的混合，足够高的温度和较长的滞留时间，中间产物 CO 最终会燃烧完毕，生成 CO_2 或 H_2O。因此，控制 CO 的排放不是企图抑制它的形成，而是努力使之完全燃烧。

8.2.2 碳氢化合物的生成机理

汽车排放到大气中的 HC，约 60% 是经排气管排出，20% 经曲轴箱窜气排出，20% 由燃油系统的蒸发排出。

1. 汽油机未燃 HC 的生成机理

汽油机燃烧室中 HC 的生成主要有以下几条途径：

（1）多种原因造成的不完全燃烧；

（2）燃烧室壁面的淬熄效应；

（3）燃烧过程中的狭隙效应；

（4）燃烧室壁面润滑油膜和多孔性积炭的吸附和解吸作用。

1）不完全燃烧

在以预均匀混合气进行燃烧的汽油机中，HC 与 CO 一样，也是一种不完全燃烧的产物。大量试验表明，碳氢燃料的氧化根据其温度、压力、混合比、燃料种类及分子结构的不同而有着不同的特点。各种烃燃料的燃烧实质是烃的一系列氧化反应，这一系列的氧化反应有随着温度而拓宽的一个浓限和稀限，混合气过浓或过稀以及温度过低将可能导致燃烧不完全或失火。

2）壁面淬熄效应

发动机的燃烧室表面受冷却介质的冷却，温度比火焰低得多。壁面对火焰的迅速冷却称为冷激效应。

冷激效应使火焰中产生的活性自由基复合，燃烧反应链中断，使反应变缓或停止。火焰不能传播到燃烧室壁表面，在表面留下一薄层未燃烧或不完全燃烧的可燃混合气，称为淬熄层。

冷起动、暖机和怠速工况时，壁温较低，淬熄层较厚，已燃气体温度较低及混合气较浓使后期氧化作用减弱，HC 排放增加（在此类工况下，壁面火焰淬熄是造成未燃 HC 的主要原因）。

3）狭隙效应

燃烧室中存在的狭窄缝隙，当缸内压力升高（压缩、燃烧过程）时，会将一部分未燃可燃混合气挤进缝隙中去，由于缝隙很窄，面容比大，因此混合气流入缝隙中会很快被壁面冷却；当火焰前锋面到达各缝隙时，火焰或者钻入缝隙全部烧掉混合气，或者烧掉一部分，或者在入口处淬熄。

一般情况下，火焰无法使缝隙中存在的燃油（也包括润滑油）全部燃烧完全。若发生淬熄，则部分已燃气体也会被挤入缝隙；当压力降低（膨胀、排气过程）时，若缝隙中的压力高于气缸内（上止点后 15°～20°）压力，则陷入缝隙中的气体会流回气缸。但此时气缸内温度已经下降，氧的浓度很低，流回缸内的大部分可燃气都不能被氧化，是以未燃 HC 的形式排出气缸。

4）燃烧室中沉积物的影响

发动机运行一段时间后，会在燃烧室壁面，活塞顶，进、排气门上形成沉积物，积炭和沉积物对燃料及燃烧系统的危害主要有：燃烧室积炭形成局部热点而导致爆震，损失动力；气门积炭导致关闭不严，损失气缸压力，使燃油不能充分燃烧；对于电喷发动机来讲，除喷油嘴积炭造成雾化不良外，影响更多的是各种传感器。

2. 柴油机未燃 HC 的生成机理

柴油机在接近压缩终了时才喷射燃油，燃油、空气混合分布不均匀。柴油机的燃料以高压喷入燃烧室后，直接在缸内形成可燃混合气并很快燃烧，燃料在气缸内停留的时间较短，因此缝隙容积内和气缸壁附近多为新鲜空气。换言之，缝隙容积和激冷层对柴油机未燃 HC 排放的影响相对汽油机来说小得多。这是柴油机未燃 HC 排放浓度一般比汽油机低得多的主要原因。燃料在空气中不能燃烧或不能完全燃烧，主要是因为：温度或压力过低；混合气浓度过浓或过稀；超出了富燃极限或稀燃极限。局部温度和瞬时温度过低，此外，局部浓度和瞬时浓度过浓和过稀等都是产生未燃 HC 的原因。

8.2.3　氮氧化物的生成机理

高温 NO_x 的生成主要有以下 3 个条件。

（1）高温。一般认为，当燃烧温度高于 2 326.85 ℃时就会开始大量生成 NO_x。

（2）富氧。NO_x 的生成离不开高浓度的氧环境。在氧气不足的情况下，即使温度高，NO_x 的生成也被抑制了。

（3）缸内滞留时间。已燃气体在缸内的停留时间越长，NO_x 的生成越多；反之，则越少。因为 NO_x 生成反应速度比燃烧反应速度慢，所以即使在高温下，如果停留时间短的话，NO_x 的生成量也可以被抑制。

8.2.4 柴油机颗粒物的生成机理

柴油机的颗粒物（PM，Particulate Matter）排放量一般要比汽油机大几十倍。柴油机PM是由3部分组成的，即（干）炭烟、可溶性有机物和硫酸盐。柴油机PM的组成取决于运转工况，尤其是排气温度。

8.2.5 影响排放污染物生成的因素

1. 影响汽油机排放污染物生成的因素

1）混合气浓度和质量

混合气浓度和质量的优劣主要体现在燃油的雾化蒸发程度、混合气的均匀性、空燃比、缸内残余废气系数的大小等方面。汽油机中的有害排放物CO、HC和NO_x随过量空气系数的变化如图8-1所示。

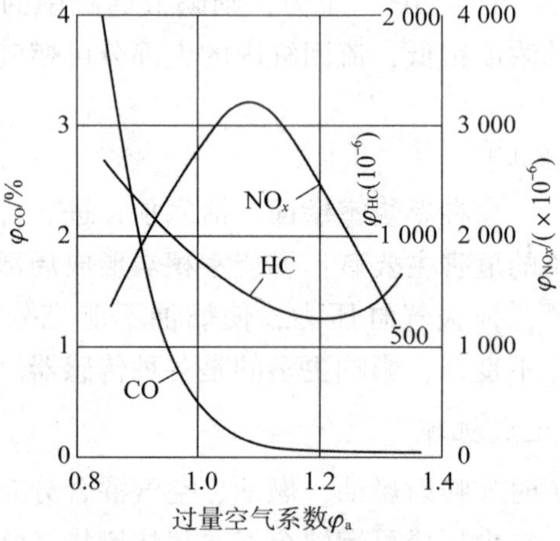

图8-1 汽油机中的有害排放物CO、HC和NO_x随过量空气系数的变化

CO的排放浓度随混合气浓度的降低而降低。这是因为空气量的增加，即氧气增多，使燃料能充分地燃烧。

HC的排放浓度随空燃比的增大而下降，超过理论空燃比后，逐渐达到最低值；但空燃比过大时，因燃烧不稳定甚至失火次数增多，导致HC的排放浓度又有所回升。

混合气的均匀性影响HC的排放。混合气均匀性越差，HC排放越多。废气相对过多则会使火焰中心的形成与火焰的传播受阻甚至失火，致使HC排放量增加。

$\varphi_a<1$时，由于缺氧，即使燃烧室内温度很高，NO_x的生成量仍会随着φ_a的降低而降低，此时氧浓度起着决定性作用。

$\varphi_a>1$时，温度起着决定性作用，NO_x生成量随温度升高而迅速增大。最高温度通常出现在$\varphi_a\approx1.1$，且有适量的氧浓度时，故NOx排放浓度出现峰值。φ_a进一步增大，温度下降的作用占优势，NO生成量减少。

2）点火提前角

点火提前角对汽油机HC和NO_x排放的影响如图8-2所示。空燃比一定时，随点火角的推迟，NO_x 和 HC 排放量同时减低，燃油消耗却明显变化。

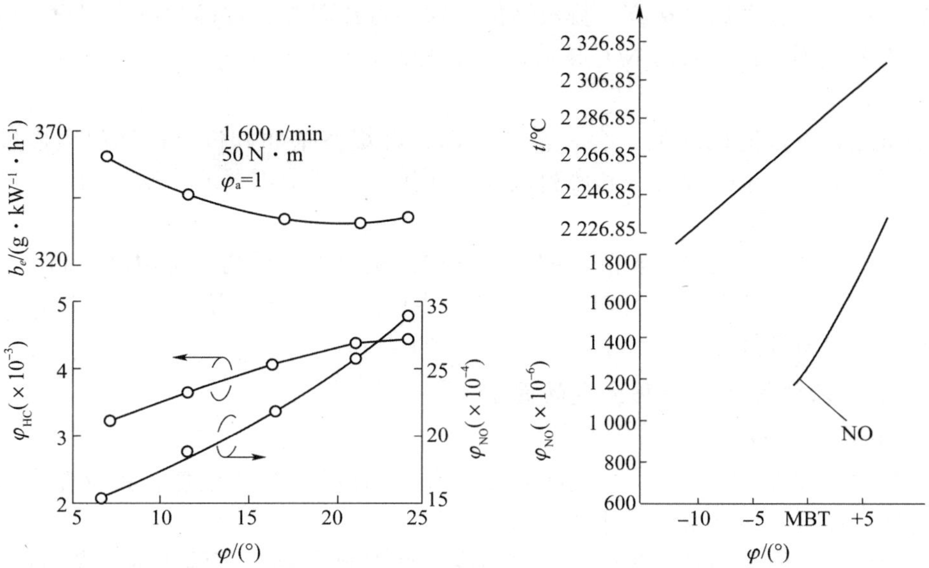

图 8-2　点火提前角对汽油机 HC 和 NO_x 排放的影响

点火延迟（点火提前角减小）可使 HC 排放量下降，这是由于点火延迟使混合气燃烧时的激冷壁面面积减小，同时使排气温度增高，促进了 HC 在排气管内的氧化。

增大点火提前角使较大部分燃料在压缩上止点前燃烧，增大了最高燃烧压力值，从而导致较高的燃烧温度，并使已燃气在高温下停留的时间较长，这两个因素都将导致 NO 排放量增大。

3）运转参数

当发动机转速 n 增加时，缸内气体流动增强，燃油的雾化质量及均匀性得到改善，紊流强度增大，燃烧室温度提高。这些都有利于改善燃烧，降低 CO 及 HC 的排放。在汽油机怠速时，由于转速低、汽油雾化差、混合气很浓、残余废气系数较大，CO 及 HC 的排放浓度较高，如图 8-3 所示。

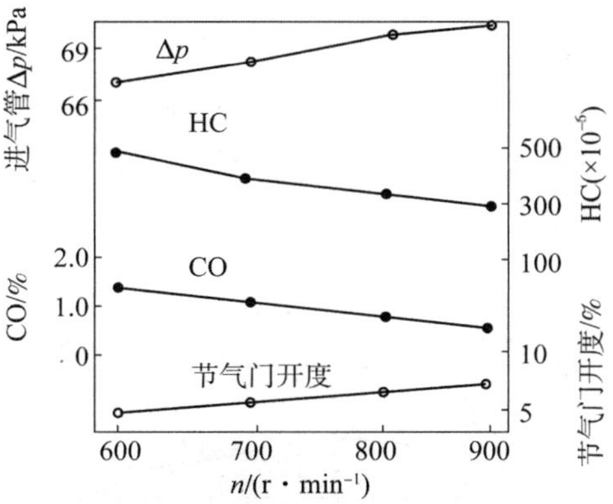

图 8-3　汽油机怠速转速对 CO 和 HC 排放的影响

负荷变化对 CO 和 HC 的排放量基本上也没有影响，但对 NO_x 的排放量有影响。汽油机是采用节气门控制负荷的，负荷增加，进气量就增加，降低了残余废气的稀释作用，火焰传播速度提高，缸内温度提高，排放增加，这一点在混合气较稀时更为明显。混合气过浓时，由于氧气不足，负荷对 NO_x 排放影响不大。

4）积炭

汽油机运转一段时间之后，会在活塞顶部，燃烧室壁面和进、排气门上形成多孔积炭，这些积炭能吸附未燃混合气和燃料蒸气，在排气过程中再释放出来。因此，随着积炭的增加，HC 排放量增加。

随积炭的增加，发动机的实际压缩比也增加，从而导致最高燃烧温度升高，NO_x 排放量增加。汽油机在高负荷下运行时，积炭成了表面点火的点火源，除了使 NO_x 排放增加外，还有可能使机件烧蚀。

2. 影响柴油机排放污染物生成的因素

1）过量空气系数

柴油机总是在 $\varphi_a>1$（1.5～3 之间）下工作，CO 排放量比较低，只有在负荷很大接近冒烟界限（$\varphi_a=1.2\sim1.3$）时才急剧增加。

NO_x 的生成主要受到氧气含量、燃烧温度以及燃烧产物在高温中的停留时间的影响。对柴油机而言，小负荷时，过量空气系数增加，混合气中有较充足的氧，但燃烧室内温度较低，故 NO_x 排放也较低。

2）转速和负荷对柴油机 CO、HC、NO_x 排放的影响

发动机转速的变化会使与燃烧有关的气体流动、燃油雾化与混合气质量发生变化，而这些变化对 NO_x 及 HC 的排放都会产生影响。不过，转速变化对直喷式柴油机 NO_x 及 HC 排放的影响不明显。6135 型低增压柴油机转速对排放物的影响如图 8-4 所示，可见，转速变化对 CO 排放的影响较大。

由图 8-4 可知，CO 排放量在某一转速时最低，而在低速及高速时都较高。柴油机在高速时，充气系数较低，在很短的时间内要组织良好的混合气及燃烧过程较为困难，燃烧不易完善，故 CO 排放量高。而在低速特别是怠速空转时，由于缸内温度低，喷油速率不高，燃料雾化差，燃烧不完善，故 CO 排放量也较高。

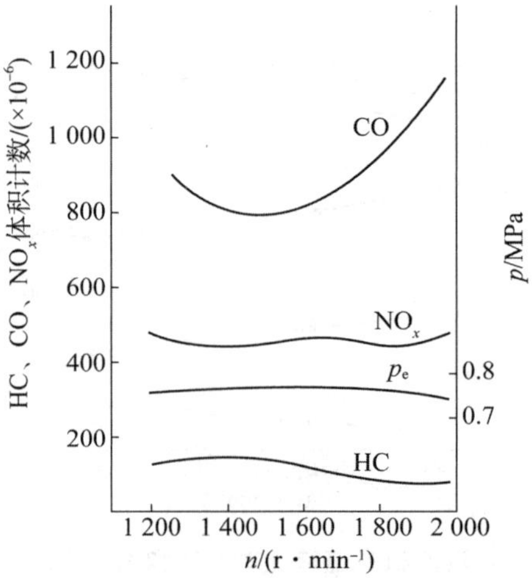

图 8-4　6135 型低增压柴油机转速对排放物的影响

在小负荷时，由于喷油量少，缸内气体温度低，氧化作用弱，因此 CO 排放浓度高。随着负荷增加，气体温度升高，氧化作用增强，可使 CO 排放减少。大负荷或全负荷时，由于氧浓度变低和喷油后期的供油量增加，反应时间短，使 CO 排放又增加。

HC 排放量随负荷的增加而减少。在怠速和小负荷时，喷油量小，可以假定燃油喷注达不到壁面，且喷注核心燃料浓度也小。这时，燃料燃烧而引起的该区局部温度上升是很小的，因而反应速率慢。随着燃油分子向包围该区的空气中扩散，由于其浓度很低，使得燃油氧化反应弱，因此在怠速和小负荷时，HC 的排放浓度是最高的。随负荷增加，燃烧温度升高，氧化反应随着温度的升高加快，结果使 HC 的排放量减少了。涡轮增压柴油机由于缸内温度比非增压机更高，故随着负荷的增加，HC 排放量更低。

3）转速和负荷对柴油机微粒排放量的影响

高速小负荷时，柴油机微粒排放量较高，且随负荷的增加，柴油机微粒排放量减小；低速大负荷时，柴油机微粒排放量又由于空燃比的减少而有所升高。

按 1 kg 燃料燃烧算，柴油机微粒排放量随负荷的变化趋势如图 8-5 所示。由于小负荷时燃空比和温度均较低，气缸内稀薄混合气区较大，且处于燃烧界限之外而不能燃烧，形成了冷凝聚合的有利条件，因此有较多微粒（主要成分是未燃燃油成分和部分氧化反应产物）生成；在大负荷时，燃空比和温度均较高，形成了裂解和脱氢的有利条件，使微粒（主要成分是炭烟）排放量又有了升高；在接近全负荷时，微粒排放急剧增加（接近冒烟界限），这时虽然总体过量空气系数尚大于 1，但燃烧室内可燃混合气不均匀，局部会有过浓，导致烟粒大量生成。

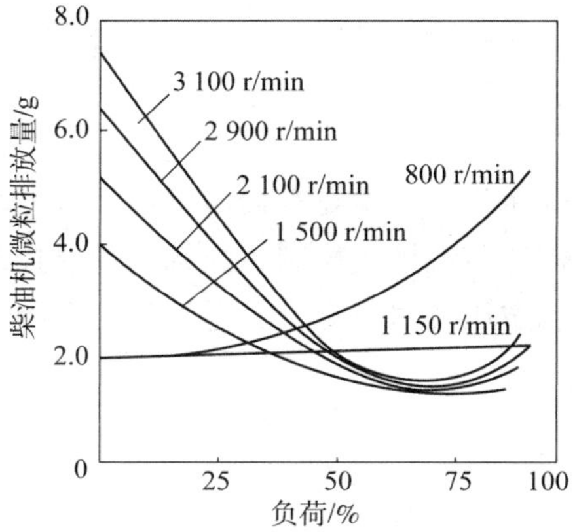

图 8-5 柴油机微粒排放量随负荷的变化趋势

小负荷时温度低，以未燃油滴为主的微粒的氧化作用微弱；转速升高时，这种氧化作用又受到时间因素的制约；故微粒排放量随转速升高而增加。

在大负荷时，转速的升高有利于气流运动的加强，使燃烧速度加快，对炭烟微粒在高温条件下与空气混合氧化起了促进作用，故以炭烟为主的微粒排放量随转速的升高而减小。如仅考虑炭烟排放，对车速适应性好的柴油机而言，其峰值浓度往往出现在低速大负荷区。

4）喷油提前角

喷油提前角对柴油机 NO_x、炭烟、HC 排放的影响较大。推迟喷油可使最高燃烧温度和压力下降，燃烧变得柔和，NO_x 生成量减少。所以，推迟喷油是降低柴油机 NO_x 排放最简单易行且十分有效的办法。试验表明，喷油推迟 2°就能使 NO_x 排放下降约 20%，但同时会导致油耗上升 5% 左右，且会使 CO、HC 排放量、排气温度和烟度也上升。所以，在利用推迟喷油降低 NO_x 排放时，必须同时优化燃烧过程，以加速燃烧，并使燃烧更完全。

5）燃料的影响

燃油的十六烷值对微粒排放也有明显影响。试验表明，柴油机的微粒排放浓度随十六烷值的提高而增大，其原因可能是十六烷值较高的燃油稳定性较差，在燃烧过程中炭的生成速率较高。若从柴油的十六烷值对燃烧过程的影响考虑，则由于十六烷值高的燃油具有良好的发火性，其滞燃期短，参与预混合燃烧的燃油较少，大部分燃油以扩散燃烧的方式进行，故微粒排放浓度较大。然而，以降低十六烷来获得微粒排放的改善，会带来柴油机工作粗暴等严重后果。

8.3 排放污染物的控制

汽车发动机排放污染物净化方法有机内净化措施和机外净化措施。机内净化就是从有害排放物的生成机理及影响因素出发，以改进发动机燃烧过程为核心，达到减少和抑制污染物生成的各种技术。机外净化就是发动机燃烧生成的废气排出发动机排气门后，但还未排入到大气环境之前，进一步采取净化措施，以减少最终汽车污染物排放的技术。

8.3.1 机内净化措施

目前，汽油机使用的机内净化措施主要有稀薄燃烧系统、分层燃烧系统、均质充量压缩燃烧、废气再循环技术、燃油蒸汽排放控制、曲轴箱排放控制。柴油机使用的机内净化措施主要有低排放燃烧系统、增压技术、低排放燃油喷射系统、废气再循环技术。

8.3.1.1 汽油机机内净化技术

1. 稀薄燃烧系统

混合气较稀时，绝热指数 K 反而增大。从理论上讲，混合气越稀，K 值越大，热效率也越大。在发动机不使其失火的前提下，应尽可能进行稀薄燃烧。使用过量空气的稀薄混合气，可以促进燃料的充分燃烧，提高燃料利用率，降低油耗；正常混合气的空燃比（A/F）为 14.6，当空燃比达到 22 以上时，油耗可降低 8% ~10%；由于空燃比增加会带来燃烧的不稳定，因此需要对进气道和燃烧室等进行精心的设计，以实现分层和均质燃烧。目前，世界最高水平的空燃比已达到 65 左右。

2. 分层燃烧系统

如果稀燃技术的混合比达到 25：1 以上，按常规来看是无法点燃的，因此必须采用由浓至稀的分层燃烧方式。通过缸内空气的运动在火花塞周围形成易于点火的浓混合气，混合比达到 12：1 左右，外层逐渐稀薄。浓混合气点燃后，燃烧迅速波及外层。燃油喷射定时与分段喷射技术，即将喷油分成两个阶段，进气初期喷油，燃油首先进入缸内下部随后在缸内均匀分布，进气后期喷油，浓混合气在缸内上部聚集，并在火花塞四周被点燃，实现分层燃烧。

3. 均质充量压缩燃烧

均质充量压缩燃烧的热效率高；与传统的发动机相比，可以减少 90% ~98% 的 NO_x 排放；可以简化发动机燃烧系统和喷油系统的设计。

4. 废气再循环技术

废气再循环（EGR）技术主要减少 NO_x 的生成。少量废气再次循环进入气缸，降低燃烧温度，可抑制 NO_x 生成。对 EGR 的控制方法有进气负压控制式、排气压力控制式、负荷比例式及电子控制式。应根据不同工况决定是否采用 EGR 技术，或确定废气再循环量的多少。

各大汽车公司所开发推出的 EGR 系统在控制方式上并不相同。按照工作方式分类主要有真空膜片式 EGR 系统和全计算机控制电磁式 EGR 系统。

真空膜片式 EGR 系统主要有以下几种类型：气道式 EGR 系统；正背压 EGR 系统和负背压 EGR 系统。以上类型的 EGR 系统主要在日本车系、Ford 车系和早期的 GM 车系上被广为应用，主要通过电磁阀控制传送到 EGR 阀内部膜片上部控制管路中的真空度，再结合发动机在不同工况下的排气压力和进气歧管绝对压力（MAP）差值综合控制 EGR 阀的开关程度。

因为一般 EGR 阀在发动机的冷却液温度达到 70 ℃以上，节气门开度大于 0 时，都被 ECM 控制开启，所以进气歧管上的真空可以说大多数时间是被作用于 EGR 阀内部的膜片上的，整个系统的控制近似于一种纯机械的方式。而且，发动机控制模块 ECM 接收到的 EGR 阀工作状况反馈信息也不是非常的精确。

在汽油机暖机过程中，在怠速及低负荷，高负荷、高转速或节气门全开时，一般不进行废气再循环，并要求随着负荷增加，废气再循环量应增加到允许的限度。电控 EGR 系统如图 8-6 所示，根据工况不同，利用计算机控制 EGR 阀的开度，可以获得较高的控制精度。在严格控制 NO_x 排放的国家，EGR 装置已成为净化 NO_x 的主要方法。

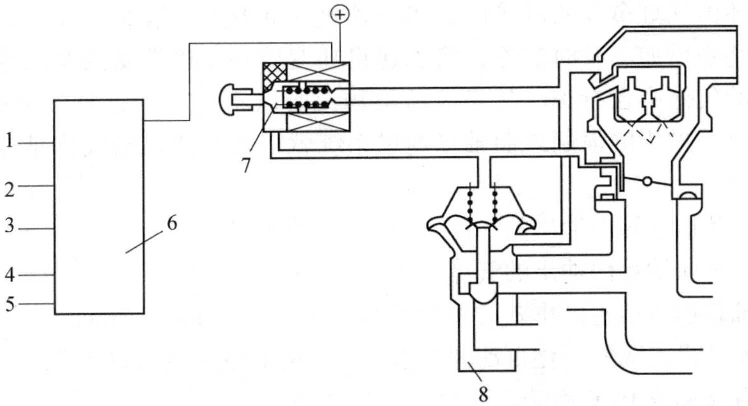

1—冷却液温度传感器；2—空气流量传感器；3—曲轴位置传感器；4—怠速开关；
5—节气门位置传感器；6—电子控制单元；7—电磁阀；8—EGR 阀。

图 8-6 电控 EGR 系统

5. 汽油蒸汽排放控制

汽油蒸汽排放控制系统如图 8-7 所示。

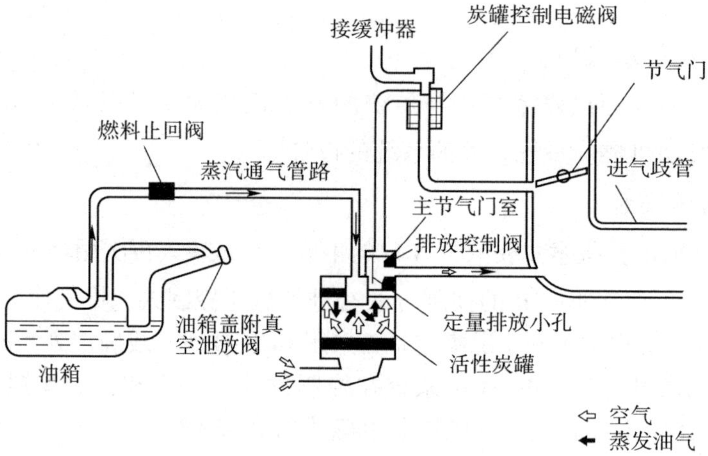

图 8-7 汽油蒸汽排放控制系统

汽油箱的汽油随时都在蒸发汽化，若不加以控制或回收，则当发动机停机时，汽油蒸汽将逸入大气，造成对环境的污染。汽油蒸发控制系统的功用是将这些汽油蒸汽收集和储存在碳罐内，在发动机工作时再将其送入气缸燃烧。

为了控制燃油箱逸出的燃油蒸汽，电控发动机普遍采用了碳罐，油箱中的燃油蒸汽在发动机不运转时被碳罐中的活性炭所吸附，当发动机运转时，依靠进气管中的真空度将燃油蒸汽吸入发动机中。电子控制单元根据发动机的工况通过电磁阀控制真空度的通或断实现对燃油蒸汽的控制。采用燃油蒸汽的控制可减少排入大气中的 HC 和节约燃料。

6. 曲轴箱排放控制

强制式曲轴箱通风系统如图 8-8 所示。在发动机工作时，会有部分可燃混合气和燃烧产物经活塞环由气缸窜入曲轴箱内。当发动机在低温下运行时，还可能有液态燃油漏入曲轴箱。这些物质如不及时清除，将加速机油变质并使机件受到腐蚀或锈蚀。又因为窜入曲轴箱内的气体中含有 HC 及其他污染物，所以不允许把这种气体排放到大气中。现代汽车发动机所采用的强制式曲轴箱通风系统就是防止曲轴箱气体排放到大气中的净化装置。

自然通风：从曲轴箱内抽出的气体直接导入大气中去。

强制通风：将曲轴箱内抽出的气体导入发动机进气管道中。

强制式曲轴箱通风装置最重要的控制元件是 PCV（Positive Crankcase Ventilation）阀，其功用是根据发动机工况的变化自动调节进入气缸的曲轴箱内气体的数量。因此，强制式曲轴箱通风装置又称为 PCV 系统。

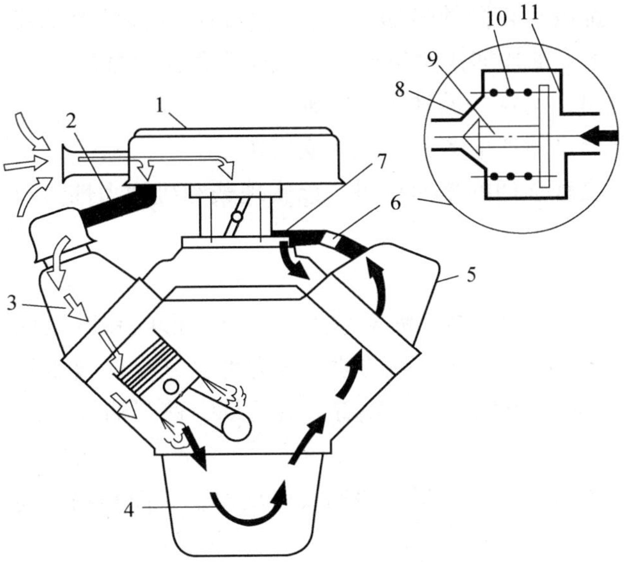

1—空气滤清器；2—空气软管；3—新鲜空气；4—曲轴箱气体；5—气缸盖罩；
6—PCV 阀；7—曲轴箱气体软管；8—阀体；9—阀；10—弹簧；11—阀座。

图 8-8　强制式曲轴箱通风系统

8.3.1.2　柴油机机内净化技术

1. 低排放燃烧系统

1）非直喷式燃烧系统

（1）涡流式燃烧室：涡流式燃烧室的燃烧过程采用浓、稀两段混合燃烧方式，前段的浓混合气抑制了 NO_x 的生成和燃烧温度，而后段的稀混合气和二次涡流又加速了燃烧，促使碳烟的快速氧化，使得 NO_x 和微粒排放量都比较低。

（2）预燃室式燃烧室：预燃室式燃烧室由预燃室和主燃烧室两部分组成。预燃室在气缸盖内，占压缩容积的25%～40%，有一个或数个通孔与主燃烧室连通。燃料喷入预燃室中，着火后部分燃料燃烧的混合物高速喷入主燃烧室，与空气进一步混合燃烧。这种燃烧室适用于中小功率柴油机。

2）直喷式燃烧系统

（1）浅盆形燃烧室：浅盆型燃烧室内的油气混合属于空间混合方式，在燃烧过程的滞燃期内，形成较多的可燃混合气，因而燃烧初期压力升高率和最高燃烧温度较高，工作粗暴，NO_x 和排气烟度高。

（2）深坑形燃烧室：如挤流口形燃烧室，挤流口形燃烧室的燃烧过程较柔和，流口抑制了较浓的混合气过早地流出燃烧室凹坑，使初期燃烧减慢，压力升较低，因此 NO_x 排放较 ω 形燃烧室低。

（3）球形燃烧室：球形燃烧室与浅盆形和深坑形燃烧室的空间混合方式不同，是以油膜蒸发混合方式为主。

2. 低排放柴油喷射系统

低排放燃烧系统应满足以下条件：

（1）各种工况下都应有较高的喷油压力，以得到足够高的燃油流出的初速度，使得燃油粒度细化以提高雾化质量并加快燃烧速度，从而改善排放性能。

（2）优化喷油规律，实现每循环多次喷射。

（3）每循环的喷油量能适应各种工况的实际需要。

（4）各种不同工况有合理的喷油正时，以实现柴油机动力性、经济性和排放性能综合最优。

1）喷油压力

喷油压力越大，喷油能量越高、喷雾越细、混合气形成和燃烧越完全，可使柴油机的排放性、动力性、经济性得到改善。高的喷油压力可明显改善燃油和空气的混合，从而降低烟度和颗粒的排放，同时可以大大缩短着火延迟期，使柴油机工作柔和。

2）喷油规律

（1）滞燃期内的初期喷油量控制了初期放热规律，从而影响最高燃烧压力和最大压力升高率。

（2）为提高循环放热率，应尽量减小喷油持续角，并使放热中心接近上止点。

（3）在喷油后期，喷油率应快速下降以避免燃烧拖延，造成烟度及油耗量加大。喷油后期也不应该出现二次喷射及滴油等不正常情况。合理的喷油规律：初期缓慢，中期急速，后期快断。

3）喷油时刻

喷油提前角过大，则燃料在柴油机的压缩行程中燃烧的数量就多，不仅增加压缩负功，使燃油消耗率上升，功率下降，而且因滞燃期较长，压力升高率和最高燃烧温度、压力升高，使柴油机工作粗暴、NO_x 排放量增加；喷油提前角过小，则燃料不能在上止点附近迅速燃烧，导致后燃增加，虽然最高燃烧温度和压力降低，但燃油消耗率和排气温度增高，发动机容易过热。

3. 电控柴油喷射系统

1）位置控制系统

位置控制系统保留了传统喷射系统的基本结构，将原有的机械控制机构用电控元件取代。

在原机械控制循环喷油量和供油正时的基础上，改进了机构功能，实现了循环喷油量和供油正时的电控，使控制精度更高，响应速度更快。

2）时间控制系统

时间控制系统是第二代柴油机电控燃油喷射系统，它将原有机械式喷油器改用高速强力电磁阀喷油器，以脉动信号来控制电磁阀的吸合与断开，以此来控制喷油器的开启与关闭。

3）电控高压共轨系统

喷油压力柔性可调，对不同工况可确定所需的最佳喷射压力，从而优化柴油机综合性能，可独立地柔性控制喷油正时，配合高的喷射压力（120～200 MPa），将 NO_x 和微粒排放量同时控制在较小的范围内。

4. 废气再循环系统

废气再循环（EGR）系统是在保证柴油机动力性不降低的前提下，根据柴油机的温度及负荷大小，将柴油机排出的废气的一小部分再送回气缸参与燃烧。

柴油机 EGR 率的精确控制对于 NO_x 的净化效果极其重要。机械式 EGR 率小（5% ~ 15%），结构复杂，因而应用不广。电控式 EGR 结构简单，还能进行较大的 EGR 率（15% ~20%）控制。

5. 增压技术

增压技术对柴油机净化与性能的影响如下。

（1）增压对 CO 排放的影响：采用涡轮增压后过量空气系数还要增大，燃料的雾化和混合进一步得到改善，发动机缸内温度能保证燃料更充分燃烧，降低 CO 排放。

（2）增压对 HC 排放的影响：增压后进气密度增加、过量空气系数大，可以提高燃油雾化质量，减少沉积于燃烧室壁面上的燃油，使 HC 减少。

（3）增压对 NO_x 排放的影响：柴油机单纯增压后可能会因过量空气系数增大和燃烧温度升高而导致 NO_x 增加。采用进气中冷技术可以降低增压柴油机进气温度，燃烧温度可以得到有效抑制，有利于减少 NO_x 的生成。

（4）增压对微粒排放的影响：增压柴油机，特别是采用高增压比和中冷技术后，可显著增大进气密度，增加缸内可用的空气量。如同时采用高压燃油喷射、电控共轨喷射、低排放燃烧系统和中心喷嘴四气门技术等改善燃烧过程，则可有效地控制微粒排放。

（5）增压对 CO_2 排放及燃油经济性的影响：增压柴油机的燃油经济性改善得益废气能量的利用和燃烧效率的提高，增压柴油机的平均有效压力增加，使得机械摩擦损失相对较少，且没有换气损失，因而机械效率提高，增压柴油机比质量。

6. 柴油机的均质压燃技术特点

（1）进气温度应在一定范围内，不可过高或过低，过高的进气温度会使柴油过早自燃，而太低则会影响混合气的形成。

（2）压缩比变化范围大。

（3）由于柴油的自燃性较好，因此一旦充分混合，基本不存在失火和部分燃烧，因而运行范围主要受爆震强度限制。

7. 多气门技术

气门技术是指一个气缸的气门数目超过两个。多气门发动机优点：排放污染少、提高发动机的功率、降低发动机噪声。

8.3.2　机外净化技术

汽油机的机外净化技术主要有三元催化转化器、热反应器、吸收还原技术。柴油机的机外净化措施主要有氧化催化转化器、NO_x 机外净化技术、使用柴油机微粒捕集器。

1. 汽油机机外净化技术

1）三元催化转化器

三元催化转化器是目前应用最多的机外净化技术。当发动机工作时，废气经排气管进入三元催化转化器，将废气中对环境有害的气体转变成对环境无害的 CO_2 和 H_2O。

三元催化转化器安装在排气歧管之后、排气消声器之前的排气管中，其作用是利用催化剂（通常是金属铂、钯和铑，稀土材料）将排气中的 CO、HC 和 NO_x 转换为对人体无害的气体。

三元催化转化器一般采用蜂窝结构载体，蜂窝表面有涂层和活性组分，与废气的接触表面积大，当发动机的空燃比在理论空燃比附近时，催化剂可将 90% 的 HC 和 CO 及 70% 的 NO_x 同时净化。

2）热反应器

热反应器由壳体、外筒和内筒构成，中间加保温层。它是通过均质气体的非催化反应来氧化汽油机排气中烃和 CO 的装置，安装在排气道出口处，其原理是基于这类反应器在一段时间内（平均为 100 ms）能保持排气高温（800～900 ℃），使排气离开气缸后，在排气过程中继续进行氧化反应。由此热反应器属氧化装置，因此不能除去 NO_x。

3）吸收还原技术

在富氧条件下，NO_x 首先在贵金属上被氧化，然后与 NO_x 存储物发生反应，生成硝酸盐。当发动机以理论空燃比或低于理论空燃比燃烧时，硝酸盐分解形成 NO_x，然后 NO_x 与 CO、H_2、HC 反应被还原成 N_2。

2. 柴油机机外净化技术

1）氧化催化转化器

氧化催化转化器通过催化氧化的方法，减少柴油机 CO 和 HC 的排放；同时，也可以通过氧化颗粒中的可溶性有机类物质在一定程度上减少颗粒物的排放。

氧化催化转化器以铂、钯等贵金属作为催化剂，以整体蜂窝陶瓷作为催化剂载体。对 CO 和 HC 的转化效率分别可达 90% 和 70%，还可减轻柴油机排气的臭味；同时，对颗粒物中可溶性有机类物质的去除率高达 90%，从而使颗粒物的脱除效率可达到 15%～30%。

氧化催化转化器的结构主要由壳体、衬垫（减振层）、载体和催化剂涂层 4 个部分组成。

2）NO_x 机外净化技术

由于柴油机的富氧燃烧使得废气中含氧量较高，因此利用还原反应进行催化转化比汽油机困难。

目前比较流行的柴油机脱除 NO_x 的技术有吸附催化还原法，选择性催化还原法，等离子辅助催化还原法等。

3）使用柴油机微粒捕集器

在排气尾部添加微粒捕集器对颗粒物进行捕集是最可行的一种后处理技术，其中的过滤体通过拦截、碰撞、扩散等机理，可以将尾气中的颗粒物捕集下来，使柴油机排气中有害物微粒减少 70%～90%。

用来捕集微粒的过滤器的材料和结构有许多种，常用的有整体式陶瓷，金属丝网，纺织纤维圈，陶瓷纤维，泡沫陶瓷等。

过滤体的滤芯由多孔陶瓷制造，有较高的过滤效率。排气穿过多孔陶瓷滤芯进入排气管，微粒则滞留在滤芯上。过滤体在工作一段时间后，需及时清除积存在滤芯上的微粒，以恢复其工作能力和减小排气阻力。

8.4　排放法规与试验方法

8.4.1　概述

排放法规既是对发动机及汽车工业发展的限制，又从客观上促进了发动机及汽车技术的进步。排放法规的核心内容实际上是两个，即排放限值和试验方法。美国、日本和欧洲的汽车排放法规形成了当今世界三大汽车排放法规体系。我国的排放法规基本上是在参照欧洲法规的基础上制定的。

1. 排气污染物的测量方法

排气污染物的测量方法有怠速法、工况法、烟度法和汽车曲轴箱污染物测量方法。

1）怠速法

怠速法是测量汽车在怠速工况下的排气污染物的方法，一般仅测 CO 和 HC，测量仪器采用便携式排放分析仪。

2）工况法

工况法是测量汽车于常用工况和排放污染较重的工况的污染物排放，以期综合全面地评价车辆排放水平。

3）烟度法

由于柴油机排出的炭烟微粒要比汽油机高出 30 ~ 80 倍，故一般仅对柴油机的排烟浓度进行监测。烟度法分为稳态烟度测定和非稳态烟度测定两种。

稳态烟度测定除用以监测汽车柴油机烟尘对环境的污染外，还常常用来研究燃烧过程，按烟度标出额定功率或对产品进行调整验收以及燃油品质的比较等。根据这些用途所进行的稳态烟度测定，一般不单独进行，只是作为柴油机台架和道路试验的一个测量项目，而不是在单一的全负荷工况下进行。每一部分负荷下的排气烟度是以柴油机实际转速范围内的最大烟度值来表示的。稳态烟度通常在全负荷稳定运转时测定，亦称为柴油机全负荷烟度测定（稳态）。

稳态烟度测定适用于在台架上进行，但较难在汽车、拖拉机上测定；对于那些高度强化和增压柴油机，由于在突然加速等过程中排烟浓度很高，稳态烟度测量就不能反映出柴油机的全部排烟特性。因此，后来又发展了非稳态烟度测定。目前，非稳态烟度测定有自由加速法和控制加速法两种。

4）汽车曲轴箱污染物测量方法

世界各国对汽油车燃油蒸发污染物的测量方法有两种，即收集法和密闭室法，测量单位均为 g/测量循环。

2. 取样方法

在取样方法上，目前我国、美国、日本、欧盟等的轻型车试验法规中均规定采用定容取样（Constant Volume Samplinng，CVS）法取样。CVS 法是一种稀释取样方法，该法有控制地用周围空气对汽车排气进行连续稀释，因而是一种接近于汽车排气向大气中扩散这一实际过程的取样方法，又称为变稀释度取样法。该法易于进行连续测量以及对有害成分质量排放率的自动实时计算。

世界各国的排放法规对测试装置、取样方法和分析仪器的规定基本是一致的，但测试循环和排放限值的差别较大。美国采用 FTP 测试循环；日本采用 10 · 15 测试循环；欧洲则采用 ECE15+EUDC 测试循环。例如，目前美国对于轿车及轻型车采用的试验规范是美国环保局 EPALA-4CH 冷热起动工况法，日本现行的排放法规是 10 工况热起动行驶循环法和 11 工况冷起动行驶循环法，欧洲经济委员会现行的是 ECE-15 工况法。

8.4.2 排放试验规范

1. 美国排放试验规范

世界上最早的排放测试规范是由美国加利福尼亚州政府于 1966 年制定的称之为加利福尼亚标准的测试规范。该规范已于 20 世纪 70 年代初被美国联邦试验规范 FTP-72 所代替，FTP-72 是通过对美国洛杉矶市早上上班的公共汽车的运行工况实测得到的，试验平均车速为 34 km/h（其中最高车速为 90 km/h），当量里程数为 17. 8 km，1972 年采用 LA-4C（FPT-72）测试循环，并增加对 NO_x 的制，1975 年改用 LA-4CH（FPT-75）测试循环；1975 年 20 世纪 80 年代，美国排放法规大幅度加严，特别强化 NO_x 的限值，同时提高对非甲烷气体（NMOG）和 C 控制。1990 年美国国会对《大气净化法》做了重大修订对汽车排放提出了更高的要求。1994 年，美国加利福尼亚州定的低污染汽车排放法规，将轻型车分为过渡低排放车（TLEV），低排放车（LEV），超低排放车（ULEV）和零排放车（ZEV），并且规定从 1998 年起销售到加州的轻型车应有 2% 为无污染排放（零排放）车，2001 年为 5%，2003 年达到 10%。同时，计划在 2004 年进一步强化汽车排放法规（SULEV），限值为 ULEV 的 1/4。

2. 日本排放试验规范

日本的试验循环有 10 · 15 模式循环、11 模式循环和 13 模式循环。10 · 15 模式循环试验用于模拟汽车在城市道路的平均行驶状况，11 模式循环用于模拟汽车冷起动后由郊外向市中心前进的平均行驶模式，13 模式循环用于重型汽油机货车、柴油机货车及液化石油气货车及巴士的排放值测量。

3. 欧洲排放试验规范

在欧洲，汽车废气排放的标准一般每四年更新一次。相对于美国和日本的汽车废气排放标准来说，测试要求比较宽泛，因此，欧洲标准也是发展中国家大都沿用的汽车废气排放体系。

欧洲排放标准目前使用的是欧六标准。

欧六标准较欧五，主要变化为增加了 RDE 排放测试循环，新增了 PN 限制要求，OBD

限值加严，诊断率要求更高。

由于各国试验法规不同，因而允许排放的限值及使用单位也不一样。各国排放法规虽历经多次修改，但总的趋势是排放限值日趋严格。

4. 我国汽车的排放法规

我国轻型汽车于2020年7月1日起执行“国六a”标准。“国六”标准较“国五”标准有很多不同点，具体如下。

（1）测试循环由NEDC升级为全球轻型车统一测试程序WLTC，对车辆的排放进行了更全面的考核，覆盖了更大的发动机工作范围，对车辆的排放控制性能提出了更高的要求。

（2）测试程序要求更严格，采取提高试验车辆的质量、要求轮胎规格必须与量产车一致等措施。

（3）增加实际道路行驶排放测试。

（4）污染物限值更严苛，“国六”相比“国五”加严了40%~50%，并且根据燃料中立原则，对汽、柴油车采用了相同的限值要求，对柴油车的NO_x排放和汽油车的颗粒物排放不再设立较松限值。

（5）全面强化对挥发性有机物的排放控制，引入48 h蒸发排放试验以及加油过程挥发性有机物排放试验，将蒸发排放控制水平提高到90%以上。

（6）引入严格的美国车载诊断系统控制要求，全面提升了对车辆排放状态的实时监控能力，能够及时发现车辆排放故障，保证车辆得到及时和有效的维修。

（7）增加排放质保期的要求。

（8）优化管理部门进行环保一致性和在用符合性监督检查的规则和判定方法，使操作更具有可实施性。

8.4.3 尾气成分分析仪器

测定CO及CO_2浓度的标准方法是采用不分光红外线分析仪，测定HC含量的标准方法是采用氢火焰离子型分析仪，测定NO的标准方法是采用化学发光分析仪。

1. 不分光红外线分析仪

红外线是波长为0.8~600 μm（工业上多用2~15 μm）的电磁波。多数气体对一定波长的红外线具有吸收能力，其吸收能量与气体浓度有关，如CO能吸收波长4.5~5 μm的红外线。由光源发出两束能量相等的平行红外线，其波长为2~7 μm，进入左右两室，左室为基准室，充满不吸收红外线的标准气体；右室为分析室，测量开始前也充入与左室相同的气体，这样红外线穿过两室，射入检测电容器的能量相等。测量开始时，将待测气体通过分析室，由于待测气体吸收红外线，使穿过右室的红外线能量减少，则检测器中金属薄膜右侧的压力减小，薄膜向右凸起，电容量减少，并且正比于待测气体的浓度；然后把电容量调制为超低频交流电压的信号，经放大、整流后在记录仪上显示。

不分光红外线分析仪具有对吸收红外波长的选择性，从而不干扰组成浓度的变化，对待测组成浓度测量没有影响，不需要预先提纯，把被测气体与非被测气体分开，而且它还具有灵敏度高、测量精度高、能连续分析等优点，可测量浓度很大或微量级（$\times10^{-6}$）的气体。

2. 氢火焰离子型分析仪

氢火焰离子型分析仪的工作原理是利用HC在氢火焰的高温（约2 000 ℃）中燃烧，一部分分子或原子离子化而生成自由离子；在外加电场作用下，离子向两极移动，形成离子电流，其电流大小与待测气体的流量和浓度成正比。

氢火焰离子型分析仪可测从几个ppm到50 000 ppm浓度的HC，而且线性好，不受其他气体干扰，反应速度高。

3. 化学发光型分析仪

化学发光型分析仪灵敏度高，响应性好，其感度高达0.1 ppm，且应答性好，在10 000 ppm范围内输出特性为线性关系，适用于连续分析。

知识链接

随着“国六”标准的实施，各车企也积极开发适用于“国六”标准的发动机，采用了很多排放控制的新技术。

1. 汽油机颗粒捕集器

汽油机颗粒捕集器由流通式三元催化转化器演变而来，是一种安装在汽油发动机排放系统中的陶瓷过滤器，外型一般为圆柱体。它主要以壁流式蜂窝陶瓷为载体，载体内有很多平行的轴向蜂窝孔道，相邻的两个孔道内一个只有进口开放，另一个只有出口开放。排气从开放的进口孔道流入，通过载体多孔壁面至相邻孔道排出。

2. 蒸发系统的泄露诊断方案

通常的蒸发系统的泄漏诊断共有3种方案，第一种叫DTESK，第二种叫EONV，第三种叫DMTL。

（1）DTESK方案。DTESK方案需要额外两个零部件，其中一个是压力传感器，安装在油箱上或靠近油箱的管路上，用来测量油箱压力的变化；另外一个是安装在碳罐的通风口上的碳罐通风阀，它是碳罐与大气的隔离开关，通常情况下是常开的。在环境条件和发动机的工况条件，如环境温度、起动条件、车速条件、进气歧管的压力等满足时，碳罐通风阀会关闭，把蒸发系统与大气的联通切断，这时进气歧管的真空会把蒸发系统的气抽走一部分，使蒸发系统也有一定的真空度。如果此时连真空都建立不了，那说明蒸发系统有很大的泄漏，可能存在如油箱盖没有关的情况。真空建立之后，碳罐通风阀也会关闭，以形成一个密闭空间，这个时候ECU就会监测一定时间范围内的真空衰减速度。如果系统是密封的，那么真空度应该不会有多大改变，但如果有泄漏，且泄漏的孔径越大，那么真空度会很快衰减。ECU就会根据这个真空衰减速度来判定存在多大的泄漏。

（2）EONV方案。车辆运行结束后，油箱会吸收周围零部件特别是排气管的热量，使其温度上升，而一段时间过后，油箱和周围的零部件都会慢慢冷却，温度慢慢降低。因此，油箱内的压力也会出现同样的趋势，即先上升再慢慢下降。如果油箱出现了泄漏，那么温度上升和下降的过程中，油箱内的气体会溢出到大气中或大气中的气体会补偿进入油箱，使油箱压力的上升和下降变缓。泄漏的孔径越大，变缓的程度越厉害。因此，它可以根据压力上升和下降变缓的程度来判断泄漏的大小。该方案用到的硬件配置与 DTESK 相同。一般情况下，EONV 方案用来诊断 0.5 mm 泄漏，DTESK 方案用来诊断 1 mm 泄漏。

（3）DMTL 方案。该方案要求在碳罐的通风口处加装一个 DMTL 模块，内部包含充气泵，ECU 监测充气泵向油箱系统充气的难易程度，具体表现为充气泵电流的大小，通过对比向标准孔吹气的电流大小来判断存在多大的泄漏。

小　结

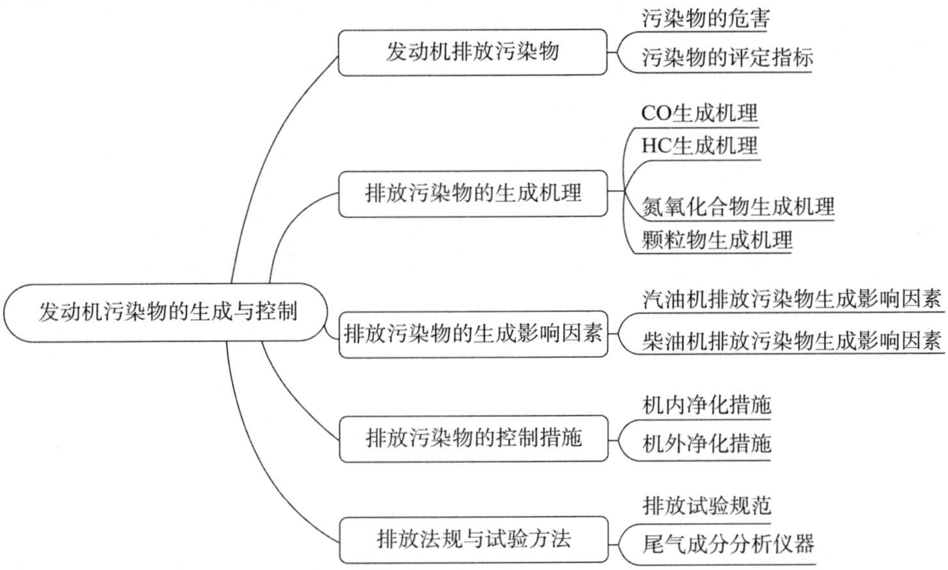

复习题

一、填空题

1. 三元催化器主要是减少 CH、CO 和________3 种危害物的排放。

2. 在高温缺氧环境下易产生的不完全燃烧产物是______________。

3. 汽车排放的污染物主要有________、________、____________、__________。

4. 汽油发动机中未燃 HC 的生成主要来源于________、____________、__________。

5. 生成 NOx 的 3 个要素是________、____________、__________。

6. 目前微粒捕集器被动再生的方法主要有__________。

7. 发动机排出的 NO_x 量主要与____________、__________有关。

8. 排气成分分析中，CO_2 用________测量，NO_x 用________测量，HC 用________测量。

二、判断题

1. 燃烧的温度越低，NO_x 排出的就越多。（　　）

2. 发动机温度过高不会损坏三元催化转化器。（　　）

3. 采用缸内直接喷射能降低 NO_x 的排放。（　　）

4. 碳烟排放是柴油机的主要问题。（　　）

5. 适当减小点火提前角可降低汽油机 NO_x 的排放。（　　）

三、简答题

1. 发动机中 HC 的生成有几条途径，其中那一条为 HC 的主要来源？

2. 在降低有害排放物方面，汽油机常采用哪些排气后处理方式和发动机前处理方式？

3. EGR 基本原理是什么？

4. 发动机 CO、HC 和 NO_x 排放物对环境和人体的危害是什么？它们的危害性各自有何特殊性？

实训项目一　发动机废气测试与分析试验

一、试验目的

1. 了解汽油发动机排放测试系统及原理。
2. 了解和掌握汽油发动机排放测试方法及仪器操作。
3. 分析汽油发动机有害气体排放物 CO、THC、NO_x 含量随负荷及转速变化的规律。

二、试验仪器设备

1. 测试用发动机。
2. 测功机（水力或电力测功机）。

三、试验条件

1. 测功机参数与负载系统的控制方式。测功机为 GW160 电涡流测功机，主要参数为：最高转速 8 000 r/min，最大扭矩可达 700 N · m，最大功率达 160 kW；扭矩分辨率为±0. 1 N · m，测量精度为±0. 4%；转速分辨率为±1 r/min，测量精度为±5 r/min；扭矩、转矩以数字的形式在控制界面上显示。负载系统的控制方式有以下 6 种：

（1）恒扭矩/恒转速控制（M/n）；

（2）恒转速/恒扭矩控制（n/M）；

（3）恒扭矩/恒油门位置控制（M/P）；

（4）恒转速/恒油门位置控制（n/P）；

（5）恒调节阀（励磁）位置/恒油门位置控制（$P1/P$），此种模式为手动控制，无反馈调整；

（6）推进特性控制（M/n^2），此种模式按船舶螺旋桨扭矩公式 $M \propto n^2$ 来控制。

2. 油耗仪参数。本项目采用日本小野公司生产的 DF-312 容积式油耗仪，测量发动机燃料消耗量；油耗分辨率为±0. 1 ml，时间分辨率为±0. 1 s，测量精度为±0. 5%。

3. 气体质量流量计参数。本项目用上海同圆公司生产的 ToCeiL 热膜式气体质量流量计，测量发动机进气空气消耗量；最大测量流量为 600 kg/h，分辨率为±0. 1 kg/h，测量精度为±1%。

4. 空燃比仪。本项目采用日本 NGK 生产的 A/F-Boost Meter，最大测量空燃比为 30，分辨率为±0.05，测量精度为±1%。

5. 排放成分分析。本项目采用的测试仪器为AVL公司的GEB-Ⅱ型排气分析仪，主要参数如下表所示。

表A7-1 CEB-Ⅱ型排气分析仪参数

序号	名称	测量原理	测量范围	分辨率
1	CO	不分光线外线法（NDIR）	0~10%	0.1×10^{-6}
2	THC	氢火焰离子法（FID）	0~30 000×10-6	0.1×10^{-6}
3	NO_x	化学发光法（CLD）	0~10 000×10-6	0.1×10^{-6}
4	CO_2	不分光线外线法（NDIR）	0~20%	0.1×10^{-6}
5	O_2	磁力法	0~25%	0.1×10^{-6}
6	*A/F*	根据排放成分计算		

6. 取样探头。由不锈钢制成，为一端封口的多孔直管，其取样管内径为6 mm，壁厚应不大于1.02 mm。连接探头和排气管的管接头应尽可能小，以便使探头的热损失减至最小。

四、注意事项

1. 起动发动机前，检查机油油量、燃油量及冷却系统是否正常，各仪表是否正常。

2. 起动发动机后，检查发动机是否漏油、漏水、漏气，是否有异常声音，待油温、水温达到要求值后开始试验。

3. 调节工况时，加速、加载、减速、减载速度不要太快。

4. 运转中，注意测试仪表的指示，倾听发动机的运转声音，观察发动机外观，若发现不正常现象应及时采取措施。

5. 停机时应缓慢卸掉负荷，再低速运行一段时间，待机油温度降至50 ℃以下后再停机。

6. 操作及在发动机周围活动时，避开排气管、涡轮机等高温区以防烫伤。

7. 在发动机运转时不要在其侧面停留。

五、试验步骤

1. 排放仪器预准备的主要内容。

（1）打开总电源控制柜内的排放仪电源。

（2）开启排放仪外红色开关电源。

（3）打开计算机，并在显示屏旁小门内开启排放仪的绿色电源开关，排放仪器开始预热，一般预热需要30 min。

（4）打开CGS电源，测试前检查CGS内部过滤器是否清理过及面板温度是否达到180 ℃。

（5）分析单元、采样管预热。

（6）仪器预热后，进行零点满度校正。校核过程：先打开样气气瓶开关（C_3H_8、O_2、CO、CO_2、NO_x），再打开气路系统开关，运行零点满度校正自动程序，运行后关闭样气气瓶开关和气路系统开关，并按说明书的要求进行后续工作。

2. 试验程序。

（1）检查发动机安装是否正确、安全、可靠。打开燃油开关、冷却水阀门及各测试系统开关，如发动机测控仪等。起动发动机，检查运转时有无明显的不稳定现象。若无问题，则进行发动机预热及试验前的其他准备工作。

（2）当发动机达到预热要求后，选取规定的油门位置进行发动机动力、经济性速度特性试验。或者选取某一转速，变化油门位置进行发动机动力、经济性负荷特性试验。每次试验适当选择8个以上的测量点。

（3）负荷特性排放试验要求：此次试验的负荷特性转速定为 x（r/min），转速确定后保持不变，通过改变节气门位置改变发动机负荷，逐点进行试验。负荷选择由最低扭矩值开始，依次升高，直至节气门位置最大结束。试验中要求做出空燃比值改变的拐点。

（4）外特性、部分油门速度特性排放试验要求：本次试验的节气门开度定为 $x\%$。试验点转速由高到低，依次选取8个测量点。

（5）试验过程中同步绘制性能的监督曲线，主要有空燃比、排放随转速或负荷变化的曲线，通过曲线的变化规律初步判断试验是否正确，以决定试验是否补点或重做。

（6）由于时间及条件限制，一组无法完成发动机全部工况点的排放特性试验，要求分组完成各自不同的部分，总结时进行综合分析。

（7）试验结束后需对排放仪进行反吹自动程序，按指导教师要求逐步关闭排放仪的各个开关。

试验测量数据记录在下表中。

试验测量数据记录

<table>
<tr><td>发动机型号</td><td colspan="2"></td><td colspan="6">试验名称：电控汽油发动机 x（r/min）负荷特性试验</td></tr>
<tr><td>大气压力</td><td></td><td colspan="2">大气干温度</td><td></td><td>大气湿温度</td><td></td><td>试验日期</td><td></td></tr>
<tr><td>燃油编号</td><td></td><td colspan="2">汽油密度</td><td></td><td>试验地点</td><td></td><td>试验人员</td><td></td></tr>
<tr><td>转速/（$r \cdot min^{-1}$）</td><td>扭矩/（N·m）</td><td>功率/kW</td><td>进气管压力/kPa</td><td>点火角/（°）</td><td>油耗/（$L \cdot h^{-1}$）</td><td>出水温度/℃</td><td>机油温度/℃</td><td>机油压力/kPa</td></tr>
<tr><td></td><td></td><td></td><td></td><td></td><td></td><td></td><td></td><td></td></tr>
<tr><td>CO_2/%</td><td colspan="2">CO/10^{-6}</td><td colspan="2">THC/10^{-6}</td><td colspan="2">NO_x/10^{-6}</td><td>O_2/10^{-6}</td><td>空燃比</td></tr>
<tr><td></td><td colspan="2"></td><td colspan="2"></td><td colspan="2"></td><td></td><td></td></tr>
</table>

六、试验数据整理与结果分析

七、拓展训练与思考

1. 填写试验数据结果表格。
2. 分别画出汽油发动机排放污染物 CO、THC、NO_x、CO_2 随负荷及随变化的曲线；
3. 分析上述曲线形成的原因，并作出其他参数随负荷及随转速变化的曲线。

实训项目二　发动机速度特性试验

一、试验目的

1. 了解和掌握汽油发动机功率、转速和燃油消耗率的测量方法。
2. 理解汽油发动机速度特性的概念并掌握试验方法。
3. 掌握发动机各种特征参数之间的关系和变化规律。
4. 掌握汽油发动机速度特性试验结果的计算整理、曲线的制作和分析方法。

二、主要试验设备

1. 测试用发动机。
2. 测功机（水力或电力测功机）。

三、试验条件

1. 测功机参数与数控。测功机为GW160电涡流测功机，主要参数：最高转速8 000 r/min，最大扭矩可达700 N · m，最大功率达160 kW；扭矩分辨率为±0. 1 N · m，测量精度为±0. 4%；转速分辨率为±1 r/min，测量精度为±5 r/min；扭矩、转矩以数字的形式在控制界面上显示。负载系统的控制工作方法有6种控制模式：

（1）恒扭矩/恒转速控制（M/n）；

（2）恒转速/恒扭矩控制（n/M）；

（3）恒扭矩/恒油门位置控制（M/P）；

（4）恒转速/恒油门位置控制（n/P）；

（5）恒调节阀（励磁）位置/恒油门位置控制（$P1/P$），此种模式为手动控制，无反馈调整；

（6）推进特性控制（M/n^2），此种模式按船舶螺旋桨扭矩公式 $M \propto n^2$ 来控制。

2. 油耗仪参数。本项目采用日本小野公司生产的DF-312容积式油耗仪，测量发动机燃料消耗量；油耗分辨率为±0. 1 ml，时间分辨率为±0. 1 s，测量精度为±0. 5%。

3. 气体质量流量计参数。本项目采用上海同圆公司生产的ToCeiL热膜式气体质量流量计，测量发动机进气空气消耗量；最大测量流量为600 kg/h，分辨率为±0. 1 kg/h，测量精度为±1%。

4. 空燃比仪。本项目采用日本 NGK 生产的 A/F-Boost Meter，最大测量空燃比为 30，分辨率为±0.05，测量精度为±1%。

四、试验要求

1. 试验前，复习发动机原理和构造，熟悉和掌握与本试验内容相关的发动机性能指标。

2. 试验中，按要求操作仪器设备，正确观测和记录数据，按步骤进行试验。

3. 试验后要求认真撰写试验报告，正确处理试验数据并规范列出试验数据和计算结果表格。

4. 绘制有关的速度特性曲线，结合原理对试验结果和试验特性曲线进行分析和讨论。

5. 严格遵守试验室管理规则（安全、仪器操作、试验流程等）。

五、试验标准及方法

1. 试验标准。发动机试验条件，按国家标准 GB/T 18297—2001《汽车发动机性能试验方法》的规定进行控制。测量仪表精度及测量部位应符合 GB/T 18297—2001 的规定。

2. 试验方法。

（1）按国家标准 GB/T 18297—2001《汽车发动机性能试验方法》进行。

（2）测量数据时发动机运行转速与选定转速相差不应超过 1% 或±10 r/min，发动机运行状态稳定 1 min 后，方可进行试验测量。

（3）发动机转速控制采用测功机恒转速/恒油门位置控制（n/P）和（n/M）模式结合使用，调节旋钮，使在试验转速下运行。

（4）试验中由于汽油机燃油易挥发，因此为保证测量结果的准确性，相同的工况测量 3 次，以其平均值作为该工况的燃油消耗量数据。

（5）测量试验中空气消耗量时：由于发动机进气具有脉动效应，因此从二次仪表中应读取波动的最大值和最小值，取其平均值为该工况的空气消耗量数值，单位为 kg/h。每一工况要求至少测量两次，求平均值为该工况的测量数据。

六、试验步骤及内容

1. 检查发动机安装是否正确、安全、可靠。打开燃油开关、冷却水阀门及各测试系统开关，如发动机测控仪等，起动发动机，检查运转时有无明显的不稳定现象。无问题则进行发动机预热及试验前的其他准备工作。

2. 当发动机达到预热要求后，选取规定的油门位置，开始进行发动机速度特性试验，每次适当选择 8 个以上的测量点。试验中，发动机采用测功机恒转速/恒油门调节方式（n/P）。

七、试验数据整理与结果分析

1. 按下表填写试验结果和计算数据表格。

发动机外特性试验记录表

发动机型号：__________测功机型号：____________节气门开度：______

试验地点：________________组别：________试验日期：______________

转速/（$r \cdot min^{-1}$）	扭矩/（$N \cdot m$）	功率/（kW）	油耗量/（$kg \cdot h^{-1}$）	节气门开度/（%）	油耗率/（$g \cdot kW^{-1} \cdot h^{-1}$）

2. 在坐标图上画出速度特性试验（全油门位置即外特性）的性能曲线并进行分析。

实训项目三　发动机负荷特性试验

一、试验目的

1. 掌握汽油发动机负荷特性的试验方法。
2. 掌握汽油发动机负荷特性试验结果的计算整理、曲线的制作和分析方法。

二、主要试验设备

1. 测试用发动机。
2. 测功机（水力或电力测功机）。

三、试验条件

1. 测功机参数与数控。测功机为 GW160 电涡流测功机，主要参数：最高转速为 8 000 r/min，最大扭矩可达 700 N · m，最大功率达 160 kW；扭矩分辨率为±0.1 N · m，测量精度为±0.4%；转速分辨率为±1 r/min，测量精度为±5 r/min；扭矩、转矩以数字的形式在控制界面上显示。负载系统的控制工作方法有 6 种控制模式：

（1）恒扭矩/恒转速控制（M/n）；

（2）恒转速/恒扭矩控制（n/M）；

（3）恒扭矩/恒油门位置控制（M/P）；

（4）恒转速/恒油门位置控制（n/P）；

（5）恒调节阀（励磁）位置/恒油门位置控制（$P1/P$），此种模式为手动控制，无反馈调整；

（6）推进特性控制（M/n^2），此种模式按船舶螺旋桨扭矩公式 $M \propto n^2$ 来控制。

2. 油耗仪参数。本项目采用日本小野公司生产的 DF-312 容积式油耗仪，测量发动机燃料消耗量；油耗分辨率为±0.1 ml，时间分辨率为±0.1 s，测量精度为±0.5%。

3. 气体质量流量计参数。本项目采用上海同圆公司生产的 ToCeiL 热膜式气体质量流量计，测量发动机进气空气消耗量；最大测量流量为 600 kg/h，分辨率为±0.1 kg/h，测量精度为±1%。

4. 空燃比仪。本项目采用日本 NGK 生产的 A/F-Boost Meter，最大测量空燃比为 30，分辨率为±0.05，测量精度为±1%。

四、试验要求

1. 了解和掌握汽油发动机负荷特性的试验方法，理解负荷特性试验的目的和意义，深刻理解负荷特性试验与速度特性试验的相同点和不同点。

2. 试验前，复习发动机原理和构造，熟悉掌握与本内容相关的发动机性能指标。

3. 试验中，按要求操作仪器设备，正确观测和记录数据要，按步骤进行试验。

4. 试验后，认真撰写报告，正确处理数据并规范列出试验数据和计算结果表格，绘制有关的速度特性曲线，结合原理对试验结果和试验特性曲线进行分析和讨论。

5. 严格遵守试验室管理规则（安全、仪器操作、试验流程等）。

五、试验标准及方法

1. 试验标准。

发动机试验条件，按国家标准 GB/T 18297—2001《汽车发动机性能试验方法》的规定进行控制。测量仪表精度及测量部位应符合 GB/T 18297—2001 的规定。

2. 试验方法

（1）按国家标准 GB/T 18297—2001《汽车发动机性能试验方法》进行。

（2）测量数据时发动机运行转速与选定转速相差不应超过 1% 或±10 r/min，发动机运行状态稳定 1 min 后，方可进行试验测量。

（3）发动机转速控制采用测功机恒转速/恒油门位置控制（n/P）和（n/M）模式结合使用，调节旋钮，使在试验转速下运行。

（4）试验中由于汽油机燃油易挥发，因此相同的工况最少测量 3 次，以其平均值作为该工况的燃油消耗量数据。

六、试验步骤及内容

1. 检查发动机安装是否正确、安全、可靠。打开燃油开关、冷却水阀门及各测试系统开关，如发动机测控仪等，起动发动机，检查运转时有无明显不稳定现象。若无问题，则进行发动机预热及试验前的其他准备工作。

2. 当发动机达到预热要求后，选取某一转速、变化油门位置进行发动机负荷特性试验，适当选择 8 个以上测量点。试验中发动机转速控制采用测功机恒转速/恒油门位置控制（n/P）和（n/M）模式结合使用。

3. 设定试验的负荷特性转速为 x（r/min），转速确定后保持转速不变，通过改变节气门位置改变发动机负荷，逐点进行试验。负荷选择由最低扭矩值开始，依次升高，直至节气门位置最大时结束。

4. 试验时发动机水温、机油温度应尽量保持恒定，每个试验工况点在保持稳定后，记录相关试验数据。

5. 试验过程中需同步绘制以扭矩和比油耗为主要参数的性能监督曲线，从曲线中可直接看出试验过程是否存在异常，以决定试验是否需补点或重做。

七、试验数据整理与结果分析

1. 将试验测结果和计算数据填写到下表中。

发动机负荷特性试验记录表

发动机型号：________测功机型号：________节气门开度：______

试验地点：____________组别：______试验日期：__________

转速/（$r \cdot min^{-1}$）	扭矩/$N \cdot m$	功率/kW	油耗量/（$kg \cdot h^{-1}$）	节气门开度/（%）	油耗率/（$g \cdot kW^{-1} \cdot h^{-1}$）

2. 画出负荷特性能曲线，主要有功率与燃油消耗等的相关性特性曲线，要求全面反应测试数据，对试验结果进行分析和评价。

实训项目四　喷油泵性能试验

一、试验目的

1. 掌握喷油泵总成供油特性的试验方法；
2. 测定喷油泵齿条位置不变时，每循环供油量随转速变化的特性曲线；
3. 了解喷油泵试验台和喷油器试验台的使用操作方法。

二、主要试验设备

1. 12PSDB75E 喷油泵试验台；
2. 喷油器校验器；
3. 喷油泵；
4. 标准喷油器；
5. 数字转速表。

三、试验条件

12PSDB 喷油泵试验台采用先进的变频调速技术，实现宽范围高精度无级调速，转速范围 0 ~ 3 000 r/min，主电机功率 7.5 kW；具有转速预置，倒油时间声光报警，转速、计数、温度数显等功能；还可以对试验燃油压力和温度进行调节，以保证试验安全和提高精度。该试验台结构新颖、外形美观、操作维修方便，适用于Ⅰ、Ⅱ、Ⅲ、VE、A、B、P、Z、W 等国内多种直列泵和分配泵的调试。

主要调试项目：

1. 喷油泵各缸油量和供油均匀性
2. 喷油泵供油始点及供油间隔角度
3. 调速器工作性能的调整和试验
4. 喷油泵密封性试验
5. 加上附件可测量提前角
6. 分配泵各种转速下回油量的测量（D 型无）
7. 分配泵压力补偿器的检查（D 型无）

8. 调试真空调速器的工作性能（D 型、E 型无）

四、试验要求

1. 如果油泵电机起动后，没有供油压力，证明油泵电机反转，请倒换一下三相进线相序。

2. 不要随意打开电器箱门，勿随便更换变频器程序。

3. 在调整过程中，不要过快加、减速，以防降低电机寿命。

4. 在运行过程中，主机自动停止，可能是变频器因某种原因保护性停机，此时，请按多功能控制器上的红色停止按钮，停下主机，再按一次主机复位键，重新起动主机即可。

5. 如果转速计数部分显示混乱，按一下转速计数区的 RST 复位键即可，复位后计数次数自动为 200 次。

6. 如果油泵电机停机，请打开电器箱门看热继电器是否动作，如过热动作，按一次复键即可。

7. 变速器必须在停止状态时，才能换挡，否则会损坏齿轮。

8. 皮带长时间使用后会松动，需松动螺母将电机向下移动即可将皮带张紧。

9. 调压阀在调压时，低压最大值为 0.4 MPa，高压最大值为 4 Mpa，否则将损坏压力表。

10. 接通电源时，必须保证燃油箱中的燃油不少于油箱容积的 60%，否则有危险。

五、试验标准及方法

1. 打开注油弯管上的螺塞将 40#机械油或 50#机械油从注油弯管口注入变速箱内，其油位和注油弯管口面平齐，然后将螺塞拧上封口。

2. 向燃油箱中注入试验油或 0# 轻质柴油，油量不得少于油箱容积的 60%。

3. 将调压阀手轮顺时针旋转是阀杆旋转到底。再将手轮逆时针旋转 4～5 圈，使调压阀处于低压状态。当供油泵电机启动后，再按压力表显示数据将调压阀调整到所需的压力。

4. 起动电机前，须仔细检查各连接的紧固可靠性。特别是万向节螺钉要紧固可靠，防护罩要罩好。

5. 喷油泵的进油口、回油口要用油管与试验台的供油口、回油口连接牢固，防止漏油。

6. 喷油泵的联轴器应用万向节的两只拨块紧紧夹牢。

六、试验步骤及内容

1. 在喷油器校验器上调整标准喷油器的开启压力为规定值。并观察在不同喷油压力下的喷雾情况。

2. 调整喷油泵的标定供油量为×××ml/200 次，检查并调整各缸供油不均匀度不大于3%。

3. 测定喷油泵齿条固定在最大、中间、较小三个位置时的速度特性：

（1）置喷油泵齿条在最大行程位置（h_{1max} = mm），调节喷油泵转速为200 r/min，测量并记录此时的200 次循环供油量 V，依次调节喷油泵转速分别为400、600、800 直至喷油泵标定转速，重复上述测量，每一个转速测量二次，取其平均值，同样绘制特性曲线的油量值亦取各缸的平均值。

（2）依次置喷油泵齿条在中间行程位置（$h_2 = \frac{h_{1max}}{2}$ mm）和较小行程位置（$h_3 = \frac{h_{1max}}{3}$ mm），重复上述测量过程。

4. 停转喷油泵试验台，切断仪器设备电源，整理试验场地。

七、试验数据整理与结果分析

1. 整理试验数据，计算每循环供油量 Δg 和各缸供油不均匀度 δ。

$$\Delta g = \frac{V}{N} \text{ mm/循环},$$

V——在 N 个循环中的供油量（毫米）；

$$\delta = \frac{2(\Delta g_{max} - \Delta g_{min})}{\Delta g_{max} + \Delta g_{min}} \times 100\%$$

Δg_{max}，Δg_{min} ——分别为各缸供油量中最大一缸和最小一缸的油量；

2. 绘制喷油泵速度特性曲线。

3. 分析喷油泵速度特性曲线变化历程及其对柴油机特性的影响。

附录　本书使用的主要符号

A_a ——空气消耗量
B ——燃油消耗量
b_e——有效燃油消耗量
b_i ——指示燃油消耗率
C_m ——活塞平均速度
c_p ——定压比热容
c_v ——定容比热容
D ——气缸直径
F_{i} ——示功图面积
K ——传热系数
H_u ——燃料低热值
i——气缸数
k——等熵指数
I_{o} ——化学计量空燃比
L_{o} ——化学计量空燃比
n ——发动机转速
n_1——压织多变指数
n_2——膨胀多变指数
P_e ——有效功率
P_{i} ——指示功率
P_L ——升功率
P_{mm} ——机械损失功率
ΔP_a ——进气系统流阻损失
p_b ——增压压力
$p_{\max}$ ——最高燃烧压力
p_{me} ——平均有效压力
p_{mi} 一平均指示压力
p_{mm} ——平均机械损失压力
p_t ——循环平均压力
T_r ——残余废气温度
V_L ——层流火焰传播速度
V_T ——湍流火焰传播速度
W ——循环功
W_i ——循环指示功
W_e ——循环有效功
η_t ——循环热效率
η_{et} ——有效热效率
η_{it} ——指示热效率
η_m ——机械效率
ρ_o ——初始膨胀比
λ_p ——压力升高比
Ω——涡流比

复习题参考答案

第1章　复习题参考答案

1. 利用燃料在其内部燃烧释放的能量对外做机械功的热机。

2. 大气压力式发动机的工作原理是燃料与空气在活塞下行的上半个行程被吸入气缸，然后被火花点燃，在后半个行程膨胀做功，活塞上行时开始排气行程。

大气压力式发动机没有压缩行程，燃烧的温度压力低，燃气热能的膨胀比小，故热效率低。

3. 发动机种类繁多，它们可以按如下方式分类：

（1）按所用燃料的不同分：汽油机、柴油机、天然气发动机、液化石油气发动机、醇类发动机、双燃料发动机、二甲醚发动机、氢燃料发动机等。

（2）按着火方式的不同分：压燃式发动机、点燃式发动机。

（3）按冲程数的不同分：四冲程发动机、二冲程发动机。

（4）按活塞运动方式的不同分：往复活塞式发动机、旋转活塞式发动机。

（5）按冷却方式的不同分：空气冷却发动机、液体冷却发动机。

（6）按气缸数目的不同分：单缸发动机和多缸发动机。

（7）按转速的不同分：低速发动机、中速发动机、高速发动机。

（8）按增压程度的不同分：自然吸气发动机和增压（低增压、中增压、高增压）发动机。

（9）按气缸排列方式的不同分：直列式发动机、双列式发动机。

（10）按混合气形成方式的不同分：进气管或进气道喷射发动机、缸内直接喷射发动机。

（11）按燃烧室设计的不同分：开式燃烧室发动机、分隔式燃烧室发动机。

（12）按进排气门的不同：2气门发动机、4气门（多气门）发动机。

（13）按凸轮轴设计和布置的不同分：顶置凸轮轴发动机、侧置凸轮轴发动机。

第2章 复习题参考答案

一、填空题

1. 下降
2. 下降
3. 进气过程、压缩过程、燃烧过程、膨胀过程、排气过程
4. 循环热效率
5. 示功图

二、判断题

1. × 2. √ 3. × 4. × 5. √

三、选择题

1. B 2. D 3. A 4. D 5. D

四、简答题

1. 四冲程循环的发动机由进气、着火前的压缩、燃烧膨胀与排气交替进行的4个活塞冲程构成，具体工作原理如下：

(1) 进气行程时，进气门打开，活塞下行，空气/混合气被吸入气缸；

(2) 压缩行程时，进、排气门关闭，活塞上行，混合气被压缩；在压缩上止点前，燃油喷入或混合气被点燃，燃烧开始；

(3) 膨胀行程时，燃烧产生的压力推动活塞下行，对外做功；

(4) 排气行程时，排气门打开，活塞上行，把缸内废气排出。

2. 通常根据发动机所使用的燃料、混合气形成方式、缸内燃烧过程（加热方式）等特点，把火花点火发动机的实际循环简化为等容加热循环，把压燃式柴油机的实际循环简化为等压加热循环或混合加热循环，这些工作循环称为发动机的理论循环。

理论循环的简化有：

(1) 把压缩和膨胀过程简化成理想的绝热可逆的等熵过程，忽略工质与外界的热量交换及其泄漏等的影响。

(2) 将燃烧过程简化为可逆的等容、等压或混合加热方式从高温热源吸热；将排气过程简化为向低温热源可逆的等容放热过程。

(3) 忽略发动机进、排气过程，从而将循环简化为一个闭口循环。

(4) 以空气为工质，并将其视为理想气体，在整个循环中工质物理及化学性质保持不变，比热容为常数。

3. 工质的影响，传热损失，换气损失，由于燃烧速度的有限性和不完全燃烧损失造成的燃烧损失。

4. 提高压缩比、增大压力升高比、减小初期膨胀比。

5. 影响循环热效率的因素有：

（1）压缩比；
（2）等熵指数；
（3）压力升高比入；
（4）初始膨胀比。
影响循环平均压力的主要因素有：
除上述四个因素，以及进气终点压力 p_{de} 外，还有受如下限制：
（1）结构条件的限制；
（2）机械效率的限制；
（3）燃烧方面的限制；
（4）排放方面的限制。

第3章　复习题参考答案

一、名词解释

1. 指示功率：是发动机单位时间所做的指示功。
2. 指示热效率：是实际循环指示功与所消耗的燃料热量之比值。
3. 有效燃油消耗率：是单位有效功的耗油量。
4. 平均有效压力：是发动机单位气缸工作容积输出的有效功。
5. 升功率：是发动机每升工作容积所输出的有效功率。
6. 有效转矩：发动机工作时，由功率输出轴输出的转矩。
7. 指示燃油消耗率：是指单位指示功的耗油量

二、简答题

1. 发动机的指示指标是以工质对活塞所做的功为基础的指标，主要包括指示功，平均指示压力，指示功率，指示热效率和指示燃油消耗率。发动机的有效指标是指以曲轴对外输出的功率为计算基准的指标，包括有效功和有效功率，有效转矩，平均有效压力，转速和活塞平均速度，有效热效率，有效燃油消耗率，升功率，比质量，强化系数。

2. 升功率是发动机每升气缸工作容积所输出的有效功率，主要用于评价一台发动机的整机动力性能和强化程度。比质量是发动机的干质量与所输出的有效功率（标定功率）之比，主要用于评价发动机质量的利用程度和结构紧凑性。

3. 发动机的环境指标主要是指排气品质和噪声水平，主要有包括：①排放性能指标：气体污染物的浓度、污染物的质量和颗粒排放物；②噪声性能指标：声压级、声强级和声功率级和 A 计权声级。

4. 机械效率是指有效功率与指示功率的比值，用于比较各种不同的发动机机械损失所占比例的大小。影响机械效率的主要因素：气缸直径及行程、摩擦损失、配气机构、转速或活塞平均速度、负荷和润滑油品质及冷却液温度。

5. 发动机的机械损失主要包括：①摩擦损失：如活塞环与气缸壁的摩擦，曲柄连杆机构轴承处的摩擦，配气机构中的零件运动的摩擦等；②驱动附件损失：如驱动配气机构、水泵、机油泵、空调压缩机、发电机、转向助力泵、风扇、喷油泵等的损失；③泵气损失；④带动机械增压器损失。测定机械损失的方法有示功图法、倒拖法、灭缸法、油耗线法等。

6. 发动机的热平衡是指燃料的总发热量转换为有效功和其他各项热损失的分配比例。从这些热量的分配情况中，可以了解热损失的情况，以作为判断发动机零件的热负荷和设计冷却系统的依据，并为改善发动机的性能指标指明方向。

三、计算题

1. 解：

$$b_e = \frac{B}{P_e} \times 10^3 = \frac{30}{120} \times 10^3 = 250\ \text{g/(kW·h)}$$

2. 解：

$$P_e = \frac{2\pi n T_{tq}}{60 \times 1000} = \frac{n T_{tq}}{9550}$$

$$T_{tq} = \frac{9550 P_e}{n} = \frac{9550 \times 120}{4000} = 286.5\ \text{N·m}$$

3. 解：

$$p_{mm} = p_{mi} - p_{me}$$

$$p_{me} = p_{mi} - p_{mm} = 0.85 - 0.15 = 0.7\ \text{MPa}$$

$$C_m = \frac{Sn}{30},\ S = \frac{30C_m}{n} = \frac{60 \times 30 \times 10}{2000 \times 2\pi} \approx 1.433\ \text{m}$$

$$P_e = \frac{inp_{me}V_s}{30\tau} = \frac{\pi inp_{me}D^2S}{120\tau}$$

$$D^2 = \frac{120\tau P_e}{\pi inp_{me}} = \frac{120 \times 4 \times 73.5}{\pi \times 6 \times 2000 \times 0.7 \times 1.433}\text{m}^2$$

$$D \approx 0.968\text{m}$$

所以，$D/S = 0.968/1.433 \approx 1:1.5$

第4章　复习题参考答案

一、填空题

1. 自由排气阶段、强制排气过程、扫气阶段
2. 每循环充量、单位时间充量
3. 结构、尺寸
4. 空气动力学原理
5. 机械增压

二、判断题

1. √　2. ×　3. ×　4. ×　5. √

三、选择题

1. A　2. B　3. D　4. D　5. B

四、简答题

1. 影响充气效率的因素有：进气终了压力、进气终了温度、转速与配气相位、负荷、压缩比、排气终了压力。

2. 充量系数是实际进气量与理想进气量的比较，是评价进气过程完善程度的重要指标。

影响充量系数的因素有：进气终了压力、进气终了温度、转速与配气相位、负荷、压缩比、排气终了压力。

3. 进气管道包括进气歧管和缸盖上的气体通道，其阻力的大小主要取决于进气管道的结构和尺寸。进气歧管的断面大则阻力小，可提高进气压力。但断面大，气体流速低，且易使燃料液滴沉积在管壁上，使燃料的蒸发与雾化变差，各缸分配不均匀。因此，进气管的断面大小受到一定限制，使进气形成一定阻力。此外，进气管的长度，表面粗糙度、拐弯多及流通截面突变都会增加进气阻力。因此，要求进气管要有合适的长度与端面尺寸，拐弯处应有较大的圆角，管内表面光滑，安装时进、排气接口及其衬垫口应对准，以减少进气阻力，提高充气效率。

4. 优点是涡轮转速和发动机相同，因此没有滞后现象，动力输出非常流畅；缺点是会导致燃油消耗率上升，一般会增加3% ~5%的燃油消耗。

5. （1）增压可大幅提升汽油机的动力性。增压后，汽油机的功率和扭矩可提升30% ~50%。

（2）增压可改善经济性。增压可改善燃烧，提高机械效率，使汽油机的经济性得到改善。

（3）增压可改善排放指标。多数试验证明：汽油机增压后，CO 和 CH 的排放水平下降。

第5章　复习题参考答案

一、名词解释

1. 着火延迟：通过火花引燃或将温度加热到燃料自然温度以上时，可燃混合气并不立即燃烧，需要经过一定延迟时间才能出现明显的火焰，放出热量。

2. 过量空气系数：是指燃烧 1 kg 燃料时实际供给的空气量与理论空气量之比。

3. 空燃比：是指燃料实际燃烧时所供给的空气质量与燃油质量的比值。

4. 着火方式：引发燃烧过程的手段。

二、填空题

1. 辛烷值、凝点
2. 辛烷值
3. 量调节
4. 质调节
5. 进气道喷射分层燃烧方式、缸内直喷分层燃烧方式

三、选择题

1. B　2. B　3. C　4. C　5. D

四、简答题

1. 燃料热值是指单位量的燃料完全燃烧时所释放的热量，单位为 J。分为高位热值（生成的水是液态）和低位热值（生成水是汽态）。汽油和柴油都是低位热值。混合气热值是指燃料的低位热值与燃料混合气单位摩尔质量之比，单位为 kJ/mol。每循环加给工质的热量取决于单位可燃混合气热值，不仅仅与燃料热值有关。

2. 按化学动力学的观点，着火机理可分为热自燃机理和链锁自燃机理两类。热自燃机理：在着火的准备阶段，混合气进行着氧化过程，放出热量。放热的同时，由于温差的原因，会对周围介质散热。若化学反应所释放出的热量大于所散失的热量，则混合气的温度升高，进而促使混合气的反应速率和放热速率增大，最终会导致极快的反应速率而着火。链锁自燃机理通过链式反应（即一个活化作用能引起很多基本反应）逐渐积累活化中心，使反应自动加速，直至着火。

3. 低温多阶段着火规律是退化支链反应引起的一种现象，通常称为“着火半岛”。烃燃烧经历 3 个阶段：冷焰诱导阶段、冷焰阶段、蓝焰阶段。高温单阶段着火规律：在较高温度下，着火过程不经过冷焰而直接进入蓝焰—热焰阶段。由于这两个阶段很短，也很难区分，因此统称为高温单阶段着火。因此，柴油机的压缩着火和汽油机的爆燃具有低温多阶段着火的特点，而汽油机的火花点燃和柴油机着火后喷入气缸内的燃料着火具有高温单阶段着火特性。

4. 燃烧是一种放热的氧化反应，可燃混合气（燃料与空气的混合物）在发生明显的光合火焰效应的燃烧之前，都有一个准备阶段，即着火阶段。所谓着火，是指混合气自动地反应加速，并产生温升，以致引起空间某一位置或最终在某个时刻有火焰出现的过程。使可燃混合物着火的方法有两种：自燃与点燃，前者是自发的，后者是强制的。自燃是指具有适当温度、压力的可燃混合气，在没有外部能量引入的情况下，依靠混合气自身的反应自动加速，并自发地引起火焰的过程。点燃是指利用电火花在可燃混合气中产生火焰核心并引起火焰传播的过程。

第6章　复习题参考答案

一、填空题

1. 空间雾化混合方式、油膜蒸发混合
2. 着火落后期、明显燃烧期、后燃期。
3. 燃烧放热始点（相位）、放热持续期、放热率曲线的形状。
4. 着火落后期（滞燃期）、速燃期、缓燃期和后燃期
5. 发动机燃烧等容度、粗暴度

二、判断题

1. ×　　2. √　　3. √　　4. ×　　5. ×

三、选择题

1. A　　2. A　　3. B　　4. C　　5. A

第7章　复习题参考答案

一、填空题

1. 转速
2. 质调节
3. 量调节
4. 部分速度特性

二、判断题

1. √　　2. √　　3. ×　　4. √　　5. √　　6. √

三、选择题

1. C　　2. C　　3. D　　4. D　　5. B　　6. B　　7. B

四、简答题

1. （1）发动机工况是指发动机在某一时刻的运行状况，简称工况。

（2）根据实际使用情况，一般可将发动机工况分为3类典型工况。第一类工况：恒速工况，其特点是发动机转速在某一恒定转速下工作，功率不发生变化。第二类工况：螺旋桨工况，其特点是发动机功率与转速成一定规律的变化，变化关系常见为接近三次幂函数关系。第三类工况：面工况，其特点是转速变化幅度很大，功率变化极不稳定，它们之间没有特定的函数关系，两者都独立地在很大范围内变化。

2. 为了评价发动机在不同工况下运行的动力性指标（如功率、转矩、平均有效压力等）、经济性指标（燃油消耗率）、排放指标以及反映工作过程进行的完善程度指标（如

指示热效率、充量系数以及机械效率）等，就必须研究发动机特性。

3.（1）同一转速下的最低燃油消耗率愈小，曲线变化愈平坦，经济性愈好。曲线平缓，负荷变化较广时，能保持较好的经济性。柴油机最低燃油消耗率比汽油机最低燃油消耗率低，且燃油消耗率曲线比较平缓。相比之下，柴油机部分负荷时低耗油率区比汽油机宽，因而柴油机比汽油机省油。小负荷时，燃油消耗率会增加。所以，在功力性满足的前提下，不宜装功率过大的发动机，以求降低燃油消耗率，避免大马拉小车。

（2）燃油耗油率 b_e 随负荷的增加而降低，在接近全负荷（通常在 80% 负荷率左右）时，燃油消耗率达到最小。在低负荷区，曲线变化得更快一些，且汽油机曲线变化比柴油机陡。

4.（1）多参数特性曲线，即万有特性曲线，也叫 MAP 图。

（2）汽、柴油机万有特性曲线比较。汽油机：最低油耗偏高，经济区偏小，等油耗曲线在低速区向大负荷收敛，说明汽油机在低速、低负荷燃油消耗率较高。柴油机：最低油耗较低，经济区宽，等燃油消耗率线在高低速均不收敛，变化较平坦。

5.（1）发动机转速；发动机有效功率

（2）等功率；等燃油消耗率；低

第 8 章　复习题参考答案

一、填空题

1. NO_x（氮氧化合物）

2. CO（一氧化碳）

3. 二氧化碳、氮氧化合物、碳氢化合物、微粒

4. 未燃燃料、曲轴箱窜气、燃油蒸发

5. 混合气浓度、温度和氧浓度

6. 化学催化

7. 负荷、转速

8. 不分光红外线分析仪、化学发光分析仪、氢火焰离子型分析仪

二、判断题

1. ×　　2. ×　　3. ×　　4. √　　5. ×

三、简答题

1. 未燃碳氢化合物（HC）的生成与排出有 3 条途径：废气（尾气）排出；曲轴箱窜气；从油箱、化油器等处油蒸气漏泄。其中，废气排出为主要途径。

2. 排气后处理方式目前主要采用三元催化器、氧化催化器，发动机前处理方式目前主要采用曲轴箱强制通风装置、燃油蒸发控制系统、废气再循环装置。

3. EGR 正是一种通过降低缸内最高燃烧温度以及缸内混合气中 O_2 的体积分数，破坏 NO_x 的生成环境，从而降低 NO_x 排放的技术。

4. CO：当人体暴露于含 CO 的空气中足够长时间后，CO 会阻碍血液向心、脑等器官输送氧气，这时人会发生恶心、头晕、疲劳等缺氧症状。

HC：对人体不产生直接影响，烯烃略带甜味，有麻醉作用，对黏膜有刺激作用，是光化学烟雾的主要产生源；芳香烃对血液和神经系统有害，特别是多环芳香烃及其衍生物有致癌作用；醛类是刺激性物质，对眼、呼吸道、血液有毒害。

NO_x：降低血液的输氧能力，对心、肝、肾都有不良影响，而且会参与光化学反应生成臭氧、醛和 PAN。臭氧氧化能力极强，会使植物发黑，橡胶发裂，同时也是森林病害的主要因素之一，动物在臭氧含量 1 mg/m^3 的环境中活动 4 h 就会出现轻微肺肿现象，PAN 的危害低于臭氧但高于 NO。

参 考 文 献

[1] 颜伏伍. 发动机原理 [M]. 北京：人民交通出版社，2014.

[2] 周龙保. 发动机学 [M]. 北京：机械工业出版社，2014.

[3] 刘永峰. 热工基础与发动机原理 [M]. 北京：机械工业出版社，2020.

[4] 吴克刚，曹建明. 发动机测试技术 [M]. 北京：人民交通出版社，2002.

[5] 訾琨，邓宝清. 发动机原理 [M]. 北京：人民交通出版社，2014.

[6] 林学东. 发动机原理 [M]. 北京：机械工业出版社，2016.

[7] 陈雯，吴娜. 汽车发动机原理 [M]. 北京：水利水电出版社，2016.

[8] 吴明，任勇刚. 汽车发动机原理 [M]. 北京：机械工业出版社，2012.

[9] 邵毅明. 汽车新能源与节能技术 [M]. 北京：机械工业出版社，2016.